THE DIE & MOULD INDUSTRY TECHNOLOGY ROADMAPPING
OF GUANGDONG PROVINCE

# 广东省
# 模具产业技术路线图

刘　斌　柳亚强　吴国洪　编著

瞿金平　黄　山　主审

华南理工大学出版社

·广州·

## 内容简介

本书主要针对广东省模具产业进行技术路线图的分析与绘制，是政府、高校、科研院所和模具企业界六十多位专家集体智慧的结晶。书中介绍了目前国内外模具产业的发展状况和布局，以及广东省模具产业的市场需求与发展现状，明确了广东省未来几年内模具产业的发展目标和重点、存在的技术壁垒以及对研发需求进行的凝炼，对政府、高校、科研院所和企业的模具产业政策制定、产业技术研究和产业开发具有一定的指导意义。

全书共分九章，沿着模具产业的"市场需求分析、产业目标分析、技术壁垒分析和研发需求分析"的原则及研究路线，分别就背景与综述、路线图制定方法及工作流程、模具产业链与边界分析、模具产业市场需求分析、模具产业目标分析、模具产业技术壁垒分析、模具产业研发需求分析和关键共性技术、模具产业两化融合和管理以及模具产业技术路线图绘制和产业发展建议等进行了详细阐述。书中内容对广东省从事模具产业的人士有一定的指导作用和参考价值。

## 图书在版编目（CIP）数据

广东省模具产业技术路线图/刘斌，柳亚强，吴国洪编著. —广州：华南理工大学出版社，2019.5（2019.10重印）

ISBN 978-7-5623-5983-8

Ⅰ.①广… Ⅱ.①刘… ②柳… ③吴… Ⅲ.①模具工业-工业技术-研究-广东 Ⅳ.①F426.4

中国版本图书馆CIP数据核字（2019）第084973号

---

**广东省模具产业技术路线图**

刘　斌　柳亚强　吴国洪　编著

| | |
|---|---|
| 出 版 人： | 卢家明 |
| 出版发行： | 华南理工大学出版社 |
| | （广州五山华南理工大学17号楼，邮编510640） |
| | http://www.scutpress.com.cn　E-mail：scutc13@scut.edu.cn |
| | 营销部电话：020-87113487　87111048（传真） |
| 责任编辑： | 卜穗珍　何丽云 |
| 印 刷 者： | 广州市新怡印务有限公司 |
| 开　　本： | 787mm×1092mm　1/16　插页：4　印张：17.75　字数：462千 |
| 版　　次： | 2019年5月第1版　2019年10月第2次印刷 |
| 定　　价： | 98.00元 |

版权所有　盗版必究　印装差错　负责调换

　　模具是工业生产中重要的基础工艺装备,素有"工业之母"的称号。模具产业是一个技术、人才、资金高度密集的高技术产业。模具工业水平是衡量一个国家、一个区域制造业水平高低的重要标志之一,也是一个国家的工业产品保持国际竞争力的重要保证之一。

　　多年来,欧美国家纷纷制定了国家战略以发展模具技术,已经形成完善的产业政策,包括从国家战略到产业发展、行业标准的制定等。我国在国家层面的关于模具产业的整体推进工作早已开始,2010年,为落实《装备制造业调整和振兴规划》,提升装备制造业整体水平,推动机械基础零部件产业结构优化升级,工业和信息化部组织制定了《机械基础零部件产业振兴实施方案》,将模具重点列入机械基础零部件;2011年,国家发布了《工业转型升级规划(2011—2015)》。2011年以来,模具行业有多家企业得到了国家发改委"产业振兴、技术改造"计划的支持,同时,工业和信息化部发布《模具行业"十二五"发展规划》和《机械基础件、基础制造工艺和基础材料产业"十二五"发展规划》并实施"强基工程",将模具产业发展上升到国家战略层面。2015年,中国模具工业协会编制了《模具行业"十三五"发展指引纲要》,提出以模具市场和存在问题为导向,以《中国制造2025》国家战略为指引,坚持推动行业发展的动能转换,大力发展知识型制造服务业,积极推进模具成型制造技术的协同创新,为实现《中国制造2025》提出的强国目标夯实基础。

　　近年来,广东省大力实施自主创新战略,积极推进产业结构转型升级,在各种严峻形势下,经济仍然保持平稳和较快的增长,成果丰硕。然而,广东省的发展也面临一系列的问题,如人力成本上升和外资投资门槛提高,外资制造业开始退出,欧美国家推行的贸易保护主义政策促进了海外制造业的回流,同时部分外企制造业转向成本更低的区域谋求发展,广东制造业正遭遇高质量、高附加值的"海外制造"和更低成本的"东南亚制造"的围剿。党的十八大提出了实施创新驱动发展战略,为新时期制造业发展指明了方向。加强自主创新能力,提升制造业竞争力势在必行。而模具产业正是推动广东省实现新一轮制造业发展的重要推手。

　　为深入贯彻落实广东省委、省政府《关于全面深化科技体制改革 加快创新驱动发展的决定》,顺应模具产业发展趋势,抢占模具产业制高点,广东省开展了科技专项研究。《广东省模具产业技术路线图》的制定正是根据科技专项的要求,厘清广东省模具产业的发展现状,解决相关技术难题,整合模具产业领域相关研发力量,引导模具技术的开发和推进模具产业的快速发展,这对提升广东省模具产业的整体水平和竞争力具有重要的意义。

　　本书的编写依托广东省省级科技计划项目"广东省模具产业技术路线图研究"

（粤科规财字〔2014〕116号，项目编号：2013B080500019）。本书由华南理工大学机械与汽车工程学院教授刘斌、广东省机械模具科技促进协会秘书长柳亚强、东莞市横沥模具科技产业发展有限公司副总经理吴国洪任主编，负责策划与编写。参与编写的还有华南理工大学机械与汽车工程学院的何和智教授、麻向军副教授、文劲松副教授，以及在读研究生吴松琪、陈昌乾、谭景焕、崔志杰、吴茜、林梓威、王玉香等。

本书内容是政府、高校、科研院所和模具企业界六十多位专家集体智慧的结晶，在此，感谢这次调研过程中为本书内容献计献策的各位专家及各受访企业！

非常感谢中国工程院院士、广东省机械模具科技促进协会名誉会长、华南理工大学瞿金平教授和广东省机械模具科技促进协会会长、深圳市银宝山新科技股份有限公司副总裁黄山先生对书稿进行主审。同时，在本书的编写过程中，还得到广东省科技情报研究所杨勇博士的大力支持和悉心指导，为书中路线图的制定提供了积极建议和第一手资料；本书参考了中国模具工业协会及国内同行专家相关的公开文献资料；另外，本书的出版得到了华南理工大学出版社的大力支持，在此一并表示由衷的感谢！

由于本书涉及的知识面较广较深，而编者水平和经验有限，书中难免有疏漏和不妥之处，恳请广大读者批评指正（意见和建议请发至作者邮箱：bliu@scut.edu.cn），为广东省模具产业的发展献计献策，以利将来不断完善和修订。

编　者

2018年12月

# 目录

## 第1章 背景与综述 / 1

### 1.1 国外模具产业发展简况 / 2
- 1.1.1 各国模具产业形貌 / 3
- 1.1.2 国外模具产业高新技术的应用 / 4
- 1.1.3 国外模具企业的管理经验 / 5

### 1.2 国内模具产业的发展现状 / 6
- 1.2.1 我国模具产业的现状 / 6
- 1.2.2 我国模具行业存在的主要问题 / 12

### 1.3 中国制造2025与模具产业 / 14
- 1.3.1 创新驱动 / 15
- 1.3.2 质量为先 / 15
- 1.3.3 绿色发展 / 16
- 1.3.4 结构优化 / 17
- 1.3.5 人才为本 / 18

### 1.4 广东省模具产业的发展现状 / 19
- 1.4.1 广东省模具产业状况总体分析 / 19
- 1.4.2 广东省模具产业的布局及特点 / 21

### 1.5 广东省模具产业SWOT分析 / 23
- 1.5.1 广东省模具产业特点和问题 / 27
- 1.5.2 与国内外的差距及发展重点 / 28

### 1.6 本章小结 / 30

## 第2章 路线图制定方法及工作流程 / 31

### 2.1 产业技术路线图原理与方法 / 32

2.1.1 技术路线图定义 / 32
2.1.2 技术路线图基本结构 / 33
2.1.3 技术路线图方法特点 / 35
2.1.4 技术路线图的制定方法 / 36

2.2 模具产业边界的确定 / 37

2.2.1 界定产业的边界和范围 / 37
2.2.2 模具产业技术路线图的绘制 / 38

2.3 产业技术路线图制定的工作流程 / 39

2.3.1 工作计划 / 40
2.3.2 调研方式 / 43

2.4 主要内容及目标愿景 / 45

2.4.1 主要内容 / 45
2.4.2 目标与愿景 / 45

2.5 本章小结 / 46

# 第3章 模具产业链与边界分析 / 47

3.1 模具产业链概述 / 48

3.1.1 模具产业链的构成 / 48
3.1.2 模具产业的上下游行业 / 49
3.1.3 模具产业的其他相邻行业 / 57

3.2 模具产业边界分析 / 60

3.2.1 模具材料 / 60
3.2.2 模具设计 / 60
3.2.3 模具制造 / 61
3.2.4 模具检测 / 61
3.2.5 模具修复 / 61
3.2.6 其他 / 61

3.3 本章小结 / 62

# 第4章  模具产业市场需求分析 / 63

## 4.1 模具材料 / 64
### 4.1.1 模具材料的现状 / 64
### 4.1.2 模具材料市场需求要素分析 / 78

## 4.2 模具设计 / 79
### 4.2.1 模具设计的现状 / 79
### 4.2.2 模具设计市场需求要素分析 / 88

## 4.3 模具制造 / 89
### 4.3.1 模具制造的现状 / 89
### 4.3.2 模具制造市场需求要素分析 / 102

## 4.4 模具检测 / 104
### 4.4.1 模具检测的现状 / 104
### 4.4.2 模具检测市场需求要素分析 / 112

## 4.5 模具修复 / 114
### 4.5.1 模具修复的现状 / 114
### 4.5.2 模具修复市场需求要素分析 / 120

## 4.6 总体模具产业市场需求要素分析 / 121

## 4.7 本章小结 / 122

# 第5章  模具产业目标分析 / 123

## 5.1 模具产业目标凝炼过程 / 124

## 5.2 各板块具体产业目标分析 / 125
### 5.2.1 模具材料 / 125
### 5.2.2 模具设计 / 127
### 5.2.3 模具制造 / 129
### 5.2.4 模具检测 / 131
### 5.2.5 模具修复 / 133

5.3　总体模具产业目标 / 134

5.4　总体市场需求和产业目标关联分析 / 136

5.5　本章小结 / 139

# 第6章　模具产业技术壁垒分析 / 140

6.1　模具产业专利分析 / 141
  6.1.1　国内专利状况 / 142
  6.1.2　省内专利状况 / 146

6.2　模具产业标准分析 / 151
  6.2.1　国外标准状况 / 151
  6.2.2　国内标准状况 / 154
  6.2.3　省内标准状况 / 156
  6.2.4　模具行业标准分析 / 157

6.3　模具产业技术壁垒分析 / 158
  6.3.1　模具材料技术壁垒 / 158
  6.3.2　模具设计技术壁垒 / 160
  6.3.3　模具制造技术壁垒 / 162
  6.3.4　模具检测技术壁垒 / 164
  6.3.5　模具修复技术壁垒 / 166

6.4　产业目标和技术壁垒关联度分析 / 167
  6.4.1　模具材料 / 167
  6.4.2　模具设计 / 167
  6.4.3　模具制造 / 168
  6.4.4　模具检测 / 168
  6.4.5　模具修复 / 168

6.5　本章小结 / 178

# 第7章　模具产业研发需求分析和关键共性技术 / 179

7.1　模具材料研发需求分析 / 180

- 7.1.1 研发需求项目的时间节点 / 181
- 7.1.2 顶级研发需求项目分析 / 182
- 7.1.3 顶级研发需求项目风险分析 / 183
- 7.1.4 顶级项目研发主体与研发模式分析 / 183

7.2 **模具设计研发需求分析** / 184
- 7.2.1 研发需求项目的时间节点 / 185
- 7.2.2 顶级研发需求项目分析 / 186
- 7.2.3 顶级研发需求项目风险分析 / 186
- 7.2.4 顶级项目研发主体与研发模式分析 / 186

7.3 **模具制造研发需求分析** / 187
- 7.3.1 研发需求项目的时间节点 / 188
- 7.3.2 顶级研发需求项目分析 / 190
- 7.3.3 顶级研发需求项目风险分析 / 190
- 7.3.4 顶级项目研发主体与研发模式分析 / 191

7.4 **模具检测研发需求分析** / 192
- 7.4.1 研发需求项目的时间节点 / 192
- 7.4.2 顶级研发需求项目分析 / 193
- 7.4.3 顶级研发需求项目风险分析 / 193
- 7.4.4 顶级项目研发主体与研发模式分析 / 194

7.5 **模具修复研发需求分析** / 194
- 7.5.1 研发需求项目的时间节点 / 195
- 7.5.2 顶级研发需求项目分析 / 196
- 7.5.3 顶级研发需求项目风险分析 / 196
- 7.5.4 顶级项目研发主体与研发模式分析 / 196

7.6 **模具产业中的关键共性技术及评价** / 197
- 7.6.1 模具标准化技术 / 197
- 7.6.2 模具CAD/CAE/CAM/CAPP技术 / 197
- 7.6.3 模具生产企业的信息化管理技术 / 198
- 7.6.4 先进制造技术 / 199
- 7.6.5 快速经济制模技术 / 200
- 7.6.6 热流道技术 / 202
- 7.6.7 大型及精密冲压模具设计制造技术 / 203

  7.6.8 大型及精密塑料模具设计制造技术 / 203

  7.6.9 大型精密铸造模具设计制造技术 / 203

### 7.7 广东省模具产业研发需求项目汇总 / 203

  7.7.1 近期研发需求项目 / 204

  7.7.2 中期研发需求项目 / 205

  7.7.3 远期研发需求项目 / 206

### 7.8 本章小结 / 207

## 第8章 模具产业两化融合和管理 / 208

### 8.1 模具产业中的标准化 / 209

  8.1.1 模具标准化的内容 / 209

  8.1.2 模具标准化的目的 / 210

  8.1.3 模具标准化的意义 / 210

  8.1.4 模具标准件的前景 / 211

### 8.2 模具产业中的自动化 / 211

### 8.3 模具产业中的信息化 / 212

  8.3.1 模具企业信息化成为CAD/CAM技术深化应用的主题 / 212

  8.3.2 两化融合使模具制造企业步入新型工业化道路 / 213

  8.3.3 模具设计、分析及制造三维化的广泛应用 / 214

### 8.4 模具行业的信息化集成 / 215

  8.4.1 模具行业信息化集成与协同平台总体结构 / 215

  8.4.2 模具行业信息化集成与协同平台的构建 / 218

### 8.5 互联网+模具 / 219

### 8.6 模具行业的规模化生产模式 / 220

  8.6.1 模具的传统生产模式 / 220

  8.6.2 模具企业规模化生产模式及特点 / 222

  8.6.3 模具规模化生产模式的关键 / 225

### 8.7 模具产业的精益生产管理 / 227

  8.7.1 加工工艺模块化 / 227

8.7.2 生产方式标准化 / 227
8.7.3 机台管理优化 / 228
8.7.4 生产管理物流化 / 228
8.7.5 加工工时数据化 / 229
8.7.6 加工工具优化 / 230
8.7.7 模具成本可控化 / 230

8.8 模具产业中的人才培养 / 230
8.8.1 模具专业方向的人才培养与知识结构 / 231
8.8.2 模具专业方向的教学探索 / 232
8.8.3 现代模具专业人才应具备的能力要素 / 233
8.8.4 建立并制定模具人才能力标准评价体系 / 234

8.9 本章小结 / 234

# 第9章 模具产业技术路线图绘制和产业发展建议 / 235

9.1 广东省模具产业技术路线图构思特色 / 236

9.2 广东省模具产业特征分布 / 236

9.3 广东省模具产业技术路线图 / 236

9.4 广东省模具产业的发展建议 / 236
9.4.1 推动行业创新驱动发展 / 236
9.4.2 推进体制机制创新环境建设 / 238
9.4.3 加快推进模具产业结构调整和转型升级 / 239
9.4.4 贯彻和完善标准化体系 / 239
9.4.5 建设以需求为导向的模具人才开发体系 / 239
9.4.6 模具产业政策建议 / 240

9.5 本章小结 / 242

# 附录 / 243

F.1 专家研讨会 / 244

F.2 参与调研的企业名单 / 248

F.3　到企业调研的部分照片 / 250

F.4　编制委员会专家名单 / 251

F.5　路线图工作组名单 / 252

F.6　本项目取得的研究文章 / 252

F.7　模具行业"十三五"发展指引纲要 / 252

## 参考文献 / 266

## 后记 / 270

# 第 1 章

# 背景与综述

模具是材料成型的重要工艺装备。材料在外力的作用下受模具约束产生流动变形，从而制得所需形状和尺寸的零件。使用模具可生产结构和形状复杂的制品，具有生产效率高、制件的一致性高、制件的精度较高和节能节材等特点，因此，模具成为产品制造业高效、低成本生产的重要技术支撑，模具工业水平已成为衡量一个国家制造业水平的重要标志之一，也是一个国家工业产品保持国际竞争力的重要保障之一。

模具是工业生产上用以注塑、吹塑、挤出、压铸、锻压、冶炼、冲压等方法得到所需产品的各种模子和工具，其主要通过所成型材料物理状态的改变来实现对物品外形的加工。模具的大规模工业应用始于20世纪初期福特发明的汽车生产线技术，流水线批量大、低成本的生产方式，带动了板材冲压机床与模具、铸造工艺与模具、锻造设备与模具及橡胶机械与轮胎模具的发展。20世纪50—70年代，德国、意大利、美国等发明的系列高性能工程塑料迅速在汽车、家电、电子与信息产业、包装、建材等行业得到应用，进一步推动了热塑性塑料加工技术与塑料模具（特别是注射模具）的发展。现代大型复杂模具是一套完整的制造装备，因此，精密、复杂、长寿命模具本身也是一种高精技术产品。图1-1所示为模具零配件实例图。

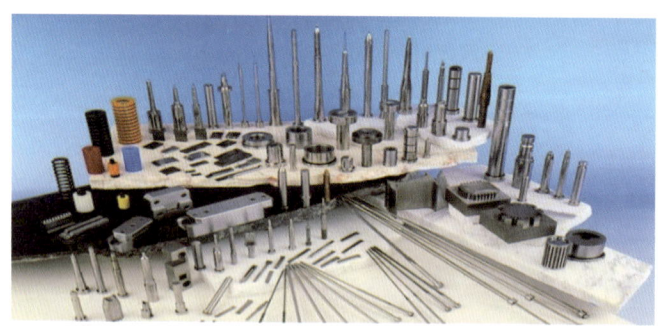

图1-1　模具零配件实例

## 1.1　国外模具产业发展简况

由于制造业对模具产业的巨大拉动作用，工业发达国家的模具工业起步早，发展也快。同时，模具的设计与制造是一个技术、人才、资金密集的高技术产业。工业发达国家的模具工业体系比较完整，整体水平比较高，如美国、日本、德国、意大利、瑞士、法国、加拿大等工业发达国家在模具设计技术及软件、模具加工技术与装备、模具材料与标准件研发、模具人才培训、新型模具开发及模具企业经营管理模式创新方面，一直引领着世界模具产业的发展。另外，韩国、新加坡、我国的台湾和香港地区（20世纪七八十年代的"亚洲四小龙"）以及西班牙等国家的模具产业也曾在世界模具界产生过较大的影响。

全球主要模具生产国包括亚洲地区的日本、韩国与中国大陆，美洲地区的美国，以及欧洲地区的德国。根据国际模协数据，2016年其会员的产值（或销售收入）为400亿美元，按照国际模协会员产值与所在国（地区）模具总产值之比为0.30~0.35推算（中国为0.3），当前世界主要模具生产国的模具生产总量在1100亿美元左右，考虑到部分产品制造企业自产自用模具难以统计以及部分国家（地区）的所用模具主要依靠进口等因素，当前世界模具年消耗量估计在1200亿美元左右。

由于制造业全球化过程中模具制造业发展的不平衡，世界模具消耗量的相当部分需通过国际贸易来解决，特别是一些新兴发展中国家的模具需求，仍主要依赖进口。按进口额20%~25%计算（中国2016年为22%），近三年的世界模具年贸易总额为240亿~300亿美元。

根据中国模具工业协会的统计，中国、美国、日本、德国、韩国、意大利六国为全球主要的注塑模具和冲压模具生产国，其中，中国的模具产值为世界之最。根据中国产业信息网公布的数据显示，2005—2015年全球模具行业处于稳步上升阶段，到2015年，市场规模已达到1150亿美元。随着"美国再工业化""德国工业4.0""中国制造2025""日本工业4.0"等各国工业升级战略的实施，可以预见，世界模具行业必将继续保持其良好的发展态势。

### 1.1.1 各国模具产业形貌

#### 1. 日本模具产业

目前，日本的模具制造技术仍处于世界领先地位。据日本通产省工业统计，日本共有模具生产厂约10000家，其中规模在20人以下的占91%以上，即日本模具业以中小企业为主，主要靠专业化分工，完成高质量的模具设计、加工。由于日本的专业化分工做得好，中小模具企业的整体制造水平高，使"日本制造"的模具成为一种品牌、优质的象征。近年来，日本压铸、铸造模具产业增长明显。

目前，日本模具面临五大课题：缩短交货期、降低制造成本、提高模具质量和精度、劳动力不足以及迎接亚洲各国的挑战。针对此境况，日本许多模具及下游企业积极向中国转移。

#### 2. 美国模具产业

美国现有约7000家模具企业，90%以上规模为少于50人的小型企业。由于工业化的高度发展，美国模具业早已成为成熟的高技术产业，处于世界前列。美国模具钢已实现标准化生产供应，模具设计制造普遍应用CAD（计算机辅助设计，Computer Aided Design）/CAE（计算机辅助工程，Computer Aided Engineering）/CAM（计算机辅助制造，Computer Aided Manufacturing）技术，加工工艺、检验检测配套了先进设备，大型、复杂、精密、长寿命及高性能模具的发展达到领先水平。

但自20世纪90年代以来，美国经济面临后工业化时代的大调整、大变革，也面对强大的国际竞争——成本压力、时间压力和竞争压力，许多模具及下游企业不得不向中国转移。例如，美国国内压铸企业数量逐年递减，但压铸件的需求量并未下降，尤其是汽车工业的需求反而有所增加。为满足此需求，美国或通过在海外设厂生产压铸件，或是向海外采购，其地域目标则主要集中在东南亚一带。国内媒体也有相关报道，提及海外采购方要从中国购入汽车零部件，金额从数亿至几十亿美元不等。这一全球范围的举动，必然为压铸工业提供更大的市场空间。据统计，我国铝合金轮毂供应约占美国市场的40%，我国"十二五"计划以来汽车铝合金轮毂的生产和出口均呈加速增长之势。

2008年国际金融危机发生后，美国政府重新提出发展以制造业为代表的实体经济，美国总统奥巴马上任伊始就提出所谓的"制造业回归"，以期解决美国经济的空心化和日益严重的就业问题。在美国"制造业回归"战略的推动下，日本、中国等地的模具企业大都在美国投资，如：我国的深圳市银宝山新科技股份公司（主要生产塑料模具）、山东豪迈集团（主要生产橡胶轮胎模具）等模具企业。其中，引人注目的是台资企业富士康公司（目前最大的生产基地在中国大陆）2017年与美国签署的在美投资建厂的协议，预计150亿美元的投资完成后，将形成12亿～15亿美元的高档模具市场需求，为美国模具制造业的振兴提供良好机遇。

### 3. 德国模具产业

德国一向以精湛的加工技艺和出产精密机械、工具而著称，其模具业也充分体现了这一特点。对于模具这个内涵复杂的工业领域，经过多年的实践探索，德国模具制造厂商形成了一个共识，即全行业必须协调一致，群策群力，挖掘开发潜力，共同发扬创新精神，共同技术进步，取长补短，发挥好整体优势，才能取得行业的成功。

此外，为适应当今新产品快速发展的需求，德国的大公司，甚至许多中小企业不断建立新的开发中心，主动为客户做研发工作。在研究方面，德国始终十分活跃，成为其在国际市场上保持不败的重要基础。在激烈竞争中，德国模具行业保持住了多年在国际市场中的强势地位，出口率一直稳定在33%左右。

## 1.1.2 国外模具产业高新技术的应用

高新技术在欧美模具企业得到了广泛应用，欧美许多模具企业的生产技术水平在国际上是一流的。将高新技术应用于模具的设计与制造，已成为快速制造优质模具的有力保证。

### 1. CAD/CAE/CAM的广泛应用，显示了用信息技术带动和提升模具工业的优越性

在欧美，CAD/CAE/CAM已成为模具企业普遍应用的技术。在CAD的应用方面，已经超越了图板、二维绘图的初级阶段，目前3D设计已达到了70%～89%。PRO/E、UG、CIMATRON等软件的应用很普遍。应用这些软件不仅可以完成2D设计，同时可以获得3D模型，为NC编程和CAD/CAM的集成提供了保证。应用3D设计，还可以在设计时进行装配干涉的检查，保证设计和工艺的合理性。

数控机床的普遍应用，保证了模具零件的加工精度和质量。规模为30～50人的模具企业，一般拥有数控机床十多台。经过数控机床加工的零件可直接进行装配，使装配钳工的人数大大减少。

CAE技术在欧美已经逐渐成熟。在注塑模设计中应用CAE分析软件，可模拟塑料的充模过程，分析冷却过程，预测成型过程中可能发生的缺陷。在冲压模设计中应用CAE软件，可模拟金属变形过程，分析应力应变的分布，预测破裂、起皱和回弹等缺陷。CAE技术在模具设计中的作用越来越大。

**2. 为了缩短制模周期、提高市场竞争力，普遍采用高速切削加工技术**

高速切削是以高切削速度、高进给速度和高加工质量为主要特征的加工技术，其加工效率比传统的切削工艺要高几倍，甚至十几倍。目前，欧美模具企业在生产中广泛应用数控高速铣，三轴联动的比较多，也有一些是五轴联动的，转数一般在1.5万～3万r/min。采用高速铣削技术，可大大缩短制模时间。经高速铣削精加工后的模具型面，仅需略加抛光便可使用，节省了大量修磨、抛光的时间。增加数控高速铣床是模具企业设备投资的重点之一。

欧美模具企业十分重视技术进步和设备更新。设备折旧期限一般为4～5年。

**3. 快速成型（3D打印）技术与快速制模技术获得普遍应用**

由于市场竞争日益激烈，产品更新换代不断加快，快速成型和快速制模技术应运而生，并迅速获得普遍应用。在欧洲模具展上，快速成型技术和快速制模技术占据了十分突出的位置，有SLA、SLS、FDM、SLM、EBM等各种类型的快速成型设备，也有专门提供原型制造服务的机构和公司。

在欧美模具企业中，有不少是将快速成型技术和快速制模技术结合起来应用于模具制造，即利用快速原型技术制造产品零件的原型，再基于原型快速地制造出模具。许多塑料模具厂家利用快速原型浇制硅橡胶模具，用于少量翻制塑料件，非常适合于产品的试制。目前，也可以使用金属3D打印技术直接制造具有随形冷却水道的模具嵌件或整套模具型腔。

## 1.1.3　国外模具企业的管理经验

**1. 人员精简，"瘦"型管理**

欧美模具企业大多数规模不大，员工人数超过百人的较少，所考察的模具企业人数一般都在20～50人。企业各类人员的配置十分精简，一专多能，一人多职，企业内部看不到闲人。精益生产、"瘦"型管理的思想得到了较好的体现。

**2. 采用专业化生产，产品定位准**

欧美的模具企业，大多数都是围绕汽车、电子等产业对各类模具的需求，确定自己的产品定位和市场定位。为了在市场竞争中求生存、求发展，每个模具厂家都有自己的优势技术和产品，并都采取专业化的生产方式。欧美大多数模具企业既有一批长期合作的模具用户，在大型模具公司周围又有一批模具生产协作厂家。这种互惠、互利、共赢、共存的合作伙伴关系，有的已持续了近40年。

### 3. 采用先进的管理信息系统，实现集成化管理

欧美的模具企业，特别是规模较大的模具企业，基本上实现了计算机管理。从生产计划、工艺制定，到质检、库存、统计等，普遍使用了计算机，公司内各部门可通过计算机网络共享信息。

### 4. 工艺管理先进，标准化程度高

欧美的模具生产厂家靠先进的工艺设备和工艺路线确保零件精度和生产进度。每副模具均有详细的设计图，包括每个零件的详细设计，并且都制定了详细的加工工艺。

国外模具制造行业的最基本特征是高度集成化、智能化、柔性化和网络化。追求的目标是提高产品质量及生产效率。国外发达国家模具标准化程度达到70%~80%，实现部分资源共享，大大缩短设计周期及制造周期，降低生产成本，最大限度地提高模具制造业的应变能力以满足用户需求。

模具企业在技术上实现了专业化，在模具企业的生产管理方面，也有越来越多地采用以设计为龙头、按工艺流程安排加工的专业化生产方式，降低了对模具工人技术全面性的要求，强调专业化。

国外模具企业的先进技术和先进管理，使其生产的大型、精密、复杂模具，对促进汽车、电子、通信、家电等产业的发展起了极其重要的作用，也给模具企业带来了良好的经济效益。美国的模具企业，人均年销售额在20万美元左右，意大利企业人均年销售额也在10万美元以上。与国内的模具企业相比，即使扣除价格因素的影响，欧美模具企业的生产效率也比我们高许多倍。

## 1.2 国内模具产业的发展现状

### 1.2.1 我国模具产业的现状

我国的现代模具工业虽然起步晚，但在我国制造业快速发展的市场拉动和各级政府的大力支持下，发展迅速。我国的模具生产不仅基本满足了我国制造业发展对模具的市场需求，而且具有了主要门类模具批量出口的能力。到"十一五"末，我国已是世界模具生产大国和出口大国。当然，我国的模具工业还只是"大"，与先进国家的模具产业相比，我们的基础还不够深厚，体系还不够完整，创新人才比较缺乏，整体上还处在"由大转强"阶段。为了实现我国模具由制造大国向制造强国的转变，2010年工信部委托中国模具工业协会编制了《模具行业"十二五"发展规划》，提出坚持推动整个行业的转型升级，在保持行业经济增长和稳定出口增长基础上，通过技术创新、发展制造服务业和加速两化融合等措施，为2020年我国模具工业进入世界强国行列打好基础。2015年，中国模具工业协会编制了《模具行业"十三五"发展指引纲要》（详细内容见附录F.7），提出以模具市场和存在问题为导向，以《中国制造2025》国家战略为指引，坚持推动行业发展的动能转换，大力发展知识型制造服务业，积极推进模具成形制造技术的协同创新，为实现《中国

制造2025》提出的强国目标夯实基础。

在全球主要模具产销国家当中，中国大陆模具厂家数及从业人数最多，大型模具厂员工人数为600~700人，更有规模达上千人的公司，中型模具厂则为150~300人，小型模具厂也至少有50人，其他国家的模具企业则多以中小型企业形态经营。到20世纪90年代后期，模具专业生产厂虽有近3万家，但规模较小、布局分散，其中规模以上模具企业不到1000家，产业集中度低，主要模具产品为电子、电器、包装、建材、汽车等行业服务。进入21世纪，在汽车制造业快速发展的拉动下，我国模具企业在经济规模、技术水平、信息化建设、品牌塑造和国际化程度等方面有了快速提升。

2010年，我国模具生产厂点近3万家，其中规模以上的模具企业超过5000家，以模具为主业的上市公司达到15家，全行业从业人员达到100万；模具生产专业化率超过85%，设计过程CAD/CAE/CAM采用率超过80%，模具加工、检测的数字控制（NC）、计算机数控（CNC）采用率达到85%以上；行业总销售额为1370亿元。我国的模具生产不仅基本满足了制造业发展对模具的市场需求，而且具有了主要门类模具批量出口的能力。到"十二五"末，我国模具产业从业人员接近100万人，产值达到2100亿元，出口额超过50亿美元（按当年平均汇率折合人民币330亿元），连续5年稳居世界模具制造大国地位。我国的模具工业不仅保证了24万亿元（2014年数据，占当年工业增加值的80%）产品制造业的产品开发和正常生产，而且为战略性新兴产业的成长发展提供了有力支撑。

国际上模具企业绝大多数为中小企业。在我国的模具企业中，中小微型企业占95%以上。我国现有三资模具企业3000家左右（不含产品生产厂中模具研制、维修部门），占我国模具企业（含模具厂）总数的10%左右，主要分布在我国广东（深圳、东莞、广州、佛山等）、江苏（苏州、无锡、常州、南通等）、山东（青岛、烟台、威海等）、辽宁（大连）、上海、天津、浙江（宁波）等制造业发达的东部沿海地区。最早在我国大陆建立三资模具企业的是日本、我国的香港地区和台湾地区的企业。

模具产业以市场为中心的集聚生产和集群发展模式进一步确立。珠三角、长三角和环渤海模具产业集聚区规模和技术水平进一步得到提升，武汉—长沙和成—渝两个新的模具产业集聚区快速发展。广东的深圳、东莞长安、横沥、凤岗，浙江的黄岩、北仑、余姚、宁海，江苏的苏州、无锡，特别是苏州的昆山、河北的泊头等特色模具产业基地在"十二五"期间通过转型升级得到了进一步的提升和发展。

经过多年的发展，我国逐步形成五大区域模具市场。这五大区域模具市场是：

（1）珠三角区域模具市场（含港澳地区）：新的世界模具生产中心，有6000多家企业和10多万从业人员，占全国模具产值40%。

（2）长三角区域模具市场（上海、浙江、江苏）：我国第二大区域模具市场，模具企业5000多家，占全国模具产值25%~30%。

（3）环渤海区域模具市场（京、津、东北三省、山东）：我国模具产业第三大市场，以汽车行业、家电行业为主，大中型模具企业多，整体开发能力强。

（4）西南区域模具市场（四川、重庆）：我国新兴模具市场，以成都飞机、长安汽车为主，重庆市政府划出3平方公里土地，投资20多亿元建模具园区。

（5）华中区域模具市场（湖北武汉及周边区域）：我国新兴模具市场，以汽车行业为主。

到2016年，我国模具企业中规模以上企业近5000家，其中被认定为高新技术企业的超过500家；由中国模具工业协会评定授牌的"中国重点骨干模具企业"达到178家，涉及汽车覆盖件模具、大型冲压模具、精密冲压模具、精密级进冲压模具、大型注射模具、精密注射模具、塑料挤出模具、铸造模具、压铸模具、电机铁心模具、子午线轮胎模具、钣金折弯模具、模具制造服务业等48类模具类型，涵盖了目前所有常用模具。它们以不到1%的企业数量，实现了全部模具销售额（产值）的20%，使我国模具产业的集中度在"十一五"末的基础上提高了1倍。以模具为主业的上市公司达到40家，其中在主板、创业板上市的有近30家。目前，世界上有近15类最大的模具制造企业在中国落户（如汽车覆盖件模具、汽车内饰件注射模具、塑料挤出模具、子午线轮胎模具等制造企业）。

目前，我国模具年产量位居世界前列。国内大型、精密、复杂、长寿命的高档模具每年仍需大量进口，而一些低档次的简单冲模，则已供过于求，市场竞争非常激烈。

自2010年我国模具出口总额（21.96亿美元）首次超越进口总额（20.62亿美元）后，我国模具对外贸易顺差在不断扩大。2014年我国模具出口总额达到近50亿美元。随着我国经济的发展壮大，我国模具工业产值和出口规模不断增长，已成为世界模具制造大国和出口大国。

2015年我国模具进出口总额为75.67亿美元，同比上年增长0.78%，其中，进口总额为24.85亿美元，同比上年下降4.01%；出口总额为50.82亿美元，同比上年增长3.30%。2015年的贸易顺差已达到25.97亿美元。2015年我国模具进出口情况如表1-1所示。

2015年我国模具出口到189个国家和地区，出口100万美元以上的制造企业有733家。2015年我国模具进出口具体情况：

（1）按进口目的地分，进口最多的是江苏、广东、上海、北京和天津。进口额为165 307.07万美元，占进口总额的66.53%；

（2）按出口货源地分，出口模具主要来自广东、江苏、浙江、上海和山东。出口额为419 213.22万美元，占出口总额的82.49%。

表1-1 2015年我国模具进出口情况

| 模具种类 | 进口 | | 出口 | |
| --- | --- | --- | --- | --- |
| | 金额/亿美元 | 所占比例/% | 金额/亿美元 | 所占比例/% |
| 塑料橡胶模具 | 11.53 | 46.40 | 33.85 | 66.60 |
| 冲模 | 10.02 | 40.32 | 9.13 | 17.97 |
| 其他模具 | 3.30 | 13.28 | 7.85 | 15.43 |

2016年，我国模具制造能力已达2200亿元，模具产业的销售额达到1840亿元，模具出口额47.9亿美元（模具进口额20.03亿美元），我国模具已出口到世界190多个国家和地区。在实现经济运行"稳中有进"的同时，骨干企业队伍健康成长，为实现我国模具的"由大转强"打下了坚实基础。

按新的税号统计的2016年我国模具进出口数据如表1-2所示。

表1-2 按新的税号统计的2016年我国模具进出口数据

| 模具种类 | 进口 | | 出口 | |
|---|---|---|---|---|
| | 金额/万美元 | 所占比例/% | 金额/万美元 | 所占比例/% |
| 塑料橡胶模具 | 92 853.28 | 46.36 | 315 804.75 | 65.93 |
| 冲压模具 | 78 282.47 | 39.09 | 81 559.65 | 17.03 |
| 压铸模具 | 12 734.93 | 6.36 | 9228.37 | 1.93 |
| 轮胎模具 | 1834.12 | 0.91 | 19 381.18 | 4.05 |
| 粉末冶金模具 | 424.69 | 0.21 | 525.53 | 0.11 |
| 玻璃用模具 | 596.12 | 0.30 | 9650.88 | 2.01 |
| 其他模具及模具标准件 | 13 555.51 | 6.77 | 42 862.42 | 8.94 |

注：来源于中国海关。

2017年，我国模具进出口总量达75.41亿美元，同比增长11.01%，其中，进口总量为20.51亿美元，同比增长2.40%；出口总量为54.9亿美元，同比增长14.61%。2017年我国模具对外贸易顺差已达到34.39亿美元。如今，我国模具产业的生产规模已占世界总量的10%以上，模具产值为世界之最。

近年来我国模具进出口情况统计如图1-2所示。

模具是工业生产中重要的基础工艺装备，素有"工业之母"的称号。我国目前通过模具成型制造（也称等材制造）的金属制品约为8000万吨，与切削加工（减材制造）的数量相当；而7000万吨左右的塑料制品和600万吨的橡胶制品，几乎全部由模具成型制造；3D打印（增材制造）的产品总量目前为数万吨。

模具成型（形）由于其具有高生产效率、高一致性、低耗低成本以及可以实现较高的精度和复杂程度等优点，已成为现代社会国计民生主导产品，如汽车、电子、电器、IT产品、包装品、建筑装饰材料等产品制造业中最主要的制造手段，其中汽车、家电等产品90%以上（汽车为95%以上）的零部件由模具制造，模具费用仅占这类整机销售价格的1%左右，因此，模具也被称为产品制造业的效益放大器。

图1-2 我国模具进出口情况

近年来,我国模具产业持续快速发展。模具产业销售额从2008年的950亿元上升到2017年的2433亿元,年均增长率达到11%,如图1-3所示。其中,2017年我国压铸模具产业销售收入为237.3亿元,约占我国模具制造业销售收入的9.8%,而汽车压铸模具以其要求严、品质高、数量大、品种多在压铸模具产业中占有85%的份额。

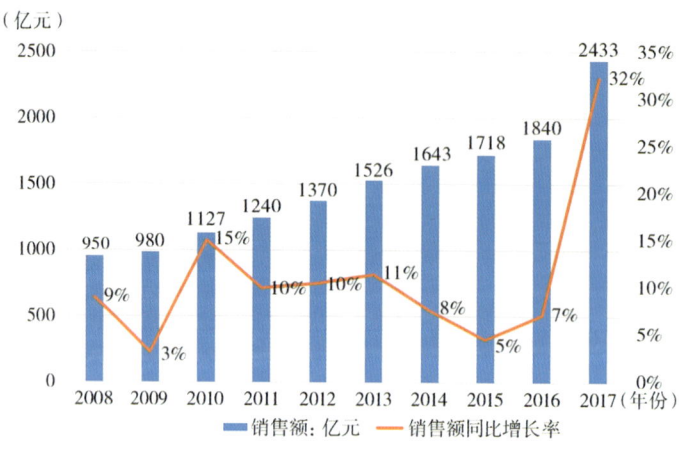

图1-3 我国模具销售额增长情况

据国家统计局资料,2012年模具制造业主营业务收入2000万元以上的企业全国共有1688个,从业人员达37.29万人,工业总产值为1892.65亿元,利润总额115.79亿元。根据《中国模具信息》(2016年第6期)公布的数据显示,我国模具制造厂点约30000家,从业人员约100万人。2016年我国模具市场容量及其分布如表1-3所示。

表1-3 2016年我国模具市场容量及其分布

| 模具用户行业 | 行业产值/亿元 | 模具依赖度/% | 模具用量/亿元 |
| --- | --- | --- | --- |
| 汽车制造 | 73 000 | 90 | 680 |
| 家电 | 15 000 | 90 | 170 |
| 包装品 | 15 000 | 85 | 130 |
| 电子及IT | 110 000 | 85 | 770 |
| 医疗器械 | 2500 | 75 | 30 |
| 建材、家居装饰 | 15 000 | 75 | 130 |
| 轨道交通列车 | 400 | 60 | 40 |
| 其他行业(估) | 20 000 | 50 | 250 |
| 合计 | 250 900 | — | 2200 |

注:①其他行业指航空航天、船舶制造、汽车外运输设备、机床、通用机械等;
②模具用户行业产值(销售收入)来自各行业协会、商会等机构在网上公布的数据;
③模具用量由中国模具工业协会提供。

模具制造的产品已遍布我们的生产、生活和公共场所的各个角落。随着高分子材料和复合材料的研发和应用，模具的应用面越来越宽广，可以说，涉及衣、食、住、行等民生工程的现代制造业的发展，很大程度上取决于模具工业的发展水平，没有高水平的模具工业就没有高水平的制造业。同时，模具是模具成形（型）装备的主要组成部分，是我国制造业保持大国地位并进行转型升级、实现"由大转强"的重要技术支撑。模具的设计、制造是一个技术密集、人才密集、资金密集的高技术产业，因此，模具工业水平已成为衡量一个国家制造业水平高低的重要标志，也是一个国家的工业产品保持国际竞争力的重要保证之一。

经过30多年的改革发展，我国的模具专业化生产程度已经接近国际先进水平，在我国成为世界模具制造大国和模具出口大国的进程中发挥了重要作用。随着信息化、智能化、"互联网+"等技术的发展和应用，模具专业化生产也将有新的形态和评价方式，专业化生产在模具制造业发展过程中，特别是在我国模具"由大转强"中所起的作用只会加强。1980—2015年我国模具的专业化程度如表1-4所示。

表1-4　1980—2015年我国模具专业化程度

| 时间 | 主业明确度/% | 标准件采用率/% | 行业专业化生产程度 |
|---|---|---|---|
| 1980—1990年 | 30 | 20 | 30 |
| 1990—2000年 | 70 | 50 | 60 |
| 2000—2015年 | 90 | 80 | 80 |

注：按GB/T 8845—2017《模具术语》模具分12大类，模具企业在主业选定时必须根据模具用途在12大类模具的二级目录中选取，如冲模中的"汽车覆盖件模具"、注射模中的"汽车内饰件模具"、橡胶模中的"橡胶轮胎模具"等。在我国目前的制造业产品结构和"模具成型"技术结构条件下，可以作为模具企业主业选定的模具类型在100个左右。

"十二五"以来，我国模具产业积极适应经济发展"新常态"，大力推动创新驱动发展，不断推进产业的转型升级，加快信息化建设和品牌培育。我国不仅始终保持着世界模具制造大国和模具出口大国的地位，而且在国家创新驱动发展战略和《中国制造2025》计划指引下，进一步提升企业的自主创新能力和国际化程度，正在迈开"由大转强"的坚实步伐。

近年来，模具工业一直以15%左右的增长速度快速发展。其中，冲压模具行业总体水平显著提高，不仅实现进口替代，还有相当一部分产品出口到美国、日本等工业发达国家和地区。我国冲压模具水平已有很大提高。大型冲压模具已能生产单套重量达50多吨的模具，并且已经能够生产为中档轿车配套的覆盖件模具。国内冲压模具行业正在不断追赶世界先进水平，不断缩小与发达国家的技术差距，不少国产精密冲压模具在主要性能上已经能够和进口产品相提并论。但是，我国出口冲压模具大部分是技术含量较低的中低档产品，因此，技术含量高的中高档模具市场满足率低于冲压模具总体满足率，这些模具的发展已滞后于冲压件生产，而在一些低档次的简单冲模，已趋供过于求，市场竞争激烈。我国仍然需要继续调整和优化冲压模具的市场格局。未来冲压模具的精度将更高，将全面推广CAD/CAE/CAM技术。随着微机软件的发展和进步，普及CAD/CAE/CAM技术的条件已成熟，将选用优质钢材和应用相应的表面处理技术来提高模具的寿命。只有这样，才能不断提高高端市场份额。

虽然中国模具工业发展迅速，但与需求相比，显然供不应求，其主要缺口集中于精密、大型、复杂、长寿命模具领域。由于在模具精度、寿命、制造周期及生产能力等方面，中国与国际平均水平和发达国家仍有较大差距，因此，每年需要大量进口模具。

中国模具产业除了要继续提高生产能力，今后更要着重于行业内部结构的调整和技术发展水平的提高。结构调整方面，主要是企业结构向专业化调整，产品结构向中高档模具发展，向进出口结构改进、中高档汽车覆盖件模具成型分析及结构改进、多功能复合模具和复合加工及激光技术在模具设计制造上的应用、高速切削、超精加工及抛光技术、信息化等方向发展。

## 1.2.2 我国模具行业存在的主要问题

近年，模具行业结构调整和体制改革步伐加大，主要表现在大型、精密、复杂、长寿命、中高档模具及模具标准件发展速度高于一般模具产品；塑料模和压铸模比例增大；专业模具厂数量及其生产能力增加；"三资"及私营企业发展迅速；股份制改造步伐加快等。从地区分布来看，以珠江三角洲和长江三角洲为中心的东南沿海地区发展快于中西部地区，南方的发展快于北方。目前发展最快、模具生产最为集中的省份是广东和浙江，江苏、上海、安徽和山东等地近几年也有较大发展。

虽然我国模具总量目前已达到相当规模，模具水平也有很大提高，但设计制造水平总体上落后于德、美、日、法、意等工业发达国家许多。模具产品水平低主要表现在模具的精度、型腔表面粗糙度、寿命及结构等方面。当前存在的问题和差距主要表现在以下几方面。

### 1. 模具设计制造的关键软硬件全部依赖国外

我国目前虽然已是模具生产大国，但模具设计制造的关键软硬件几乎全部由国（境）外引进。模具设计使用的CAD/CAE/CAM软件95%以上来自国（境）外，而且80%左右是同一品牌的产品，越来越严重的垄断行为不仅造成我国模具企业软件使用成本不断提高，也对我国制造业网络化、智能化的技术创新形成制约。

我国模具加工中关键工序使用的高档数控加工设备95%以上来自国（境）外，并受到设备供应商的监控，其中主要是德国、瑞士、意大利、日本、美国，少部分来自西班牙、韩国和我国的台湾地区，这些存量设备为20亿~25亿美元。随着新技术的推出、产能增加和技术改造，我国模具产业每年仍有约1亿美元的高档数控设备需要采购。

从国外进口的模具材料，特别是高端模具钢，虽然按重量计占我国模具钢消耗量不到10%，但其金额却占模具材料消耗总额的30%左右。而且，由于进口模具钢多用于国外或合资品牌的产品（如汽车、电子与信息产品等）生产所用的高端模具上，他们的钢号或品牌影响力远大于国产模具钢，以至于我国模具产业中在模具设计图样和供货合同上大量使用国外钢号（或牌号），而我国（工）模具钢标准中的钢号却很少出现。模具材料性能、质量和品种问题往往会影响模具质量、寿命及成本，国产模具钢与国外进口钢材相比有较大差距。

### 2. 企业组织结构、产品结构和进出口结构均不合理

我国模具生产厂中多数是自产自配的工模具车间（分厂），自产自配比例高达60%左右，其中低档模具供过于求，中高档模具自配率只有50%左右，而国外模具超过70%属商品模具。我国专业模具厂大多是"大而全""小而全"的组织形式，而国外大多是"小而专""小而精"。2004年，我国模具进出口之比为3.7∶1，进出口相抵后的净进口额达13.2亿美元，为世界模具净进口量最大的国家，到2017年，模具进出口之比达到1∶2.7，进出口相抵后的净进口额达34.39亿美元。

### 3. 专业化、标准化、商品化程度低，协作能力差

由于长期以来受"大而全""小而全"影响，模具专业化水平低，专业分工不细致，商品化程度低。目前，国内每年生产的模具，商品模具只占40%左右，其余为自产自用。模具企业之间协作不畅，难以完成较大规模的模具成套任务。模具标准化水平低，模具标准件使用覆盖率低也对模具质量、成本有较大影响，特别是对模具制造周期有很大影响。

### 4. 模具大用户行业间模具供应能力不平衡

由于用户行业不同和发展阶段的差异，对模具的制造技术和供应能力的要求也不同，造成模具行业产品和产能调整的压力。如：我国汽车产量的迅速增加和轻量化技术的快速发展，对汽车车身冲模、大型精密塑料模具、大型压铸模具提出了巨大的需求，而我国的家电、包装、电子等模具行业虽产能富裕，但受到技术、标准等条件限制，产能转移的速度还不能满足汽车发展的要求。其他新兴模具用户行业也存在类似汽车行业的现象，如医疗器械、高铁、航空等。

### 5. 面向模具制造的现代服务业发展相对滞后

知识型模具制造服务业，如模具信息化技术开发和服务公司、设计公司以及基于互联网和工业云环境的研发、设计、编程公司，发展速度不快，水平不高。

### 6. 企业自主创新能力低，品牌影响力不够

在较长时间内，我国模具企业忙于扩大产能，满足产品制造业快速发展形成的市场需求，企业在技术进步方面研发投入少、研发体制不健全，创新模式主要采用引进消化再创新，集成创新能力不足，原始创新少之又少。经过30多年的发展，技术水平和经营能力都有了很大提高。但除少量企业外，企业自主创新能力总体上偏低，企业的品牌影响力不够，在国际市场竞争中主要以装备水平和价格优势取胜。

### 7. 开发能力较差，经济效益欠佳

我国模具企业技术人员比例低，水平较低，且不重视产品开发，在市场中经常处于被动地位。我国每个模具职工平均年创造产值约合1万美元，国外模具工业发达国家大多是15万～20万美元，有的高达25万～30万美元。与之相对的是，我国相当一部分模具企业还沿用过去的作坊式管理，真正实现现代化企业管理的企业较少。

### 8. 高端人才缺口较大

我国模具行业从事设计、编程、项目管理、信息化技术应用、外贸等方面的高端人才数量少，缺口大，且分布不均匀，资源利用率低。模具制造业是一个技术、资金、人才密集的行业。我国模具工业的发展历程表明，人才问题既是我国模具产业实现"由小到大"的重要因素，也是我国模具产业实现"由大转强"的制约因素。

"十二五"以来，在政府的大力支持、引导下，整个模具产业在技术进步、转型升级和结构调整及"出口带动"战略方面取得了进展。目前，我国已建立起较完整的现代模具工业体系，包括：模具设计研发体系；模具材料研发、生产和供应体系；模具标准件生产、供应体系；专业模具制造厂商等。从行业结构看，民营企业快速发展，国有企业活力增强，面向市场的专业模具厂家数量和能力提高较快，适应模具产业生产特点的模具集聚生产园区得到发展，我国中西部等模具工业欠发达地区有较大进步，模具产业的分布也更为合理。

目前，国内有些模具厂"大而全""小而全"，这样很难干好，必须走小而专、小而精、小而特的道路。要缩小与先进工业国家的差距，必须加快技术进步，提高CAD/CAE/CAM的应用程度，增加数控加工设备的比重，用信息技术进一步提高模具的设计制造水平。同时，要学习和借鉴国外的先进管理经验，进一步深化企业改革。要增强参与国际竞争的意识，加强国际经济技术合作与交流，在提高模具国产化程度的同时，进一步扩大出口，走向世界。

目前，我国经济仍处于高速发展阶段，国际上经济全球化发展趋势日趋明显，这为我国模具工业高速发展提供了良好的条件和机遇。一方面，国内模具市场将继续高速发展，另一方面，模具制造也逐渐向我国转移以及跨国集团到我国进行模具采购趋向也十分明显。因此，放眼未来，国际、国内的模具市场总体发展趋势前景看好，预计中国模具将在良好的市场环境下得到高速发展，我国不但会成为模具大国，而且一定会逐步向模具制造强国的行列迈进。

## 1.3 中国制造2025与模具产业

制造业是国民经济的主体，是立国之本、兴国之器、强国之基。2015年5月8日，国务院正式发布《中国制造2025》行动方案（简称"方案"）。方案提出，坚持"创新驱动、质量为先、绿色发展、结构优化、人才为本"的基本方针，坚持"市场主导、政府引导、立足当前、着眼长远、整体推进、重点突破、自主发展、开放合作"的基本原则，通过

"三步走"实现制造强国的战略目标：第一步，到2025年迈入制造强国行列；第二步，到2035年中国制造业整体达到世界制造强国阵营中等水平；第三步，到中华人民共和国成立一百年时，综合实力进入世界制造强国前列。方案为制造业未来的发展指明了方向，这是我国实施制造强国战略第一个十年的行动纲领。《中国制造2025》与模具技术的基本方针有以下几点。

### 1.3.1 创新驱动

创新驱动，指那些从个人的创造力、技能和天分中获取发展动力的企业，以及那些通过对知识产权的开发可创造潜在财富和就业机会的活动。也就是说，经济增长主要依靠科学技术的创新带来的效益来实现集约的增长方式，用技术变革提高生产要素的产出率。坚持把创新摆在制造业发展全局的核心位置，完善有利于创新的制度环境，推动跨领域跨行业协同创新，突破一批重点领域关键共性技术，促进制造驱动业数字化、网络化、智能化，走创新驱动的发展道路。模具产业中的创新驱动策略如图1-4所示。

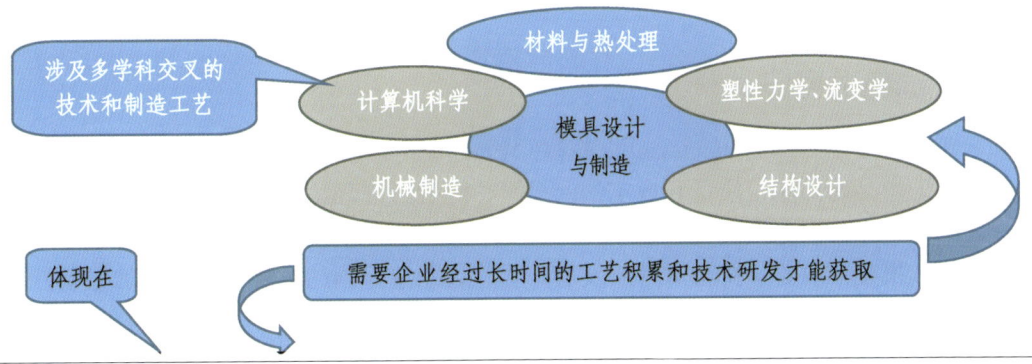

图1-4 模具产业中的创新驱动策略

### 1.3.2 质量为先

坚持把质量作为建设制造强国的生命线，强化企业质量主体责任，加强质量技术攻关、自主品牌培育。建设法规标准体系、质量监管体系、先进质量文化，营造诚信经营的市场环境，走以质取胜的发展道路。模具标准化是缩短模具制造周期的有效方法，是应用模具CAD/CAM技术的前提，是模具工业化和现代化生产的基础。"一流企业制标准，二流企业做品牌，三流企业做产品"。模具的标准化程度和应用水平是衡量一个国家模具工业水平的标志。模具产业中的质量为先策略如图1-5所示。

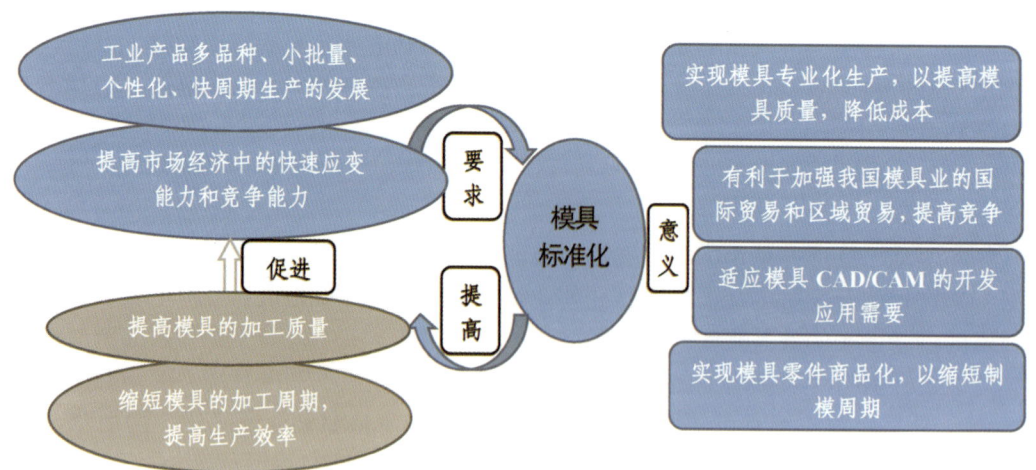

图1-5　模具产业中的质量为先策略

## 1.3.3　绿色发展

绿色制造（green manufacturing，简称GM）已成为21世纪机械制造业的发展趋势。它是指在保证产品的功能、质量和成本的前提下，综合考虑环境影响和资源效率的现代制造模式。绿色模具的生命周期与环境相关的有如下几个阶段：设计、制造、销售、使用、维护与服务和报废回收。坚持把可持续发展作为建设制造强国的重要着力点，加强节能环保技术工艺、装备推广应用，全面推行清洁生产。发展循环经济，提高资源回收利用效率，构建绿色制造体系，走生态文明的发展道路。

**1. 模具设计阶段包括原材料的选择、原材料的回收处理及可拆卸性**

原材料的选择包含三个特征：
（1）低能耗、低成本的材料，尤其是少污染的材料；
（2）易加工和加工过程中无污染或少污染材料；
（3）易回收处理的材料，可重复多次使用或可降解，如玻璃制品等。

原材料的回收处理应遵从五个原则：
（1）避免使用有害或对环境有重污染的材料；
（2）尽可能减少所用材料的种类；
（3）避免使用与现有标准循环再回收过程中不相兼容的材料；
（4）多使用无须特殊工具的连接件；
（5）设计尽可能允许使用已有的一些可重复利用的现有零部件。

可拆卸性应遵从四个原则：
（1）尽可能减少拆卸的工作量，明确应拆卸的零部件和可拆卸的部件，把传统设计中由多个零件完成的功能尽可能集中到一个整体零件上，减少总零件数；

（2）可预测产品的构造，避免使用一些可能相互影响的零件组合；

（3）尽量采用可拆卸连接，如用螺纹连接，不用焊接、铆接；

（4）减少非标零件，尽可能使用现有标准化零件。

**2. 模具绿色工艺规划包括采用模具先进制造技术和CAD/CAE/CAPP/CAM应用**

模具先进制造技术指柔性制造技术（flexible manufacturing system，简称FMS）、高速切削（HSM）、虚拟制造技术、逆向工程技术（RE）、快速成型技术等。CAD/CAPP/CAM是模具设计走向全盘自动化的重大措施。采用CAD/CAPP/CAM技术，可实现少图纸或无图纸加工和管理。使用CAD/CAE为实现并行工程提供了基本平台，提高了模具的设计效率，实现了绿色的产品分析。

**3. 模具销售及使用阶段**

模具包装材料的选择、模具包装结构、模具包装材料的回收。产品的包装应尽量从简及使用绿色包装材料（无毒无公害、易回收、易降解的材料），这样既可以减少资源的浪费，又可以减少对环境的污染。

**4. 模具维护阶段**

少用或不用有害溶液对模具进行表面处理；在维护模具表面硬度方面，尽可能减少热处理工序。

**5. 模具的绿色回收、再处理阶段**

对各类模具可拆卸零件进行分门分类放置，如含有辐射性物质的，则采取一定措施进行专人管理专门放置；对可用零件进行编号，并存储其尺寸和拓扑结构数据于计算机数据库中，建立模具零件数据管理信息系统，以备随时查询调用。

## 1.3.4 结构优化

坚持把结构调整作为建设制造强国的关键环节，大力发展先进制造业，改造提升传统产业，推动生产型制造向服务型制造转变。优化产业空间布局，培育一批具有核心竞争力的产业集群和企业群体，走提质增效的发展道路。中国模具工业协会编制的《模具行业"十三五"发展指引纲要》，对模具行业的发展趋势做了分析，确定了产业主要任务并理清了发展思路。

**1. 模具行业的发展趋势**

（1）模具产品向以大型、精密、复杂、长寿命模具为代表的，与高效高精工艺生产装备相配套的高新技术模具产品方向发展。

（2）模具生产向管理信息化、技术集成化，设备精良化、制造数字化、精细化、加工高速化和自动化以及智能控制和绿色制造方向发展。

（3）模具企业向着生产服务型、创新型、成长型和专、精、特、新方向发展。

（4）企业经营向品牌化和国际化方向发展，行业向信息化、绿色制造和可持续方向发展。

### 2. 模具行业的主要任务

（1）研发体系日趋完善，建立以项目为导向的产学研用相结合的研发体系。
（2）关键技术有所突破的同时，信息化和标准化工作取得显著成效。
（3）提质增效，企业对质量效应提升到新的认识和行动。
（4）政策环境和产业集聚区建设。
（5）发展外贸，稳定模具出口增长。
（6）加强人才队伍建设，积极推进企业订制，实现高技能人才职业素质与技术能力的全面发展。

### 3. 行业发展思路

（1）模具企业由提供产品向提供产品与服务转变。
（2）技术在装备中地位越来越显现，优化流程，提高效率，创造效益。
（3）产品出口由模具产品出口向资本出口、服务出口转换。
（4）模具企业向市场集聚以共同开发为先导的新材料、新技术应用。
（5）联盟（技术联盟、产业联盟）态势，上下游延伸。
（6）有效利用资源，集成与服务成为主旋律。
（7）互联网+模具制造：集成与融合、协同制造，加快推进生产方式、组织模式的深刻变革，催生资源配置新方式，进而重塑企业组织与制造模式，构建模具制造企业与模具客户的关系。

## 1.3.5 人才为本

坚持把人才作为建设制造强国的根本，建立健全科学合理的选人、用人、育人机制，加快培养模具产业发展急需的专业技术人才、经营管理人才和技能人才。营造"大众创业、万众创新"的氛围，建设一支素质优良、结构合理的制造业人才队伍，走人才引领的发展道路。模具产业中的人才为本策略如图1-6所示。

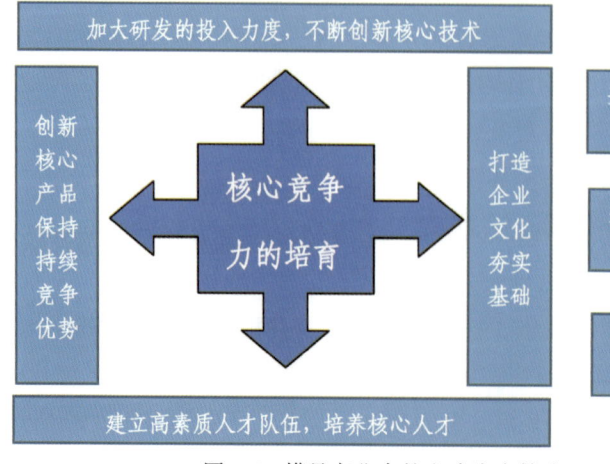

图1-6 模具产业中的人才为本策略

制造业覆盖面很广，为了确保用十年的时间，到2025年，迈入制造强国行列，必须坚持整体推进、重点突破。《中国制造2025》围绕经济社会发展和国家安全重大需求，选择十大优势和战略产业作为突破点，力争到2025年达到国际领先地位或国际先进水平。其十大产业领域分别为：①新一代信息技术产业；②高档数控机床和机器人；③航空航天装备；④海洋工程装备及高技术船舶；⑤先进轨道交通装备；⑥节能与新能源汽车；⑦电力装备；⑧农机装备；⑨新材料；⑩生物医药及高性能医疗器械。这十大产业领域与模具产业息息相关，有的领域涉及模具产业的上游产业，有的领域涉及模具产业的下游产业。

《中国制造2025》的核心就是智能制造与质量工程。制造的智能化与质量的全面提升需要大量的制造科学和技术的支撑。由于新材料特别是轻量化新材料的出现将导致新工艺的产生，而新的工艺必然导致新的工艺装备和模具需求。因此，新材料以及多样化制造的需求将给模具产业带来巨大的冲击，而模具的智能化（网络化）又给模具成型制造带来了无限的拓展空间和可能性。基于物联网的网络化与智能化结合的制造模式是未来制造业也是模具产业的主要发展方向。

模具技术集合了机械、电子、化学、光学、材料、计算机、精密监测和信息网络等诸多学科，是一个综合性多学科的系统工程。模具技术的发展趋势主要是模具产品向着更大型、更精密、更复杂及更经济的方向发展，模具产品的技术含量不断提高，模具制造周期不断缩短，模具生产朝着信息化、无图化、精细化、自动化的方向发展，模具企业向着"技术集成化、设备精良化、产品品牌化、管理信息化、经营国际化"的方向发展。

## 1.4 广东省模具产业的发展现状

模具是工业生产的基础工艺装备，被誉为"工业之母"。用模具生产制件所表现出来的高精度、高复杂程度、高一致性、高生产率和低消耗，是其他加工制造方法所不能比拟的。在电子、汽车、电机、电器、仪器、仪表、家电和通信等产品中，60%~90%的零部件都要依靠模具成型。模具生产技术水平的高低，已成为衡量一个国家产品制造水平高低的重要标志，在很大程度上决定着产品的质量、效益和新产品的开发能力。

改革开放以来，广东充分发挥毗邻港澳的地理位置优势、华侨和港澳台胞众多的人文优势，原来基础薄弱的工业连续三十多年快速发展。作为广东工业生产重要基础工艺装备的模具工业，也正是在这种良好的条件和广阔的空间中，得到了迅速的发展和提高。但近年来，劳动力成本的提高，金融危机后欧美各国为保护本国企业构筑的不合理贸易壁垒以及来自东盟、拉美等新兴市场的价格挑战等问题严重制约了广东模具工业的健康、持续发展。

随着广东省产业转型升级的推进，促进先进制造业、培育战略性新兴产业等发展目标对高技术含量模具的需求越来越迫切，发展模具技术已是当务之急。

### 1.4.1 广东省模具产业状况总体分析

目前，模具产业地域分布特色日渐成型，从地区分布来看，以珠三角、长三角为中心的东南沿海地区发展最快，广东省占据实至名归的模具产业龙头地位。广东省模具产业有以下特点：

### 1. 模具品种齐全，三资企业发达

广东模具工业起步较晚，直到20世纪80年代中期基本上还没有真正独立的模具生产厂，所有模具制造都作为技术后方附设在产品厂的机修车间内，模具的销售市场也仅仅限于满足本厂的需求。全省工业经济快速发展的带动，使各种经济类型的模具企业在这块沃土上飞跃发展，出现了国营、民营、外资、合资模具企业并驾齐驱、互相促进的兴旺景象。许多原来作为企业技术后方的模具制造从产品厂分离出来独立走上社会，成了广东模具业的奠基者和主力军，为广东模具产业和全省工业的发展做出了巨大的贡献。个体、股份合作和股份制的民营模具企业也如雨后春笋般蓬勃发展，迅速成为广东模具产业最具活力的新生力军。一批携先进技术装备和管理水平的港、台、日资模具企业和中外合资模具企业踊跃进入广东，参加广东模具市场的竞争，给广东模具工业扩大规模、提高品质起到了重要的推动作用。

随着模具产业规模的扩大，原来需用量最大的各类塑料模具继续名列首位，橡胶模具、五金模具、汽车、摩托车模具、铝型材模具、各类陶瓷模具等也相继发展，品种逐步齐全，基本上能适应广东工业产业结构的需求。目前，全省家用电器、电子通信、信息产业、交通运输设备、塑料和橡胶制品、包装材料和建筑材料等行业需要的模具，基本可以由省内模具厂生产供给，为省外和国外企业可供的模具数量也在逐年增加。

当前，广东模具产业不管是企业数量、企业规模、工业总产值和平均发展速度都名列全国前茅。广东省是模具大省，广东模具产值占全国模具产值近40%，且模具加工设备的数控化程度及设备的性能、模具加工工艺、生产专业化水平和标准程度均领先国内其他省市。

### 2. 企业重视投资，技术装备领先

面对激烈的市场竞争，以及大批外资、合资企业的推动，广东模具企业纷纷加大投资，引进国外先进的技术和设备，提高自己的技术装备水平和产品档次。各模具企业更加重视加大投资，添置高新设备和先进技术，保持了技术和装备领先的地位，为企业在竞争中发展壮大创造了坚实的物质基础。装备的先进、CAD/CAE/CAM技术的广泛应用和管理水平的提高，使得广东涌现出一批模具产业的骨干带头企业。这批企业技术装备精良，管理者和职工素质高，生产及经营管理比较规范，经济综合实力比较强，得到了省内外同行们的一致认可，在亚洲和世界都享有极高的声誉。

中国模协领导对广东模具产业的技术水平和产品质量也给予极高的评价。其评价是：广东模具制造业的技术水平，特别是在塑料模具方面的技术水平，进入了全国先进水平的行列。现在，广东大部分模具生产企业，特别是"三资"模具企业，CAD/CAE/CAM技术已普遍采用，其普及率在全国是最高的。模具加工设备数控化率及设备的性能在全国也是比较领先的。总的看来，广东模具制造业的总体技术水平领先于全国总体水平五年左右，一些模具生产骨干企业，其技术水平已接近国际水平；模具企业的管理、模具加工工艺、模具生产的专业化水平和标准化程度也领先国内其他地区，模具的质量和寿命在全国也是

先进的。

## 1.4.2 广东省模具产业的布局及特点

模具产业集聚对优化产业结构、促进产业升级、转变经济增长方式、提高经济发展水平、提升区域经济竞争力以及致富一方百姓都具有十分重要的战略意义。近年来，国内模具产业投资建设如火如荼，已成为一种经济现象，并引起越来越多的关注。

广东省模具工业支持着广东省的制造业发展，不仅为国内服务，也支撑着模具出口。广东是当今中国最主要的模具市场，也是中国最主要的模具出口与进口省。如2013年上半年，我国模具出口总量为19.69亿美元，同比增长15.89%，其中，广东模具出口量达8.37亿美元，占全国模具出口总量的42.49%，位居全国首位。2013年上半年全国模具出口情况如图1-7所示。

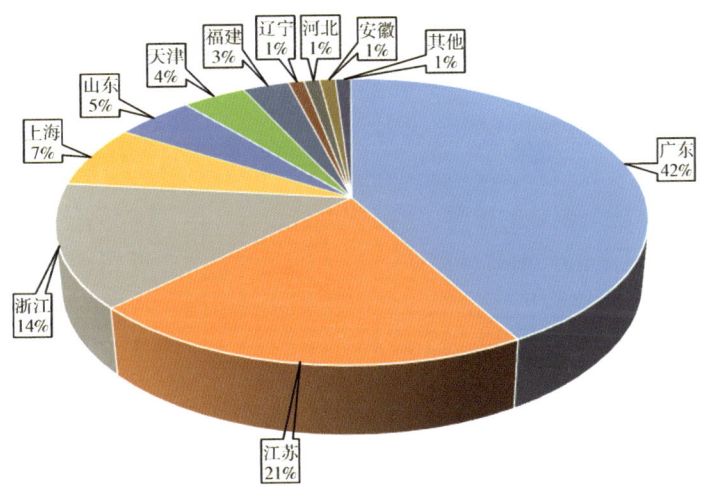

图1-7　2013年上半年全国模具出口情况

据调研，全国模具产业园共有80多个，主要分布在浙江、广东、江苏、安徽等省份，其中广东省拥有12个模具产业园，分别是：祥鑫汽车模具工业园、聚和国际机械模具五金城、长安金铭国际机械模具城、宏城五金机电模具城、横沥汇英国际模具城、桃子园模具城、深圳模具城、锦丰集团模具工业城、清远模具机械制造装备产业园、佛山模具城、顺德尚钢模具城和潮安陶瓷模具中心生产基地。

在华南地区珠三角一带，港资、台资和外资模具企业比比皆是，模具的销售总量成为中国最多的地区。广东模具制造业的优势主要集中在塑胶、五金和压铸模具方面。在模具总产量中，塑胶、五金和压铸模具占50%以上，远远高于全国平均数。

广东省拥有模具制造企业6000多家，从业人员达10多万人，企业数量、从业人员、完成的工业总产值和出口总值均居全国第一位。广东模具制造业中以中小型企业为主，分布范围广，模具制造业比较集中的区域有广州、深圳、东莞、佛山、中山、珠海等。

广东省是模具制造大省、强省，主要体现在：①加工设备高档、先进；②模具加工精度高、品质优；③加工工艺、技术先进；④模具企业多，从业人员多；⑤区域化、规模化，配套较完善。

广东省机械模具科技促进协会在2015年至2017年间，对广东省内的模具龙头企业和有特色的模具企业进行了一次调研，这次调研主要涉及模具产业中的模具材料、塑胶模具、五金模具、压铸模具及制品生产企业。根据调研的40余家模具企业来看，其总主营收入达133亿元，企业人均主营收入为39万元/人，其中，最高的有190万元/人，最低的有10万元/人，大部分企业在25至50万元之间。企业平均技术人员比例为18.3%，其中，最高为97%，最低为10%，大部分企业在10%至30%之间；企业平均专利拥有量54件/家，其中发明专利占专利总数的12%。这次综合调研结果如下：

### 1. 模具材料方面

五金模具、压铸模具的材料使用国内外生产的材料，但塑胶模具钢市场混乱，如价格、名称等，无统一模具钢材料标准，市场出现以次充好、以内称外等现象。存在的问题包括：

（1）材料品质上存在纯洁度（杂质含量）、微观组织不均匀等问题。

（2）模具钢材料名称五花八门，市场上出现日本、德国、美国等多种系列牌号名称，国内名称繁杂。

（3）模具钢材料缺乏权威的检测机构与检测标准。

因此，需要：①提高模具钢材料品质，如轻质（节能）、导热性高（效率）的新材料研制；②建立金属材料性能数据库，以利于检测及数值模拟；③规范模具钢材料市场。

### 2. 模具设计方面

目前模具企业主要采用的设计工具有UG、PROE、Catia、中望CAD/3D、CAXA等，采用的设计方法包括模块化、参数化、标准化（三维设计）；使用的优化设计软件有Moldflow、Modex3D、HSCAE、冲压CAE等。存在的问题包括：

（1）模具主流工具软件大都为国外软件，存在盗版问题。

（2）国产软件市场比例小、设计功能尚需要加强（如中望CAD、CAXA）。

（3）模具设计中，标准化有待加强（如在注塑模、冲压、压铸、轮胎模具及模具配件等方面）。

### 3. 模具制造方面

企业主要的加工设备是高档机床，但这些高档机床全为国外（日本、德国等）的，设备加工精度高（μm级），但存在过度消费问题。模具加工CAM软件以UG、PowerMill、MasterCAM为主，很少使用国产CAM软件。自动化程度普遍不高，柔性制造单元FMC（flexible manufacturing cells）不多，但一些大的模具企业有柔性制造单元，如东江、银宝山新、巨轮智能、格力大金、佛山华达高木、肇庆鸿图科技、毅昌科技、美的等，而使用FMS的企业更少，调研企业中，只有东江、毅昌科技、巨轮智能、鸿图等公司有。模具企业中信息化程度较高，大部分企业都拥有ERP（enterprise resource planing，企业资源规划），如SAP、武汉益模、方天软件、杰纳斯TOP-THINK软件等，但模具的智能化制造，如无人工厂，几乎没有发现。EDM加工时，采用石墨电极在大型模具企业很普及，占到90%以上，有的达到100%，如：深圳银宝山新、佛山华达高木、压铸模具企业肇庆鸿胜等。

4. 模具检测方面

采用的仪器设备中，高端的多为海克斯康、蔡司、三丰等国外品牌公司生产，国产的较少；另外，采用离线检测的多，在线检测的少。

5. 模具修复方面

使用常用工艺的较多，如氩弧焊、激光焊等。

6. 人才培养方面

企业模具人才几乎都是本土的，但也存在一个现象，年轻人大都比较浮躁、静不下心来安心从事模具产业，缺乏"工匠精神"。

7. 引以为豪的方面

（1）中低端模具材料中，国产多，有些模具钢材料的品质非常接近或超过国外的。
（2）国产热流道技术与国外相当。
（3）成型工艺、制造工艺是我省的强项。
（4）ERP软件本土化很强。
（5）中低端加工设备以国产为主。
（6）模具设计能力强。

8. 广东省模具产业技术发展趋势

（1）研发高端、高性能模具材料，以取代进口。
（2）模具CAD/CAE软件要追赶。
（3）模具CAM软件要补空白。
（4）自动化要加强：FMC—FMS—无人工厂。
（5）企业信息化建设（上ERP等）。
（6）远景目标是模具智能化制造与加工。

## 1.5　广东省模具产业SWOT分析

SWOT分析法，即将与研究对象密切相关的各种主要内部优势、劣势、机会和威胁等，通过调查列举出来，并依照矩阵形式排列。其四个英文字母代表的含义为：优势（strength）、劣势（weakness）、机会（opportunity）、挑战（threat），分别从内部的优劣势以及外部的机遇与挑战展开分析，然后将各种因素匹配起来加以分析，构建出SWOT分析矩阵。

技术路线图工作组对广东省模具产业现状与地位分析后，在专家研讨会现场采用头脑风暴和SWOT方法对我省模具产业进行了分析，构建了SWOT分析矩阵，如表1-5所示。

表1-5  广东省模具产业SWOT分析矩阵

| 外部因素 \ 内部因素 | 优势（S）<br>1. 政策优势；<br>2. 地域优势；<br>3. 资金优势；<br>4. 人才优势；<br>5. 硬件优势；<br>6. 技术优势 | 劣势（W）<br>1. 国产高端模具材料不具有市场竞争力，模具材料的质量稳定性不佳；<br>2. 模具设计制造使用的软件大多是国外的，没有核心竞争力；国产软件在模具企业中使用的比例很低；<br>3. 模具制造的高档加工机床大多是进口的，国产设备只用于开粗和低端加工；智能化制造和自动化程度不高；<br>4. 用于模具检测的高端检测设备以进口居多；<br>5. 模具的标准化和专业化程度不高 |
|---|---|---|
| 机会（O）<br>1. 国家及广东省正在加大对模具产业的扶持力度和转型升级；<br>2. 我国模具出口量大，出口模具达180多个国家和地区，国际产能合作已显现出我们的竞争力，已成为国际模具舞台的重要力量；<br>3. 模具产业已完成了从技能型向技术复合型的转变，由模具制造向模具+技术服务过渡，模具企业不仅是模具供应商，还成为集成技术服务商 | SO战略<br>利用机会，发挥优势<br><br>发挥地域优势及资源优势，利用国家对实体制造业的高度关注及对科技创新的重视发展模具产业，为模具产业提供基础技术支持 | WO战略<br>利用机会，减少劣势<br><br>1. 利用国家对制造业的关注程度加快模具产业的发展；<br>2. 利用广东省地方资源优势和人才优势，支持模具产业升级转型工作的开展 |

续表1-5

| 挑战（T） | ST战略<br>利用优势，抵御挑战 | WT战略<br>减小劣势，迎接挑战 |
|---|---|---|
| 1. 模具产业也和其他产业一样，面临资本价值缩水，发展阶段到了激烈竞争时代；<br>2. 成本压力已影响企业技术进步的步伐，国际模具制造业实体回归，中国出口模具增速放缓，致使模具市场格局不稳定因素增加；<br>3. 模具企业面临设备更新与软件应用的压力愈来愈大；<br>4. 模具产业还没有形成标准化、专业化分工合理布局，智能化制造程度差 | 1. 强强联合，为模具产业提供问题解决方案，增强与竞争对手抗衡的能力；<br>2. 充分发挥硬件、人才及技术优势，加强科研建设，应对模具产业中的技术难题 | 加强模具产业中的软硬件建设和技术研发，积极提高模具技术水平，应对各种竞争 |

通过利用SWOT方法，针对我省模具产业的优势、劣势、机遇和风险进行集中分析，以明确我省模具产业的问题和应对方法，并在此基础上找准未来发展方向。

**1. 优势分析**

1）政策优势

我国在国家层面的关于模具产业的整体推进工作早已开始，2010年，为落实《装备制造业调整和振兴规划》，提升装备制造业整体水平，推动机械基础零部件产业结构优化升级，工业和信息化部组织制定了《机械基础零部件产业振兴实施方案》，将模具重点列入机械基础零部件；2011年，国家发布了《工业转型升级规划（2011—2015）》。2011年以来，模具行业有多家企业得到了国家发改委"产业振兴、技术改造"计划的支持，同时，工业和信息化部发布《模具行业"十二五"发展规划》和《机械基础件、基础制造工艺和基础材料产业"十二五"发展规划》并实施"强基工程"，将模具产业发展上升到国家战略层面。2015年，中国模具工业协会编制了《模具行业"十三五"发展指引纲要》，提出以模具市场和存在问题为导向，以《中国制造2025》国家战略为指引，坚持推动行业发展的动能转换，大力发展知识型制造服务业，积极推进模具成型制造技术的协同创新，为实现《中国制造2025》提出的强国目标夯实基础。

近年来，广东省大力实施自主创新战略，积极推进产业结构转型升级，成果丰硕。省内各地市尤其是珠三角城市也从不同层面启动了对机械模具产业的支持。

2）地域优势

广东的模具产业主要集中在广州、深圳、东莞、佛山、中山、珠海等珠三角区域。而广东省地处华南出口口岸，与国外交流紧密，毗邻港澳地区，可以充分发挥毗邻港澳的地理位置优势、华侨和港澳台胞众多的人文优势，加快尖端技术的内外交流和模具产品的对外销售。

3）资金优势

科技研发投入资金大，广东省是经济强省，也是我国模具产业的大省、强省，大型的模具企业很多，国内外投资力度逐年加大；优秀民营企业较多，对模具产业的投资有较大优势。

4）人才优势

广东省内高校、科研院所及企业的模具专业人才众多，人员素质高，从事模具产业的工作能力强。加上广东经济较活跃，模具人才待遇好，能够吸引较多的国内外高水平的模具人才来广东工作。

5）硬件优势

广东省模具产业教育、科研、生产、设备、制造、销售和服务体系完整，行业拥有较多先进的进口高端加工设备和检测设备，模具加工能力和水平在国内处于领先地位，而中低端加工设备以国产为主。

6）技术优势

目前，模具成型工艺和制造工艺强，中低端模具材料以国产为主，有些非常接近或超过国外产模具材料，国产热流道技术与国外相当，ERP软件本土化很强。

总之，我省模具产业经过三十多年的高速发展，培育了数量众多的模具厂商，具备了完整的模具产业体系，形成了从材料供应、加工设备、标准零部件、热处理到表面处理等完整的产业链。大多数厂家都投资购买了世界上先进的设备，采用了现代企业的5S管理模式，培育了大批产业人才，模具产品逐步向中高档发展。另外，广东模具出口型企业众多，较早进入海外市场，充分参与国际竞争，并形成了以东莞横沥、长安和深圳宝安为代表的模具产业集聚基地，成功探索出了模具产业集群协同发展的新模式。

**2. 劣势分析**

（1）国产高端模具材料不具有市场竞争力，模具材料的质量稳定性不佳。塑胶模具钢市场混乱，价格、名称和标准没有规范，存在以次充好、以国内产品冒充国外产品的现象；没有专门的、权威的检测机构和检测标准；模具原材料与核心零部件能力不足，原材料供应市场无序。

（2）模具设计制造使用的软件大多是国外的，没有核心竞争力；国产软件在模具企业中使用的比例很低。模具设计多使用UG、PROE、CATIA软件，国产设计软件如中望CAD/3D和CAXA在模具企业中使用的比例较低；国产CAE和CAM软件普及面太小；模具设计的标准化程度不高。

（3）模具制造的高档加工机床大多是进口的，国产设备只用于开粗和低端加工；智能化制造和自动化程度不高。据调研，模具企业的高档加工机床大都是国外产的，加工精度高，但是存在过度消费的问题。

（4）用于模具检测的高端检测设备以进口居多。另外，离线检测的多，在线检测的少。

（5）模具的标准化和专业化程度不高，模具的国际化程度仍然较低。

（6）厂商众多而特色不足，缺乏核心竞争力；工匠型人才匮乏，没有形成合理的人才梯队。

**3. 机会分析**

（1）国家及广东省正在加大对模具产业的扶持力度和转型升级。国内产业的结构调整、转型升级、提质增效、节能减排的新发展模式带来利好的市场前景。

（2）我国模具出口量大，出口模具达180多个国家和地区，国际产能合作已显现出我们的竞争力，已成为国际模具舞台的重要力量。全球经济增长缓慢复苏，传统发达国家和新兴发展中国家对模具需求持续旺盛。

（3）模具产业已完成了从技能型向技术复合型的转变，由模具制造向模具+技术服务过渡，模具企业不仅是模具供应商，还成为集成技术服务商。

（4）国家对行业发展的支持重点由关注产能增加转向创新能力的提升。

**4. 挑战分析**

（1）模具产业也和其他产业一样，面临资本价值缩水，发展阶段到了激烈竞争时代。

（2）成本压力已影响企业技术进步的步伐，国际模具制造业实体回归，中国出口模具增速放缓，致使模具市场格局不稳定因素增加。

（3）高端材料、核心零部件仍由海外大品牌主导。

（4）CAD/CAE/CAM软件以及关键高端加工装备仍由海外厂家控制。

（5）模具企业面临设备更新与软件应用的压力愈来愈大。

（6）模具产业还没有形成标准化、专业化分工合理布局，智能化制造程度差。

（7）模具企业与主机厂之间联系不够密切，需要提高研发和管理水平，主动与品牌主机厂展开联合开发合作。

## 1.5.1 广东省模具产业特点和问题

广东省模具产业发展迅速，但是在产业基础、产业链完整性和模具专业技术人才方面相对薄弱，特别是在模具材料、模具设计软件和模具制造设备等方面与国外差距显著。

目前，广东省模具产业正在迅速发展中，存在以下特点和问题。

### 1. 广东是模具大省，也是模具强省

广东省的模具企业有6000多家，从业人员有10多万人，且大都集中在广州、深圳、东莞、佛山等珠三角地区，规模发展较快。广东省模具企业用的模具材料，基本靠省外供应或国外进口，且尚未出现具有国内知名品牌的民族企业；模具钢销售代理企业数量多、规模小，存在低价恶性竞争。

### 2. 在模具技术研发方面具有优势，但产业化和自主创新能力较弱

广东拥有国际先进水平的技术和应用示范点，但模具生产企业大多缺乏核心技术，仅

通过扩大规模和提高产能以求更大的市场占有率，且在高端模具研发投入不够。随着知识产权日益受到重视和保护，企业的发展后劲不足。

**3. 企业的标准、质量管理体系建设滞后，高端模具专门人才缺乏**

对行业标准质量管理体系认识不深，对出口、参与国际竞争的模具国际标准和要求了解不够。模具是材料、热处理、机械、软件、控制、电子信息等技术的综合体，技术含量高，实践能力要求强，一些企业对标准、认证等工作只停留在形式和表面，在实际生产中的执行力不够，从而导致模具产业缺乏高端的模具专业技术人才，从业人员的技术水平参差不齐。

**4. 国产模具加工装备，其核心部件依赖进口**

国产模具加工装备，其核心部件如伺服电机、主轴、数控系统等主要靠国外进口。目前，政府正通过对产学研合作的支持和引导加强促进模具产业平台的形成和发展，只有"以市场为导向，以企业为主体，以创新为原动力"的模具技术研发体系和产学研战略联盟，才能加快形成模具产业的产学研创新平台和产生巨大的实际效果。

## 1.5.2 与国内外的差距及发展重点

广东模具制造业由于管理、加工工艺、专业化和标准化水平的提高，因此，生产出来的模具质量和寿命在全国也是先进的，尤其明显地表现在塑胶模具方面。压铸模、精密冲模和橡胶模、陶瓷模也有一定特色。广东模具制造业与国内其他地区相比有如下特点：

（1）塑胶、五金和压铸模具占主导。在模具总产量中，这三大模具占50%以上，这个比例远超全国的平均水平。

（2）模具品质较高。广东模具品质不断提高，有些过去依赖进口的模具现在可以在省内生产了，而且已达到国内领先和接近国际水平；一批高档模具已出口到工业发达的日、美、德、意等国家。

（3）专业化和标准化程度高于全国水平。由于我省模具发展历史较短而受海外影响较大，因此，专业化和标准化方面更靠近国际，从而使得模具专业化生产和标准化程度明显高于全国水平，其中，模具标准件使用覆盖率达80%，远远高于全国55%的水平。专业化和标准化程度高对缩短模具生产周期及提高模具质量等有很大作用。

但与发达国家的模具水平相比较，还存在着较大的差距，主要是：

（1）结构不合理。既有企业组织结构、技术结构不合理，更加突出的是产品结构不合理，中低档模具供过于求，中高档模具自配率仍较低，特别是大型、精密、复杂、长寿命模具占量达不到全省模具总量的40%。我国还处于全球产业链分工的中低端，产品处于中低档；模具也是如此。由于市场容量缩小，模具企业竞争加剧，价格战激烈，模具产品价格急剧降低，致使企业效益下降，产品质量也受到影响。

（2）高档模具产品水平低。如精度、型腔表面粗糙度、寿命及模具复杂程度等比国际水平要低。

（3）企业开发能力和管理落后。我省大多数模具企业，特别是中小型模具企业，还沿用过去作坊式的管理模式，真正实现了现代化企业管理的还不太多。在组织模具开发、生产方面，发达国家普遍采用并行工程和项目管理等技术和管理方法，加强了对工作流的控制，缩短了模具开发周期，保证了质量。另外，市场的紧缩影响了企业新产品的开发。

（4）专业化、标准化的程度仍较低。模具企业之间难于有效协作去完成较大规模的模具成套生产任务，同时也不利于制造成本的降低和制造周期的缩短。在专业化生产方面，发达国家应用得更加普遍。专业化分工是提高生产效率、缩短模具设计制造周期和保证产品质量的必然发展趋势，它有利于突出自己的核心业务，有利于积累产品开发、生产管理及服务的经验，以在短期内提供高质量、低成本的模具。

（5）高新技术的应用方面。发达国家对各种高新技术的应用更加广泛，更加深入，水平也较高，包括数字化模具技术［三维设计、可制造性设计（design for manufacturing，DFM）、CAPP、CAM、CAT……］、成型过程模拟（CAE）技术、高速加工技术、自动化加工技术、新材料成型技术、表面处理技术、新型（多功能复合）模具技术及信息化管理技术等。高新技术的不断开发和广泛应用使得模具的设计制造水平达到空前的高度。

（6）在新技术研发创新方面。包括成型方法的创新，成型品质改善的创新，新材料成型技术的创新等。我国还没有掌握主动权，基本上是在跟踪发达国家技术发展的进程。

综上所述，在产业升级和政府科技政策的带动下，广东省模具产业技术将加快发展，特别是模具材料、模具设计软件、模具加工设备等产业将加快升级，将进一步缩小同国内外先进地区的差距。其战略发展思路是：

（1）产业转型升级加快。在"中国制造2025"国家战略驱动下的模具智能制造，将实现两化的深度融合，以互联网+的思维实现产业转型升级，实现质量和效益的双提升。

（2）产业集群、协同创新。产业集群发展模式逐渐成熟，集群效应的竞争优势在凸显；产学研用的创新平台基础上的协同创新生态环境也在形成，企业将以核心技术驱动创新转变。

（3）国际化进程加快。国际产能合作将进入快车道，中国模具企业走出去，参与国际竞争已成趋势。

我省模具产业今后的发展重点应该是：结构合理化；既能满足大量需要，又有较高技术含量，特别是目前国内尚不能自给、需大量进口的模具和能代表发展方向的大型、精密、复杂、长寿命模具；提高企业的开发能力，鼓励企业自主开发新的管理模式；鼓励企业之间的协作，提高专业化、标准化的程度。

我省模具产业今后的重点突破任务是：

（1）精准定位，实施品牌提升，在各个细分领域树立标杆，以龙头企业为依托，引导促进行业发展。

（2）加快加大技术创新投入，打造核心技术和竞争力，努力实现以创新驱动的新发展模式。

（3）充分发挥产业集群发展的优势，优化整合产业链资源，打通供应链、集聚"小而精"、整合行业产能，实现产业由大变强的转变。

（4）加快国际化发展进程，积极对外展开技术合作，逐步开展对外投资，充分运用区位优势融入国际市场。

## 1.6 本章小结

本章对模具产业的背景进行了综述，介绍了国内外模具产业的发展现状，以及"中国制造2025"与模具产业的发展，并对广东省模具产业的发展现状进行了初步介绍；同时，采用SWOT分析法对我省模具产业的优势、劣势、机会和风险进行了集中分析，以明确我省模具产业的特点和问题，找出了与国内外模具产业的差距，并在此基础上找准未来的应对方法及发展重点。

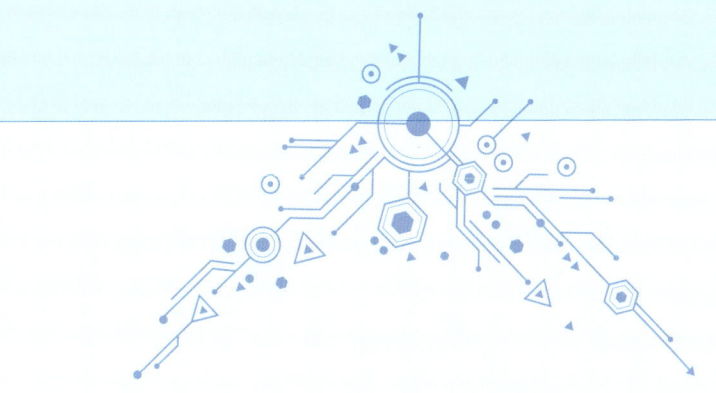

# 第 2 章

# 路线图制定方法及工作流程

## 2.1 产业技术路线图原理与方法

### 2.1.1 技术路线图定义

技术路线图反映了对某一领域前景的看法，以及实现这个前景的方法。尽管技术路线图已经广泛应用于很多国家、产业和企业，但它还没有一个标准的定义。其主要原因是技术路线图已成为实践的工具，使用者的层面和经验各不相同，路线图的表现形式和使用技巧也不一样。一般来说，路线图（roadmap）在欧洲有时也写作路径图（route map），作为旅行者的工具，是对某些特定地理空间的线路规划，用来决定到达某一目的地的线路。路线图给旅行者提供了制订旅行计划所必要的信息，如前进方向及某些具体实施内容在某种程度上的确定性。技术路线图的词义也是来自于此。

技术路线图中"路线图"一词传达了技术路线图的主要目的，即画出技术发展或使用的大体方向，给技术人员以及其他关系人指明技术航线。但技术路线图和地理路线图有所不同，技术路线图的定义不仅仅是技术路线图本身，而且也注重技术路线图的构建过程（technology road mapping）。现在技术路线图一词既包括技术路线图结果本身，也包括技术路线图的构建过程。

技术路线图是技术经营和研究开发管理的一个基本工具。美国前总统科学技术顾问、哈佛大学教授伯兰斯科姆把技术路线图定义为"以科学知识和洞见为基础的、关于技术前景的共识"。这就要求在绘制技术路线图时，要聚集关联领域的科技专家，有时还需要政府决策者和技术成果使用者参加。也就是说，与产业链上相关的各个方面的代表都应该参加技术路线图的绘制过程。另外，所谓"共识"，是在活跃、活泼的意见交流、交换基础上取得的结果。通过几十年的广泛实践，不同的国家给出了侧重点各不相同的技术路线图的定义，技术路线图的定义主要有以下几种说法，如表2-1所示。

表2-1 技术路线图的定义

| 国家及地区 | 定义描述 | 侧重点 |
| --- | --- | --- |
| 美国 | 技术路线图是对某一特定领域的未来发展的看法。该看法集中了集体的智慧和最显著的技术变化的驾驭者的看法。一般是采用绘图的形式，可成为这一领域可能发展方向的一个详细目录（robert galvin） | 强调结果——技术路线图包含了技术发展的方向 |
| 英国 | 技术路线图是利益相关者关于如何达到未来前景的看法，以及对达到的目标途径的看法。就像地图一样，描述的是从一个地方到另一个地方的路径。技术路线图的目的是帮助这个群体，确信其能力是能在合适的时候达到某个目标（david probert） | 强调过程——技术路线图的制定过程是利益相关者达成共识的过程 |

续表2-1

| 国家及地区 | 定义描述 | 侧重点 |
|---|---|---|
| 加拿大 | 技术路线图是一个过程工具,用以帮助识别行业、部门、公司未来成功所需的关键技术,以及获得执行和发展这些技术所需的项目或步骤 | 这两者都强调是过程工具。他们是在20世纪90年代中后期才引进的,注重产品技术路线图,即把产品的内容和技术的发展相联系 |
| 澳大利亚 | 技术路线图作为一个全面的工具,能帮助公司更好理解其市场和做出全面的技术投资决策。它是一个规划过程——由行业领导帮助公司识别未来的市场产品和服务需求,并评估和选择技术来满足这些需求 | |
| 中国台湾 | 技术路线图是未来发展的愿景图,它结合了知识、理想、企业、政府资源、相关投资及控管流程。技术路线图对于产业的技术需求提供了确认、评估及选择策略的技术方案,借以达到技术发展的目的。整体而言,技术路线图是针对某一特定领域,集合众人意见对重要变动因素所做的未来展望 | 强调结果 |

美国的经验最多,技术路线图绘制的过程已经比较成熟,所以很关注技术路线图绘制过程的结果——技术路线图本身。英国(或欧洲)的技术路线图出现也比较早,但应用普及率低于美国,他们更关心技术路线图的绘制过程——作为达到对未来看法一致的工具。加拿大和澳大利亚引进时间较短,比较注重与市场的密切结合。我国台湾的技术路线图源于美国的理念,也更加注重结果。

尽管不同国家和地区对技术路线图的定义有不同的说法,但共同的内涵都反映了对某一领域前景的看法,以及为实现这个前景所用的手段方法。

## 2.1.2 技术路线图基本结构

技术路线图是以图形或表格的形式来表达一个高水准的、综合和集成的战略规划。技术路线图的基本结构如图2-1所示。

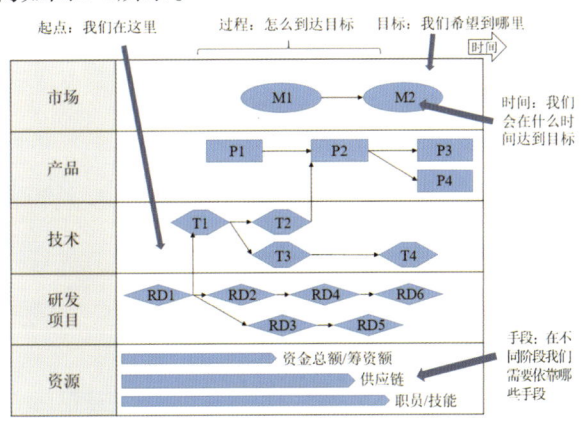

图2-1 技术路线图基本结构

图2-1阐述了技术路线图所采取的基本结构形式，包括基于时间的多层表，介绍了不同战略功能是如何实现的。

虽然技术路线图可以采用不同的形式，但是它们都是为了回答三个简单的问题：①我们去向何方？②我们处于何种状态？③我们如何达到目的？多层路线图格式可以概括性地阐述一定范围的层和亚层标题下的战略主题（如图2-2所示），可以标识三个宽层（集成子层主题），该格式能够形成集成方法，并应用于不同状态。

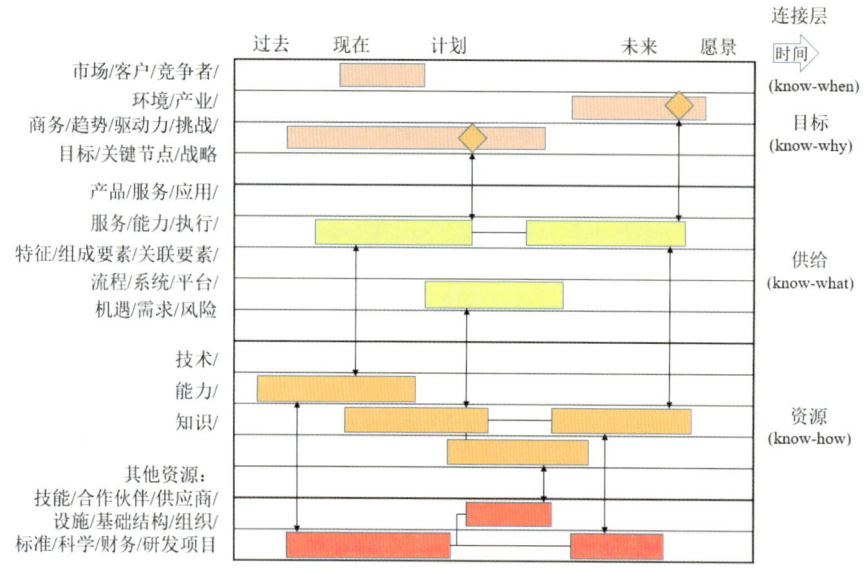

图2-2 通用的技术路线图形式

（1）路线图顶层是关于组织期望的目的（知道为什么），以及目的的影响因素（趋势和驱动因素）。通常，在公司层面上，该路线图层包括外部和内部期望（市场和商业需求）。

（2）路线图的中间层是关于通过什么原理实现目的。通常，在公司层面上，该路线图层包括产品、服务和运作，反映实际的"知道是什么"，直接与业务内容相关。

（3）路线图的底层是包括技术在内的相关资源，通过调配和集成这些资源以开发出将资源转化为产品的转换机制（知道如何实现）。图2-2为通用的技术路线图形式。

归纳起来，技术路线图是技术与市场两方面因素的结合，如图2-3所示。通过路线图制定过程使一些混沌的思路演变成定位清晰的实施方案，由发散性思维走向收敛和集成。

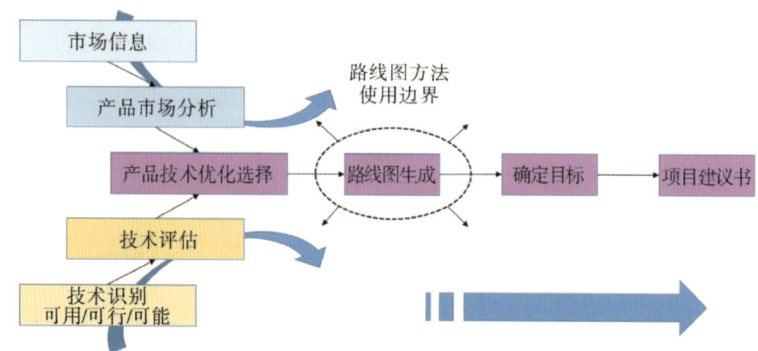

图2-3 技术路线图的战略集成

## 2.1.3 技术路线图方法特点

### 1. 理念新颖

技术路线图与以往的规划方法和分析工具在理念上的不同，主要表现在三个方面：

第一，它以"市场拉动"为动因，技术创新须满足企业进入未来市场的需求；路线图不是以"技术推动"为动因，不是关于现存技术有何作为。

第二，技术路线图是基于公司或产业的愿景视野，以及到达目的需要什么样的技术。

第三，技术路线图提供了一个到达愿景目标的路径，从现在指向未来，可以帮助公司或研发机构识别、选择和开发正确的技术，使之在未来的市场中有恰当的产品。

### 2. 视角独特

在驱动力、发展战略和路径上的不同：过去的方法以"目标驱动"为动因，采取的是利用资源的发展战略，走的是自下而上的"技术树"的发展道路，形成的是无竞争性市场、中短期的发展规划；而技术路线图方法是以"市场拉动"为动因，采取的是以能力、机会为基础的战略，形成的是竞争性市场的、中长期的发展规划。另外，从大量的技术路线图中，我们总结出技术路线图具有以下基本特征：

（1）高度概括。高度概括技术路线图是用简介的形式概括大量的内容，不只包括最终的图表文字，也包括研究的过程和背后丰富的材料。

（2）高度综合。描绘技术路线图需要综合大量信息，运用各种各样的研究方法，结果简单而过程复杂。

（3）前瞻性。技术路线图最根本的目的是预测未来，并且是将未来技术进步的速度与时间，做比较明确的对应，或者标明达到技术目标需要经过的路径。因此，技术路线图最重要的用途就是为制定发展规划做参考。

（4）不断修正。技术路线图将随着时间的推移、技术的进步而不断修正，它是一个滚动变化的过程。

（5）应用灵活。技术路线图应用范围比较广泛，可以应用于各类主体、各种行业和各个层面，并且可以从不同角度来应用。

### 3. 原则特点明显

根据技术路线图的基本原理和方法，在技术路线图的制定过程中，应遵循以下指导原则：

（1）弹性（柔性）原则。技术路线图并不是"黑箱"系统，每一次应用都是一次学习经历，需要采取相应灵活的方法来调整，以适应特定的情况。

（2）整合原则。技术路线图的许多好处源于路线图的制定过程，而不仅仅是路线图本身。在这个过程聚集了不同领域的人，为信息和观点的共享创造了机会，并且提供了一个整体考虑问题、创意思维的方法。要充分实现技术路线图的优势，可能需要若干次反复过程。经过整合的技术路线图将推动产业或企业的战略规划过程。

（3）时间原则。技术路线图清楚地表明了时间维度，这在确保研发、技术、产品、服务等协同发展，并及时反映技术和商业环境动态变化等方面，都是极为重要的。

（4）协调原则。多个部门或组织参与制定技术路线图，能够促进知识共享，并有利于形成共同愿景构想，而这种共同的愿景构想将会被付诸行动，并促进协作。

上述技术路线图的理念、特点和原则可归纳为表2-2的指导原则。

表2-2 制定产业技术路线图的指导原则

| | |
|---|---|
| ● 产业主体 | ● 保密原则 |
| ● 市场拉动 | ● 强调机动 |
| ● 行动导向 | ● 可持续发展 |
| ● 经验共享 | ● 集成技术方案 |

## 2.1.4 技术路线图的制定方法

产业技术路线图的制定工作汇聚了众多相关领域的学者、专家、政府人员和企业界人士的集体智慧，因此，如何科学合理地汇集众多相关领域专家的集体智慧，如何在制定过程中达到有效地组织、连接各个工作环节，达到集思广益、集中凝练，最终获得科学性、权威性、决策性的结论，科学的管理方法和组织方法在整个制定过程中显得尤为重要。在产业技术路线图制定过程所用到的科学方法论有：德尔菲法、头脑风暴法、SWOT法和雷达图分析法等。

### 1. 德尔菲法

德尔菲法是由调研者拟定调研表，按照既定程序，以函件的形式分别向专家组成员进行征询，而专家又以匿名的方式提交意见，经过反复征询、归纳、修改，专家组意见趋于集中，最后获得准确率高的集体判断结果。其实质是利用函询形式的集体匿名思想交流过程。

在德尔菲法的实施过程中，始终有两方面的人在活动，一是预测的组织者，二是被选出来的专家。德尔菲法中的调查表与通常的调查表有所不同，它除了有通常调查表向被调查者提出问题并要求回答的内容外，还兼有向被调查者提供信息的责任，它是专家们交流思想的工具。

在技术路线图制定过程中，德尔菲法被用于每场研讨会前的调研问卷环节。

### 2. 头脑风暴法

头脑风暴法是使用一系列激励和引发新观点的特定的规则与技巧，通过大家共同努力来寻找特定问题的解答的方法。头脑风暴会议就是收集所有即兴创意的过程，具有自由畅谈、禁止批评、追求数量、相互启发、相互影响、取长补短、形成思维共振的特点。

头脑风暴法隐含着一个基本原理，即推迟对观点做出批判性评价，而且小组中的任何人都有权利自由表达思想，即使是即兴的想法，也允许当众表达。这样可激发个体发散性思维，以及促生许多新的思想。头脑风暴会议只占创造性解决问题过程中的一部分。在会议前，有一个发现事实和界定问题的阶段；会后，还有一个评价阶段，评价阶段的功能是进一步筛选及寻求更好的创意。

在技术路线图制定过程中，每场专题研讨会在研讨环节都采用头脑风暴法进行小组讨论。

#### 3. SWOT分析法

SWOT分析法又称态势分析法，是将与研究对象密切相关的各种主要内部优势（strength）、劣势（weakness）、机会（opportunity）和挑战（threat）等，通过调研列举出来，并依照矩阵形式排列。SWOT分析法常用作企业内部分析方法，即根据企业自身的内在条件进行分析，找出企业的优势、劣势及核心竞争力所在。

SWOT分析可以分为两部分，第一部分为SW，主要用来分析内部条件；第二部分为OT，主要用来分析外部条件。利用这种方法可以从中找出对自己有利的、值得发扬的因素，以及对自己不利的、要避开的东西，发现存在的问题，找出解决办法，并明确以后的发展方向。

在技术路线图制定过程中，对产业现状及地位进行分析，可采用SWOT进行分析。

#### 4. 雷达图分析法

雷达图分析法是基于一种形似导航雷达显示屏上的图形而构建的一种多变量对比分析技术。雷达图用于同时对多个指标的对比分析和对同一指标在不同时期的变化进行分析，它的优点是直观、形象、易于操作；缺点是当参加评价的对象较多时，很难给出综合评价的排序结果。

在技术路线图制定过程中，判断产业发展趋势、确定产业范围和边界可采用雷达图分析法。

## 2.2 模具产业边界的确定

### 2.2.1 界定产业的边界和范围

#### 1. 产业边界与范围确定的原则及依据

模具产业技术路线图的边界与范围在以下三大原则下进行界定：

（1）全面性原则。模具材料、模具设计、模具制造、模具检测、模具修复五大部分的界定覆盖了整个模具产业内部的产业链，涵盖了模具产业中的关键技术、工艺和流程；

（2）不交叉原则。五大部分的界定不仅包含在整个模具产业链中，同时避免了各大部分的交叉和重叠；

（3）相关性原则。五大部分依据于整个模具产业的特点，结合模具理论知识及实践，针对模具产业中存在的问题进行界定，确定的边界范围不偏离主题。

**2. 边界范围界定**

对于使用模具成型的制品，从制品设计到最终得到合格的制品，需要经历一个工业流程，如图2-4所示，其中模具产业内部的产业链（虚线方框内）就在这个流程中。

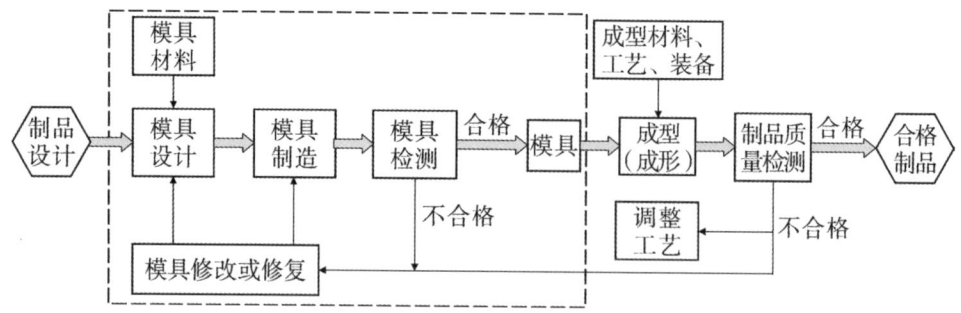

图2-4  制品模具成型生产的工业流程

根据广东省科技厅的统一部署，依据《产业技术路线图原理与制定》和《产业技术路线图——广东科技管理创新实践》的有关原理与制定程序，结合模具产业的特点，确定了广东省模具产业技术路线图的边界与范围，如图2-4所示（虚线方框内），共分为模具材料、模具设计、模具制造、模具检测和模具修复五大部分（后文亦称作五大版块）。这五大部分覆盖了整个模具产业内部的产业链，涵盖了模具产业中的关键技术、工艺和装备。

另外，针对广东省模具产业的特点，上述模具主要限定在占广东省模具产业主导地位的三大类模具，即五金冲压模具、塑胶模具和压铸模具，其他类型的模具没做重点调查和分析。在绘制出模具产业内部的产业链分布图后，确定了模具产业技术路线图的边界和范围，如图2-5所示。

为了正确指导技术路线图制定工作的进行，针对模具产业的特点，技术路线图工作组对模具产业的产业链进行认真分析、讨论和确认，最后进行技术路线图的绘制。

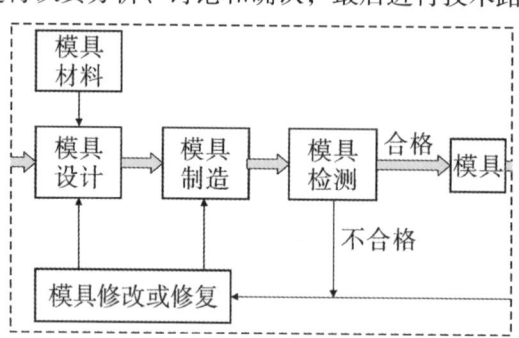

图2-5  广东省模具产业技术路线图的边界和范围

## 2.2.2　模具产业技术路线图的绘制

"技术路线图"产生于欧美，它实际上是一个以图形或表格的形式来表达一个高水准的、综合和集成的战略规划。它的主要作用表现在：第一，明确产业现状、需求、方向、目标、重点环节、关键部位，形成关于这一系列需求的综合意见，并提供技术解决方案；第二，为企业或整个产业的发展提供指引、进行规划，并为多方合作提供一个框架；第三，为政府决策提供帮助，为产业政策重点支持方向、节点提供依据。经广东省政府有关部门联合审核批准，由华南理工大学、广东省机械模具科技促进协会和东莞市横沥模具科技产业发展有限公司等单位共同承担了广东省省级科技计划项目"广东省模具产业技术路线图研究"（粤科规财字〔2014〕116号，项目编号：2013B080500019）。这是模具产业第一个省级技术路线图，意义重大。既凸显出省政府及相关部门对我省模具产业未来发展的高度重视和关照，也体现了模具产业在广东现代装备制造业中的重要性，以及建设模具强省的必要性。

广东是我国的模具产业大省，也是我国的模具产业强省。改革开放以来，模具产业是广东省的明显优势产业。《广东省模具产业技术路线图研究》主要针对我省模具产业技术领域，建立模具产业链，分析模具产业链中包括模具材料、模具设计、模具制造工艺与装备、模具检测、模具修复、模具标准、资源化利用等方面的市场需求、产业目标、技术壁垒和研发需求，并在系统了解和掌握我省模具产业的机遇、挑战、优势和劣势的基础上，在模具产业方面达成共识后，集中优势资源，为我省模具企业提供近期、中期和远期的技术指导和支持，为政府提供决策的依据。绘制模具产业技术路线图，其目的在于：加强科学管理，合理分配资源、人才和资金，架起泛珠三角和国际合作的平台，促进我省模具产业的科技进步和跨越式发展。

## 2.3 产业技术路线图制定的工作流程

模具产业技术路线图工作组（以下简称路线图工作组）有步骤、分层次地在最大范围内充分利用德尔菲法、头脑风暴法、情景分析法、SWOT法和雷达图分析法等具有创新性的科学方法论为路线图的制定工作服务，使得技术路线图的制定在"公开、公平、公正"的前提下集思广益、集中凝练，获得科学性、权威性、决策性的结论。

广东省模具产业技术路线图的制定工作是依据《产业技术路线图原理与制定》，借鉴国内外制定其他技术路线图的相关工作经验，结合广东省模具产业的实际情况而开展的。广东省模具产业技术路线图制定的基本工作流程如图2-6所示，其制定过程和方法如图2-7所示。

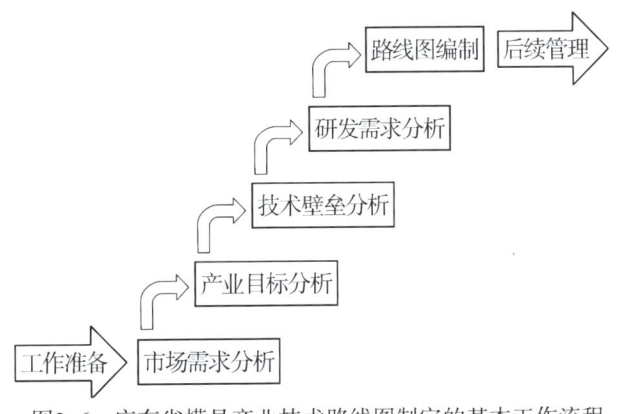

图2-6 广东省模具产业技术路线图制定的基本工作流程

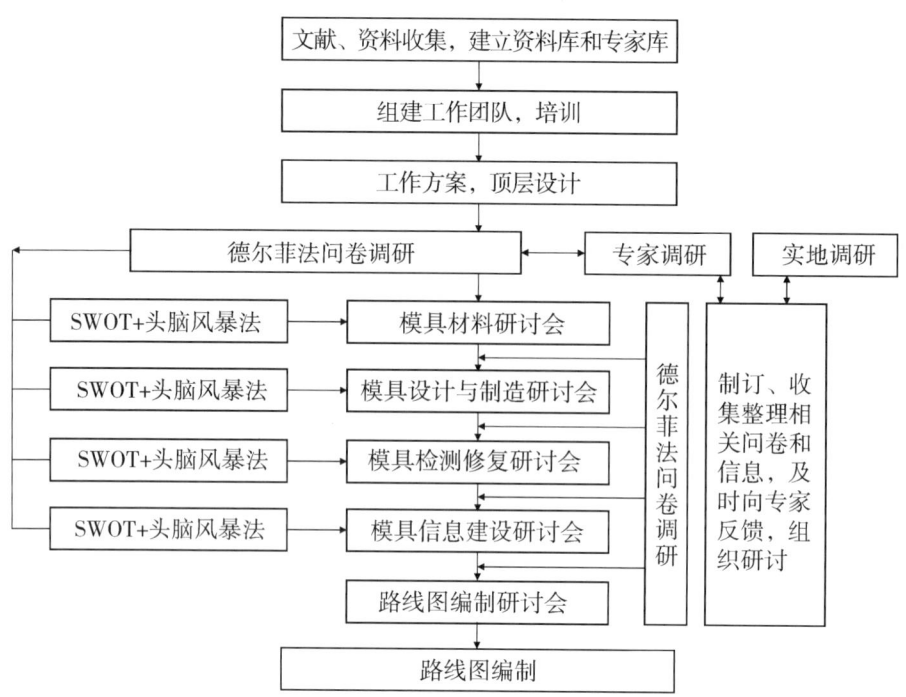

图2-7 广东省模具产业技术路线图的制定过程和方法

## 2.3.1 工作计划

路线图制定分为以下几个阶段：

### 2.3.1.1 准备阶段（2014年11月—2015年6月）

**1. 组建项目团队和工作组，召开预备会议**

2014年11月30日，小范围地召开了广东省模具产业技术路线图筹备会议，讨论了路线图定位、项目团队和工作组组建及工作分工、路线图边界界定。

2015年1月8日，召开了广东省模具产业技术路线图制定预备会议，广东省机械模具科技促进协会有关专家出席了会议，并对制定路线图发表了各自建议。广东省模具产业技术路线图（以下简称技术路线图）在广东省机械模具科技促进协会的组织领导下建立了完善优化、协作有效的工作团队。首先经过推选，确定领军人物及指导委员会、核心专家组和工作组人员。

本次承担技术路线图制定的单位成立了工作组（工作组人员名单详见附录F.5），并成立了编制指导委员会（编制委员会专家名单详见附录F.4）。技术路线图团队的构成如图2-8所示。

**2. 开展内部学习**

为了更好地理清模具产业技术路线图的研究边界，工作组进行了多次内部学习，包括路线图制定经验介绍和模具技术讲座。具体讲座包括：广东省模具产业技术路线图制定、

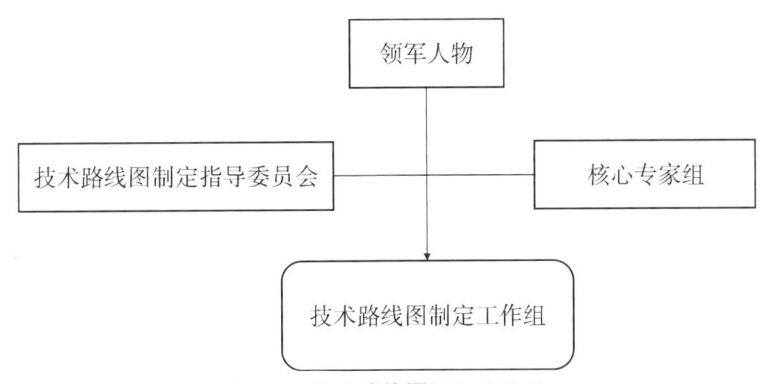

图2-8 技术路线图团队的构成

模具技术研究现状与发展动态、先进模具设计与制造技术、模具检测方法等。通过内部学习，一方面，对制定路线图有比较清晰的思路，另一方面，梳理了主要模具技术在国内外的研究进展和相关专利情况，同时对主要研究机构和研究人员等有了进一步了解。

#### 2.3.1.2 广泛调研阶段（2015年7—2017年12月）

在此期间，工作组到省内相关模具企业实地调研，掌握模具产业特点、边界范围、背景状况和发展动态。通过电话咨询、网络查询、发放问卷等方式收集资料，并召开小型研讨会，交流信息，还通过参加相关会议，收集各方面信息。在此期间，工作组调研的模具产业企业有60家（参与调研的企业名单见附录F.2和F.3），其中实地调研了近50家企业，发放调查问卷84份。

#### 2.3.1.3 路线图专题研讨会（2016年6—12月）

在2016年下半年，共召开了四次头脑风暴专题研讨会（见附录F.1），分别是：

1. 第一次：模具材料专家头脑风暴专题研讨会

时间：2016年8月12日10：00—16：00
地点：广东省东莞市横沥镇西城工业一区，东莞市横沥模具产业协同创新中心
会议议题内容有：
（1）我省模具材料的市场需求。
（2）高端模具材料与国外的差距及对策。
（3）开发高端模具材料存在的技术壁垒。
（4）模具材料的研发需求与市场目标。
（5）国内模具材料的研发重点及发展模式。

2. 第二次：模具设计与制造专家头脑风暴专题研讨会

时间：2016年10月28日上午10：00—12：00
地点：广东省东莞市横沥镇兴业路119号，东莞市横沥模具技术培训学院
会议议题内容有：
（1）我省模具设计制造领域的市场需求。
（2）模具设计制造水平与国外的差距及对策。

（3）研发高端模具设计软件及加工装备存在的技术壁垒。
（4）模具设计制造领域的研发需求与市场目标。
（5）国内模具设计制造领域的研发重点及发展模式。

### 3. 第三次：模具检测修复与人才培养专家头脑风暴专题研讨会

时间：2016年10月28日14：00—17：00
地点：广东省东莞市横沥镇兴业路119号，东莞市横沥模具技术培训学院
会议议题内容有：
（1）我省模具检测修复领域的市场需求。
（2）模具检测修复水平与国外的差距及对策。
（3）开发高端模具检测修复设备存在的技术壁垒。
（4）模具检测修复领域的研发需求与市场目标。
（5）国内模具检测修复领域的研发重点及发展模式。
（6）模具技术人才的市场需求。
（7）如何培养模具人才的工匠精神。
（8）模具人才的培养模式与策略。
（9）探讨模具技术人才的激励机制。

### 4. 第四次：模具行业信息化建设与创新运作模式专家头脑风暴专题研讨会

会议时间：2016年11月18日10：00—17：00
会议地点：东莞市横沥镇西城工业区一区，东莞市横沥模具产业协同创新中心
会议议题内容有：
（1）我省模具行业信息化建设的市场需求。
（2）模具行业信息化建设水平与国外的差距及对策。
（3）模具行业信息化建设领域存在的技术壁垒。
（4）模具行业信息化建设领域的研发需求与市场目标。
（5）国内模具行业信息化建设领域的研发重点及发展模式。
（6）基于信息化的模具行业创新运作模式探讨。
（7）模具行业的软件市场需求与国外的差距及对策。
（8）模具行业的软件研发需求与市场目标。
（9）模具行业的软件研发重点及发展模式。

上述四次专题研讨会，涵盖了我省模具产业中的模具材料、模具设计、模具制造、模具修复和模具检测五个版块内容（其他内容的研讨结果，在本书中也有撰写）。

对于每个版块的专题研讨会，均邀请了相关领域的专家参加。在研讨会上，采用头脑风暴法就前期调研形成的各版块的市场需求要素、产业目标要素、关键技术难点、研发需求等进行充分讨论、取舍和补充，提炼和完善各版块的市场需求要素、产业目标要素、技术壁垒要素和研发需求要素，并做出评分排序，对研发需求项目的研发优先级别、时间节点、风险等级、技术发展模式、组织研发主体等做出选择，并对关联度做出评价。

在研讨会上，将进行新一轮统计分析，得出与会专家对上述这些要素的头脑风暴统计值$T$。$T$的计算方法同德尔菲法统计值$D$。结合调研问卷统计结果的德尔菲统计值$D$，分别计算出各要素的重要值$V$（$V=D\times T$），在获取重要值后，进行重新核算，以获取的判断值为基数，进行降价处理，将最大值等价转化为10，其他的数值分别以最大值作为分母，以专家的判断值的10倍为分子，计算出所有重要值的等价判断值。根据判断值进行各要素的优先排序。

#### 2.3.1.4 反馈与更新

在专题研讨会召开之后，由技术路线图工作组将研讨会结论再次发送给相关人员，收集、整理和统计反馈信息后，在查阅模具产业各版块的最新资讯的基础上，更新研讨会结论，及时对会议的工作成果进行分析总结，撰写会议总结报告，保证技术路线图制定的科学性、指导性和新颖性。

#### 2.3.1.5 路线图初稿编制与研讨会（2018年6—12月）

在四次专题研讨会后，路线图工作组撰写了路线图初稿。广东省模具产业技术路线图编制研讨与发布会于2018年12月28日在东莞松山湖格力东莞基地召开（见附录F.1）。此次研讨会是一次较高层次的会议，与会专家通过充分交流，理清了思路，达成了共识，原则上通过了广东省模具产业技术路线图初稿。此后进入路线图总编制阶段。

#### 2.3.1.6 路线图编制与发布（2018年12月）

路线图工作组于2018年12月编制完成了广东省模具产业技术路线图。之后进一步征求业内人士意见，不断补充、修订和完善路线图。

### 2.3.2 调研方式

#### 2.3.2.1 问卷调研

针对模具产业市场进行问卷调研。问卷调研程序按照问卷的设计、发送、回收、统计分析和后续工作来展开。在调研过程中，采用科学的设计和统计方法——德尔菲法，同时充分利用互联网，使问卷调研结果更具科学性、合理性和广泛性。设计的模具企业调查表如图2-9所示。

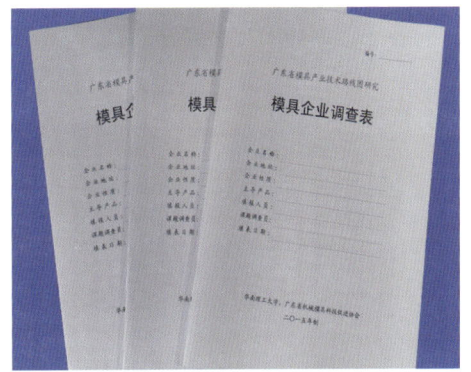

图2-9 模具企业调查表

1. 调研问卷的设计

根据路线图制定的需要和模具产业边界与范围，由工作组和核心专家组拟定调研问卷初稿。利用德尔菲法，采用匿名发表意见的方式，通过多轮次调研专家对问卷所提问题的看法，经过反复征询、归纳、修改，最后汇总成专家基本一致的看法，作为预测的结果。

2. 调研问卷的发送

有80多位来自高校、科研院所、政府、协会以及模具企业的专家参与了此次的调研。

### 3. 调研问卷的回收情况

共发送84份调研问卷，回收60份有效问卷，回收率为71.43%。

### 4. 调研问卷的统计分析

计算机系统自动将有效问卷进行统计，工作组统计人员采用德尔菲法的统计方法——指数法，对统计结果进行定性及定量的分析，得出调研问卷专家对要素的德尔菲统计值$D$。德尔菲统计值$D$的计算方法为：$D=(100 \times N_1 + 75 \times N_2 + 50 \times N_3)/N_{all}$。专家对某一要素选择"很重要""重要"和"一般"的人数分别为$N_1$、$N_2$、$N_3$，其中，$N_{all}$是所有反馈意见专家的人数。

召开工作组会议，对分析结果进行评价，提炼问卷要素，做出优先排序的判断。

### 5. 调查问卷的后续工作

工作组将问卷的分析结果反馈回参加调研的各单位、各专家，通过网络、电子邮件、电话等多种方式进行进一步探讨、分析和评价。

#### 2.3.2.2 走访调研

走访调研了全省范围内的近50家模具类骨干企业或特色企业（参与调研的60家企业名单见附录F.2），涵盖模具材料及其热处理、模架与模具配件、模具软件、模具制造与检测设备等专业企业。参与调研的企业所属城市比例如图2-10所示，所属模具领域比例如图2-11所示。

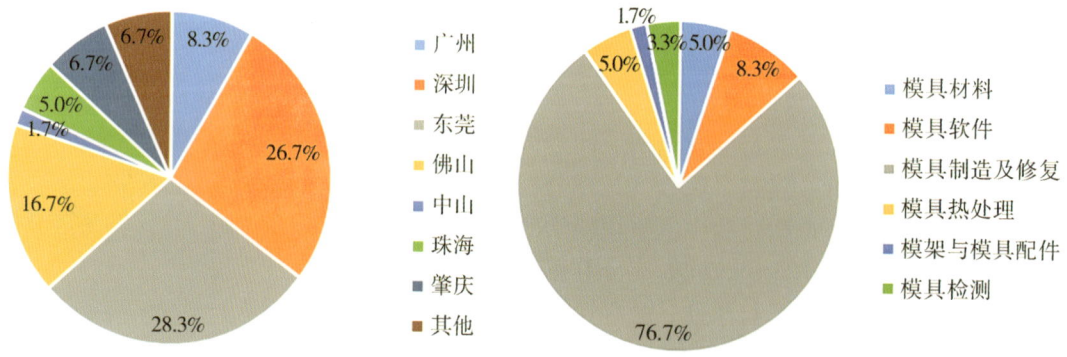

图2-10 参与调研的企业所属城市比例　　图2-11 参与调研的企业所属模具领域比例

参与调研的企业所属城市比例如表2-3所示，所属模具领域比例如表2-4所示。

表2-3 参与调研的企业所属城市比例

| 所在城市 | 数量/家 | 比例/% | 所在城市 | 数量/家 | 比例/% |
| --- | --- | --- | --- | --- | --- |
| 广州 | 5 | 8.3 | 中山 | 1 | 1.7 |
| 深圳 | 16 | 26.7 | 珠海 | 3 | 5.0 |
| 东莞 | 17 | 28.3 | 肇庆 | 4 | 6.7 |
| 佛山 | 10 | 16.7 | 其他城市 | 4 | 6.7 |

表2-4　参与调研的企业所属模具领域比例

| 所在领域 | 数量/家 | 比例/% | 所在领域 | 数量/家 | 比例/% |
| --- | --- | --- | --- | --- | --- |
| 模具材料 | 3 | 5.0 | 模具热处理 | 3 | 5.0 |
| 模具软件 | 5 | 8.3 | 模架与模具配件 | 1 | 1.7 |
| 模具制造及修复 | 46 | 76.7 | 模具检测 | 2 | 3.3 |

## 2.4　主要内容及目标愿景

### 2.4.1　主要内容

（1）以《产业技术路线图原理与制定》和《产业技术路线图——广东科技管理创新实践》为指导；

（2）对广东省模具产业进行充分的调查研究；

（3）汇聚众多模具领域的专家学者、政府人员及模具产业相关人员的集体智慧和对广东省模具产业问题的共同看法；

（4）采用德尔菲法、头脑风暴法和SWOT分析法等科学方法，对广东省模具产业的调查数据进行分析；

（5）沿着"市场需求—产业目标—技术壁垒—研发需求"以及关联问题的纵深路线，确定科学的广东省模具产业的发展进程，提出广东省模具产业的发展模式，筛选出广东省模具产业的重点研发需求，为政府、企业及投资公司凝练一系列科技项目，最终获得广东省模具产业技术路线图，完成《广东省模具产业技术路线图》的编制。

该路线图将会：①明确模具产业的发展战略；②形成模具产业共识；③预测模具产业未来市场需求和研发需求；④描述模具产业在未来竞争中取得成功需要走的道路；⑤引导技术研发决策，降低模具技术创新和产业化的风险，抓住模具产业未来市场发展的机遇。

### 2.4.2　目标与愿景

（1）制定详尽、全面的市场调研问卷，在全行业开展广泛的调研，为技术路线图的制定提供充实的、科学的依据；

（2）从定性的角度详细描述模具产业的中长期技术愿景；

（3）打造模具产业交流平台，汇集模具产业界、研究机构、高校、协会以及政府主管部门等领导或专家对广东省模具产业的共同看法；

（4）合理分配和使用资源（资金、人才），促进我省模具产业的科技进步和发展；

（5）提升广东省的模具产业整体水平，突破技术壁垒，促进模具出口贸易发展；

（6）提出广东省模具产业的发展模式；

（7）绘制出模具产业技术路线图，在省内取得共识，并在全国产生积极的影响。

## 2.5 本章小结

本章主要介绍了产业技术路线图的制定方法和工作流程。为了更好地完成广东省模具产业技术路线图的绘制，从路线图制定的原理方法、时间工作节点、工作计划、模具产业边界范围界定、主要内容及目标愿景等方面加以详细介绍，为后续章节的研究与内容撰写奠定了前期基础。

# 第 3 章

# 模具产业链与边界分析

## 3.1 模具产业链概述

### 3.1.1 模具产业链的构成

产业链是产业经济学概念,即多个产业部门之间基于一定的技术与经济关联,并依据特定关系和时空布局客观形成的链条式关联形态。

模具产业链是以模具制造企业为龙头,吸引为之配套的上下游企业、相关服务业、管理机构等部门和单位形成的动态关联体,共同完成模具产品的采购、生产、销售、服务等全生命周期的各项任务。模具关联性高、涉及面广。在同一条产业链中,不同的行业是牵一发而动全身的,看似独自存活却又紧密地结合在一起。同样的,在模具产业的产业链中也存在着这样的制约关系。

#### 3.1.1.1 模具产业链的特征

模具产业链包含价值链、企业链、供需链和空间链四个维度的属性,如图3-1所示。

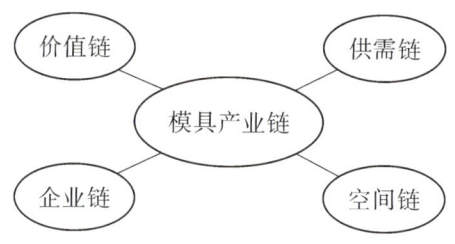

图3-1 模具产业链的特征属性

(1)价值链。构成产业链的各组成部分相互联动、相互制约、相互依存,形成一个有机的整体。每个环节由大量同类企业构成,上游企业与下游企业之间存在大量的信息、物质和资金交换关系,构成价值递增过程。同时,价值链之间相互交织,呈现多层次的网络结构。

(2)供需链。模具产业链上各环节角色的重要性存在明显差异,模具制造商位于产业链的内核,处于主导地位,供应、销售、服务、教育等环节均为内核提供服务。

(3)企业链。为了获得整个产业链效益最大化,并形成竞合力,产业链上龙头企业与其上、下游合作伙伴之间存在密切协同关系。

(4)空间链。为了形成紧密联系,最大限度地降低整个产业链运行成本,模具产业链上的主要环节往往聚集于某一特定区域,形成产业集群,如:我省珠三角的东莞长安模具镇、横沥模具镇等;长三角的宁波、台州黄岩、苏州等地的模具产业集群。

#### 3.1.1.2 模具产业链的结构

目前,我国通过模具成型制造(也称等材制造)的金属制品约为8000万吨,与切削加工(减材制造)的数量相当;而7500万吨左右的塑料制品和600万吨的橡胶制品,几乎全部由模具成型制造。模具被称为产品制造业的效益放大器(仅2014年统计,2100亿的模具支撑了23万亿元的产品制造业)。

模具产业的上下游产业是模具材料产业和模具使用市场。模具产业只有理清与上游材料产业、下游需求市场的关系，并认识到其重要性，才能以全行业的目光，制定囊括上下游企业的发展计划，从而延长模具产业的产业链。模具产业链的结构如图3-2所示。

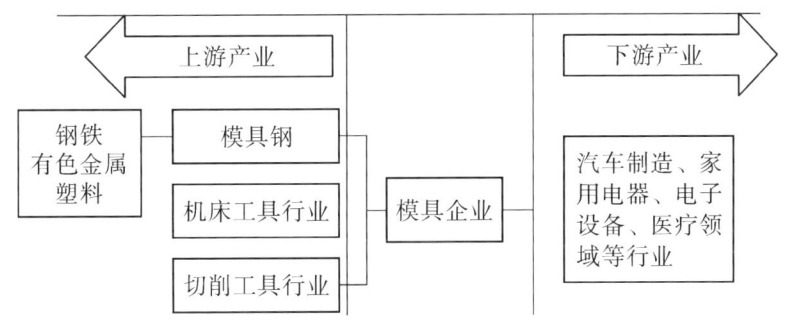

图3-2 模具产业链的结构

模具产业链上游涉及重要资源和原材料的采掘、原材料的供应、零部件制造生产及模具加工工具等行业，中游涉及研发、教育、咨询培训业、中介服务机构等，下游涉及汽车行业、医疗行业、电子专业装备、航空装备等行业。

目前，我国的模具产业已发展到一定的水平且具备了较强的竞争力，但是，在其发展过程中还存在诸多因素制约着模具产业的发展，如原材料问题，现在我国的模具大多还是以钢作为其生产材料；其次，产品生产出来后，要进行市场销售，如若没有一个良好的销售市场，模具企业就很难生存下去。因此，模具产业要联合模具上下游产业拓展自身产业链，确保模具生产有来源、有去路。

在技术交叉、产业链高度集成的市场需求下，模具向上下游延伸趋势更加明显，精益制造与模具生产自动化、激光加工、3D验证、逆向工程等技术在行业内被积极采用，使得模具企业具备了零件成型整体解决方案和工程服务等能力。通过精准高效生产模式优化、自动化与智能化资源高效配置、供应链管理技术的极大应用，挖掘价值链，追求走"专而精而特"的差异化发展之路。

## 3.1.2 模具产业的上下游行业

### 3.1.2.1 模具的上游产业

模具的上游产业主要涉及原材料和模具加工工具。

**1. 原材料产业**

从模具工业原材料产业发展来看，中国国产模具钢在近年来有了长足的发展，产能基本满足国内模具工业的需求。模具材料目前主要以模具钢为主，虽然我国模具钢的产量已经在国际上处于领先位置，但是，由于生产技术及加工工艺的不完善，很多精密模具、大型模具、长寿命模具的模具钢还仍需进口。所以，很多模具材料生产或加工企业在新模具材料的研发和生产上投入了大量的精力，目前，已经在质量和工艺上得到了很大的提高，缩小了与国外发达国家技术水平的差距。

1）热作模具钢

热作模具钢常用来制造锻压模具、压铸模具、热墩锻模具和热挤压模具等，其中，用于汽车制造、大型机械、电子制造的压铸模具的需求量非常大。表3-1所示为国内常用热作模具钢的钢号、特征与用途。近些年，我国对热作模具钢的研发投入了大量的精力，热作模具钢的产量不断增加，质量也越来越好。为了满足模具工业发展的需要，我国相继研发了一系列的热作模具钢产品，其主要类型有：

（1）适合大型锻压设备和大面积模块的高淬透性热作模具钢。

（2）适合高温机械设备和高压机械设备的高热强性热作模具钢，譬如：中合金热模具钢、奥氏体型热作模具钢、沉淀硬化性热作模具钢、低碳高速钢等。

表3-1 国内常用热作模具钢的钢号、特征与用途

| 钢号 | 主要特征与用途 |
| --- | --- |
| 5CrN1Mo | 较高的淬透性、韧度和耐磨性，合金元素含量较低，常用于制造温度要求不高的大中型锤锻模具和切边模具 |
| SCrMnMoSiV | 具有很高的淬透性，增加了合金元素，韧度较低，常用于制造小型锤锻模具 |
| 3Cr2W8V | 具有良好的淬透性，耐高温，强度较差，含有易碳化元素铬、钨，常用于制造高温与高压的凸、凹模具等 |
| 3Cr3Mo3VN6（HM3） | 具有良好的导热性，熔点高，含碳量较低，常用于制造不易变形的合金模具 |
| 4Cr5Mo2MnVSi（Y10） | 具有很好的淬透性，含有铝、钒合金元素，用于制造照相机、变速箱等铝合金压铸模具 |
| 6Cr2Mo3Ni2WV（CG2） | 具有耐高温、耐低温；不脆裂，高韧度、强度，耐磨，常用于制造热冲、热挤压模具 |
| 8407 | 纯度较高，韧度良好，耐高温，抗疲劳，良好的淬透性，主要用于制造锌、铅、铝的压铸模具 |

2）冷作模具钢

冷作模具钢常用来制造冲压模具、剪切模具、辊压模具、冷墩模具和冷挤压模具等。冷作模具钢常被用于精密机械或仪器中。表3-2所示为国内常用冷作模具钢的钢号、特征与用途。

表3-2 国内常用冷作模具钢的钢号、特征与用途

| 钢号 | 主要特征与用途 |
| --- | --- |
| 9Mn2V | 淬透性较好，有较高硬度和耐磨性，常用于制造精密的量具 |

续表3-2

| 钢号 | 主要特征与用途 |
|---|---|
| 9SiCr | 具有更好的淬透性与淬硬性，常用于制造复杂形状、变形较小并且耐磨性要求高的钻头、铰刀、螺纹工具等 |
| 9CrWMn | 具有一定的淬透性、耐磨性，常用于制造高精度的冷冲模、拉伸模等 |
| CrWMn | 具有很高的淬透性、硬度和耐磨性，含钨碳化物，常用于制造各种刀具、专用工具等 |
| Cr2 | 具有较高的淬透性、硬度、耐磨性，常用于制造样板、量规、拉丝模、冷轧辊等 |
| 7CrSiMnMoV | 具有良好的淬透性，硬度较好，常用于制造陶瓷模 |
| Cr2Mn2SiWMoV | 淬透性高，热变形小，碳化物分布均匀，常用于制造薄钢板和铝合金模具 |

3）塑料模具钢

塑料模具钢是一种新型模具材料，其品种繁多，并且质量与寿命都较热、冷作模具钢强，所以市场需求较大。目前，我国对塑料模具钢的加工技术掌握并不完善，不能满足一些精密机械模具生产需要，仍从国外进口。由于塑料产品的日益增加，塑料模具钢的用量越来越大。目前，我国已经建立了一些塑料模具钢系列产品，譬如：普通碳素塑料模具钢、预硬化塑料模具钢、易切削塑料模具钢、耐蚀塑料模具钢、时效硬化塑料模具钢、非调质塑料模具钢、高耐磨塑料模具钢和渗碳塑料模具钢等，表3-3所示为国内塑料模具钢的钢号、特征与用途。

表3-3 国内塑料模具钢的钢号、特征与用途

| 钢号 | 主要特征与用途 |
|---|---|
| 20Cr | 淬透性较好，中等硬度和韧性，常用于制造型腔简单的塑料模 |
| 50CrNiMnMoVSCa（5NiSCa） | 具有较高的淬透性、韧度，易于切削，常用于制造型腔复杂的模具，如：注射模和压缩模等 |
| 3Cr2Mo | 具有预硬性，常用于制造注射模和压缩模等 |
| 3Cr2NiMnMo | 具有很好的耐磨性和镜面抛光性，易于切削，常用于制造压缩、注射、压铸、冷冲、级进模 |
| 2Cr13 | 具有良好的韧性和冷变形性，常用于制造抗腐蚀性塑料模具 |
| 4Cr13 | 具有较高的强度和硬度，淬透性较好，抗腐蚀性与焊接性较差，用于制造具有一定要求的较大面积塑料模具 |
| 1Cr18Ni9Ti | 具有耐酸、抗腐蚀、抗氧化的特性，常用于制造含有腐蚀性制品的塑料模具 |

随着模具的需求日益增加,对于模具材料质量与寿命要求越来越高。另外,各种新材料被研发和采用,这就要求我们对模具材料未来的发展趋势严格要求。

### 2. 模具加工工具产业

随着高新技术和先进适用技术改造传统模具的加工模式不断推广和深入,数字化加工已成为模具加工的发展方向。采用数字化技术的模具加工设备成为模具企业提高其装备水平的首选。同时,多功能复合加工能有效提高模具加工效率,这也受到模具制造商的关注。另外,由于多数模具是由钢以及铸铁制造的,因此,硬加工显得越来越重要,这使得数控金属切削机床的比例不断增长,但随着放电加工机床功能的不断完善并向高速化、数字化方向发展,电加工机床将在其专长的领域发挥更好的作用。

1)主要加工设备

(1)加工中心。

加工中心是目前金属切削机床中发展最快的品种,有着广阔的应用前景,但国产加工中心的市场占有率比较低。另外,国内外同类产品的差距主要在于机床的高速高效化和精密化。

对于高速加工中心,国内外机床比较:

在进给驱动方面,滚珠丝杠驱动的加工中心,国外快速进给大多在40m/min以上,最高已达到90m/min,直线电机驱动的加工中心已实用化,应用范围不断扩大,快速进给最高达到120m/min;而国内加工中心快速进给大多在30m/min左右,个别达到60m/min,直线电机驱动的加工中心已开始试制。

国外高速加工中心主轴转速一般都在12 000~25 000r/min,最高可达到100 000r/min,在结构上都采用适应于高速加工要求的独特箱中箱结构或龙门式结构。

在加工精度上,国外卧式加工中心都装有机床精度温度补偿系统,加工精度比较稳定,国内目前尚在研发中;国外加工中心定位精度基本上按德国标准VD13441验收,行程1000mm以下,定位精度可控制在0.006mm至0.01mm以内,而国内定位精度相对较低。图3-3所示为加工中心设备实例。

图3-3 加工中心设备实例

(2)数控车床。

从各类数控金属切削机床消费结构来看,我国消费最多的品种是数控车床,约占

41%。国产数控机床的市场占有率按金额为51%，按台数为73%。从占有率看，国产数控车床是国产数控金属切削机床中占有率最高的类别，但是，国产数控车床在品种上、性能上和可靠性上还不能完全满足用户的需求。

国产的数控车床大多为经济型，约占总数的80%，多功能数控车床和车削中心生产量较少；而国外生产的基本上是多功能数控车床和车削中心。国外车削中心具有双主轴、双刀塔、Y轴、C轴，甚至还装有B轴，功能多，可供用户选择。

国外数控车床的主轴转速和主轴功率一般都高于国产数控车床；另外还能生产提供适合于高强度耐热合金加工和锌合金加工的大功率、高刚度的数控车床和车削中心，以及以车代磨的精密数控车床和车削中心，而此类产品国内基本处于空白。图3-4所示为数控车床实例。

图3-4　数控车床实例

（3）数控电加工机床。

我国电加工机床的市场总容量不大，大概占我国机床工具总量的5%。同时，还受到数控铣、高速铣和加工中心的挑战。但数控电加工机床在数控金属切削机床消费结构中，其消费量比重却达到14.5%，仅次于数控车床；进口量比重为12%，低于数控车床、加工中心和数控铣床。可见，提高数控化率和加工精度是电加工机床对抗各方挑战的唯一出路。

（4）激光加工机床。

激光加工中，多数采取固体激光器和气体激光器。固体激光材料有红宝石、铵玻璃和掺钇钕铝石榴石（YAG）；气体激光材料有$CO_2$、氦—氖和氩离子等。激光加工常用YAG（可达600W）和$CO_2$（可达25kW）激光器。

由于激光加工的功率密度高，可用于加工金属、有机和无机材料等几乎所有的材料，但是，对于透明材料需要采取一些色化和打毛措施，才利于加工；对于铜、铝及其合金等制成的热导率和反射率高的工件，激光加工的效果变差，但YAG激光波长较短，在金属表面上引起的反射要比$CO_2$激光少。

目前，高端激光加工机床以光纤激光切割机为主，呈现出高功率、超高速、智能化、集成化等特点，实现了对大幅面、大厚板及高反射的材料良好的切割能力。主流高功率光纤激光器依然采用美国IPG公司的产品，但对于3kW～4kW的光纤激光器，考虑到成本因素，许多设备选择了搭配国产激光器，其安全可靠性也有一定的保证。国产激光器的使用对进口激光器造成了一定冲击,使进口激光器的价格有较大幅度的下调,一定程度上降低了设备成本。另外,可以预见的是,精密激光加工在未来将成为激光加工市场中重要的组成部分。

2)数控设备的发展趋势

加工中心、数控车床和数控电加工机床都属于数控金属加工机床,其发展趋势与当今数控机床的发展趋势相同,即高速、复合、智能和环保。

(1)高速加工。

提高加工效率的方法之一就是提高加工机床的加工速度,包括加减速度和进给速度。

目前,高速加工的诸多关键技术研究达到了一定的水平。高速电主轴的最高转速及功率、扭矩普遍提高,并采用传感技术的振动监测和诊断。进给系统不仅结构进一步轻量化,而且普遍采用直线电机和力矩电机的直接驱动方式,机床的3个直线坐标运动多数由刀具主轴部件实现。机床的基本结构普遍具有高承载能力、高刚性、热稳定性和抗振性。特别重视耐冲击性,最大加速度由允许的最大冲击力决定,不仅仅取决于驱动系统及其伺服单元的能力。

高速加工的目的是通过提高材料去除率和加工表面质量来提高生产效率,为此,必须防止切削颤振,颤振预测软件应运而生。为使高速干切削机床能够及时排出大量的热切屑,其排屑槽采用绝热材料制造。

(2)复合加工。

复合加工在保持工序集中和消除(或减少)工件重新安装定位的总的发展趋势中,更多的不同加工过程复合在一台机床上,不仅是用户的追求(可以减少占地面积,减少零件传送和库存,保证加工精度等),而且也适应了现代社会的节能、环保等方面的要求。

(3)智能化和网络化。

CAD/CAPP/CAM一体化已成为制造技术发展的必然趋势之一,在普通加工机床上的应用和研究已经比较广泛;而对于放电加工机床,由于其工艺的特殊性,智能化的研究相对较晚。当前智能技术研究和应用的热点有模糊逻辑、人工神经网络和遗传算法等,许多电火花加工的研究人员致力于电火花加工中的应用研究,并取得了富有成效的研究成果。

(4)绿色化制造。

随着环境保护意识的提高,制造商更加重视环保、节能和降耗。干切削、准干切削、硬切削技术由于可以减少或避免冷却液、润滑液对周围环境造成的生态危害而得到了较快的发展。

### 3.1.2.2 模具的下游产业

模具是为下游产品服务的。模具产业的转变方式要符合下游产业的要求,与下游产业的发展充分融合。模具制造在已有的对复杂、精密等要求的基础上,随着制件工艺的进步,复合、多色、多料、多层成型模具技术,免喷涂高光无痕模具技术,搪塑模具技术等均成为模具技术的新领域。

工业产品大批量生产和新产品开发都离不开模具。用模具生产制件所达到的高一致性、高生产率、高精度、高复杂程度和低耗能、低耗材,使模具工业在制造业的地位越来越重要。随着产品更新换代越来越快,新产品不断涌现,新技术日新月异,模具的使用范围已越来越广，对模具的要求也越来越高。

如图3-5所示为模具下游行业的分类举例。下面列举这几个行业的发展情况与模具的支撑作用。

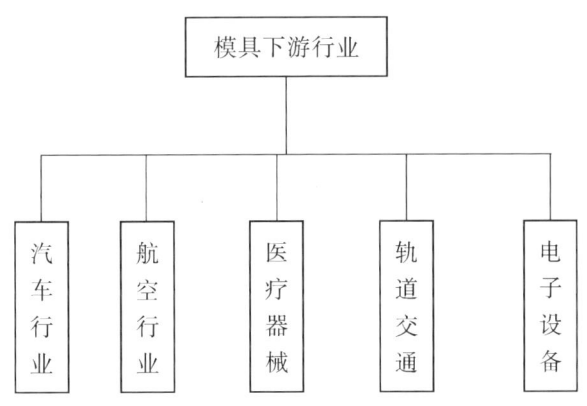

图3-5　模具下游行业的分类举例

### 1. 汽车行业

汽车企业主要是组装型企业，真正技术实际上更多的是掌握在零部件企业，而零部件企业的产品批量生产是靠模具成型实现的。像中档帕萨特的全套冲模就超过2.5亿元，大型塑料模具约3500万~4000万元；现在我国已能生产C级以下轿车的全套冲模，仪表盘、保险杠模具我们已能很好完成。从汽车的心脏——发电机的缸体压铸到汽车白车身冲压件，从加快我国节能环保型汽车的研发进程（如国外已占80%的汽车发动机塑料进气歧管由注塑模来实现），到新材料超强钢板热压成型模，都需要模具带动汽车产业核心零部件的国产化。中高档轿车覆盖件模具、汽车轻量化新型材料成型模具及多工位级进模具等均是推进汽车自主品牌的发展保障，模具装备是汽车装备中的重要组成部分。

纵观汽车产业的发展历程，将塑料零部件应用在汽车中已经发展了很长一段时间。从现代汽车使用的材料看，无论是外饰件、内饰件，还是功能件，到处都可以看到塑料零部件的身影。对于汽车用户而言，塑料具有重量轻、易加工等优点，尤其是其较轻的重量有利于节约燃油，汽车的重量每降低10%，燃油消耗可以减少6%~8%，这是汽车工业对塑料零部件有较大需求量的主要原因。而且，随着塑料材料的物理、化学性能的不断提高，塑料材料已经能代替部分钢材应用于汽车零部件中。塑料材料在汽车业的应用范围已不仅仅局限于汽车内饰、座椅、车灯等零部件，而且已扩展到油箱、翼子板、风扇叶片等结构件，尤其是新材料及新成型技术的出现，使得塑料零部件在汽车工业中的消费量日益增加。

汽车塑料零部件行业对汽车行业的依存程度很高。随着近年来我国汽车市场持续高速发展，中国乃至世界汽车保有量的不断增加，市场对汽车塑料零部件产品的需求日益提高。汽车工业协会相关工业分会对汽车用改性塑料有过统计分析，通过对汽车用塑料件上游行业的需求量，可以大体估算出目前汽车塑料件市场的需求量。据汽车工业协会相关工业分会测算，国内中级轿车平均塑料用量约为130kg/辆，具体如图3-6所示。

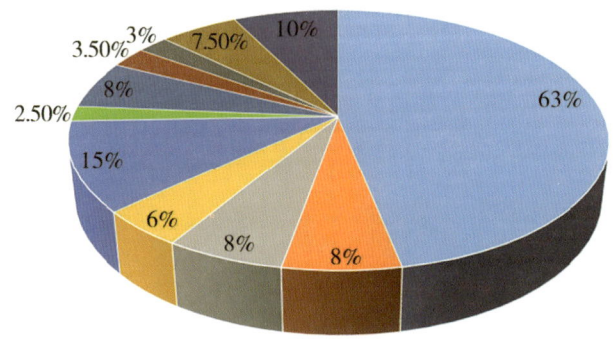

图3-6 中级轿车用塑料用量图

总之，汽车主机厂的模具企业地位已经形成其核心竞争力的地位，汽车主机厂与为之服务的一级配套模具企业之间更是一种战略联盟的紧密关系。

### 2. 航空行业

1）钣金装备

作为航空制造技术的重要基础，航空钣金装备为其提供成形的主要设备有超塑性成型设备、热成型设备、旋压成型设备和压弯成型设备等。仅大型板类三维曲面产品的成型模具往往需要数十套甚至数百套。板材由模具曲面成型，在多点成型时，将整体模具离散成一系列规则排列、高度可调的基本体来完成包络面，进而，多点成型技术发展有多点成型设备等。

2）飞机内饰件模具成套技术的研究开发及产业化

配套中国商用飞机发展提供产品的模具制造技术，选用强度大、阻燃、防烟雾、散热好的工程塑料，结合航空领域的技术标准和要求，针对飞机内饰件的材料选用、产品结构分析与设计、模具设计制造和最终产品组装等整套技术进行研究开发，实现飞机内饰件成套技术的产业化应用。在飞机内饰件方面，塑料使用的提高有利于减轻飞机的自重、节约燃油、降低成本。据不完全统计，飞机内饰件的模具约为200套，产值1亿元左右，带动制件产值在30亿元左右。

### 3. 医疗器械

据推算，医疗器械约有10 000种产品，34个门类，10 000多家企业，如保健器械，高分子塑料制件也是其中的一部分，几乎全部制件涉及模具，大到高压氧舱，小到助听器、心脏起搏器等。高分子复合材料的成型及医疗器械器材零部件生产配套的精密、超精密模具，将在医疗器械制造中具有举足轻重的地位。

为医疗器械提供制造装备，实际上就是为制造医疗器械零部件的模具提供装备。医疗器械的大量塑料件、冲压件、铝合金件，只要批量生产，都要用模具来成形零件。为医疗器械提供产品的模塑水平的高低，将决定医疗器械产品水平的高低。医疗器械模塑厂在模具完成零部件成型后，才能组装成医疗器械。图3-7所示为医疗器械设备实例图。

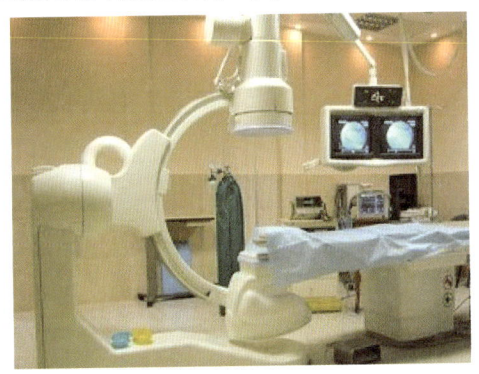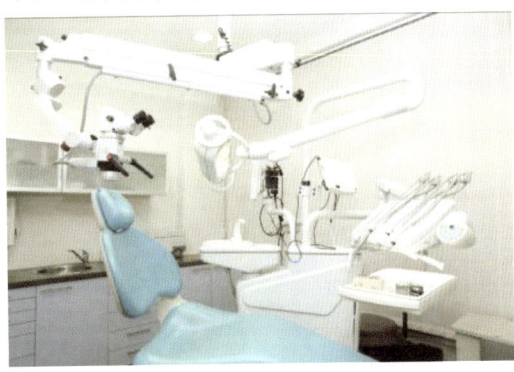

图3-7 医疗器械设备实例图

#### 4. 轨道交通

2009年，国家四万亿元投资中，轨道交通直接投资7000亿元，而动车组运行核心部件超高速（300km/h以上）精密轴承模具核心技术，时速200~350km/h高速动车组、大功率交流传动电力/内燃机车、载重100吨铁路重载货车和城市轨道交通车辆用轴承、齿轮传动装置，以及高速动车组用齿轮箱精密铸造模具、重载25吨轴承热锻模具、冷墩模具等，都将为该高速轨道交通新兴产业配套服务。

#### 5. 电子设备

以大规模、超大规模集成电路用引线框架精密多工位级进冲模、集成电路精密封装模具、电子元器件和精密接插件用精密模具、芯片用精密冲压模具、小模数精密塑料件模具、汽车电子模具为前沿，电脑周边产品模具、媒体数码产品（照相机、摄像机、手机等）模具、光电通信产品模具、网络产品模具、钟表礼品模具等，随着IT和通信技术的发展，其需求将越来越大。我国已经是OA设备（复印机、传真机、打印机等）及耗材的主要生产国，60%以上的复印设备和40%以上的影像打印设备在中国制造。2015年，我国移动设备销售量达12亿部以上，包括手机、移动互联网设备、上网本、便携式消费电子设备等，同时，世界OA设备主要厂商在中国大量采购零部件，也使得OA设备产品模具发展迅速。

### 3.1.3 模具产业的其他相邻行业

模具产业上下游相邻行业构成图如图3-8所示。

现代模具以其高技术、人才密集、高技术背景下的工艺密集型的特点，成为新型工业化道路上走在前面的产业。模具作为重要的制造装备行业在为各行各业服务的同时，也直接为高新技术产业服务。模具在制造业产品研发、创新和生产中所具有的独特的重要地

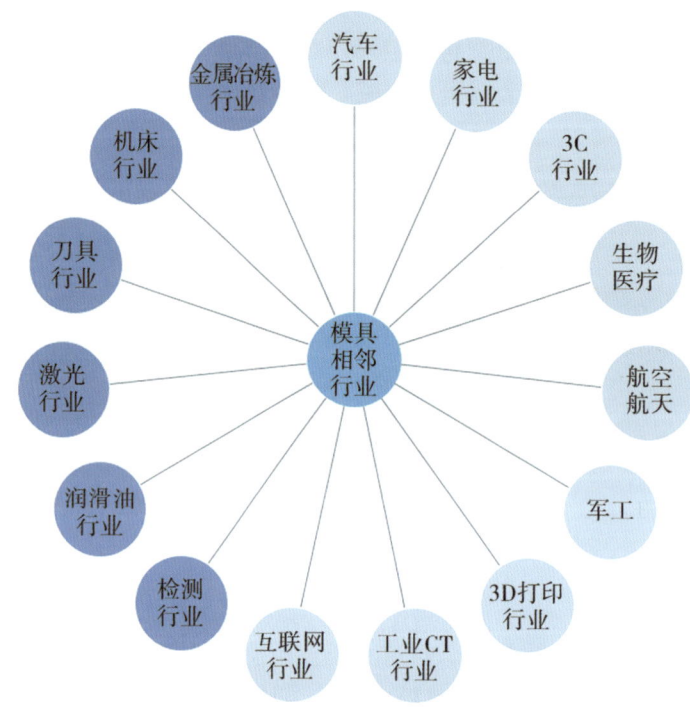

图3-8 模具产业上下游相邻行业构成图

位,成为制造产业转变增长方式、产业结构调整的关键支撑。因此,模具在各行各业都有着广泛的需求与应用。

下面介绍模具产业上下游相邻行业中的几种新型行业。

1. 3D打印行业

在现代社会,制造和模具是高度依存的。无数产品的零部件都要通过模具来制造。无论什么应用,制造模具都能在提高效率和利润的同时保证质量。而在非批量的、精密的、尖端的产品制造中,3D打印应用的前景较大。图3-9所示为3D打印零件与3D打印机实例图。另外,金属3D打印能为金属模具的优化设计与直接制造带来更便捷的手段。

 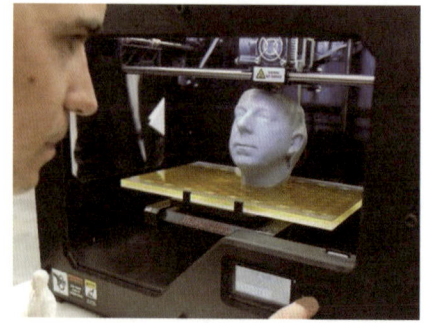

图3-9 3D打印零件与3D打印机实例图

从长远来看，随着3D打印技术的发展，未来打印效率的提高及成本的降低，3D打印技术对模具产业的影响将不容小觑。用3D打印技术制造模具有许多优点：①模具生产周期缩短；②制造成本降低；③模具设计的改进为终端产品增加了更多的功能性；④优化工具更符合人体工学，并提升最低性能；⑤定制模具帮助实现最终产品的定制化。

### 2. 工业CT与检测行业

传统检测只能实现模具及模具产品外观尺寸及硬度等的测试，产品内部结构及配合度、材料内部质量及风险判定等还未有更好的检测分析手段。因此，一种便捷无损的、对产品内外部结构和材料质量全方位测试分析技术的开发，对提高模具及模具产品生产制造质量具有深远的意义，而工业CT技术则可满足这一要求。

工业CT技术是目前世界上最先进的无损检测技术之一，是物体内外部缺陷测量与统计、结构尺寸测量、设计工艺改进、升级制造技术不可缺少的手段。

工业CT检测能在不破坏工件结构的情况下，实现模具及模具产品表面和内部结构的几何尺寸以及曲面测量，计算出测量目标的长宽高、面积、表面积、体积等各种几何参数，实现零件与CAD模型对比、几何尺寸与公差分析和零件与零件对比。同时，可实现产品内部多种缺陷（如裂纹、气泡、夹杂、疏松、脱粘、装配缺陷等）的无损检测和无损质量评价，检测对象也几乎涵盖了各种材质和各种结构类型的模具及模具产品。图3-10所示为工业CT检测机实例。

图3-10　工业CT检测机实例

### 3. 互联网行业

近年来，伴随着移动互联网的不断发展，我国市场经济迎来了翻天覆地的改变。尤其是在"互联网+"行动计划的促进下，我国模具产业身先士卒，创新开启O2O模式，快步实现产业转型与升级。为此，行业专家呼吁各大模具制造企业，应当加快与移动互联网的融合步伐，抢占市场先机，赢得未来发展。为提升我国模具制造企业竞争力、构筑我国模具产业自主品牌，模具产业开启了"互联网+模具"的正确方式。

模具产业已基本完成了技能型向技术复合型的转变，由"模具制造"向"模具+技术服务"过渡。模具企业不仅仅是模具供应商，还成了集成技术服务商。"项目式""工程式"管理代替"订单式"管理，模具产品在整个制造生命周期中是个共同探讨修改的过程。模具企业在交付模具产品的同时，要交付设计、工艺、分析的数字化过程，模具企业提供的产品是模具与模具成型工艺的一体化方案,是完成产品从设计到制造的产业化关键结点。

总之,模具产业是最早感受到信息网络、智能制造、新能源和新材料的新一轮技术创新产业。模具产业继续实施项目带动战略,提高企业技术创新主体的能力和企业自主创新能力,重点发展高技术含量、高附加值的高品质模具产品。

## 3.2 模具产业边界分析

在模具产业中,对于使用模具成型的制品,从制品设计到最终得到合格的制品,需要经历一个工业流程,如图3-11所示,其中,模具产业的内部产业链及边界范围(虚线方框内)就在这个流程中。下面从技术角度来分析边界范围内的这几个板块。

### 3.2.1 模具材料

包括模具本身的材料研究、热处理、材料性能测试等。模具材料主要有冷作模具钢、热作模具钢和特种模具钢等。模具钢热处理工艺一般有:正火、退火、固溶处理、时效、沉淀强化、淬火、回火、碳氮共渗、调质处理、钎焊、化学热处理、气相沉积等。除常规的热处理方法外,还有TD处理、深冷处理、高能束处理等先进热处理技术。材料检测范围涉及机械性能测试、化学成分分析、金相分析、精密尺寸测量、无损探伤、耐腐蚀试验和环境模拟测试等。

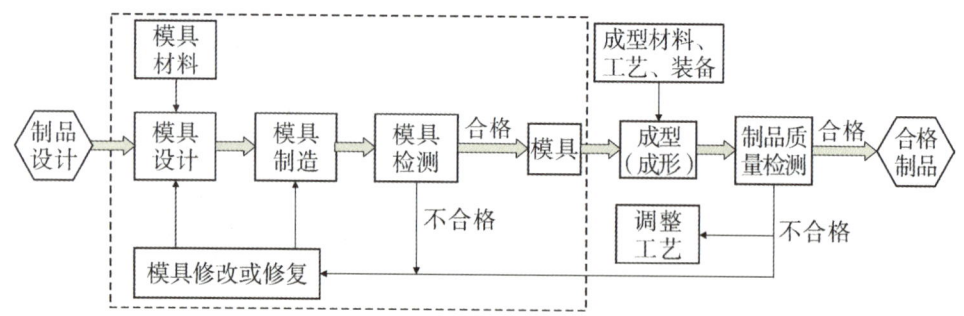

图3-11 模具产业的边界和范围

### 3.2.2 模具设计

包括模具设计方法与理论、模具设计软件、模具优化设计等。

模具设计常分为:制件工艺分析与设计、模具型面构造设计、模具整体结构设计、模具零件图及装配图设计等四个阶段。模具设计方法主要跟模具的CAD设计技术挂钩,如采用标准化设计、模块化设计、参数化设计和智能化设计等。模具设计中常用的二维CAD软件有:AutoCAD、PICAD、中望CAD、CAXA CAD和三维软件附带的二维CAD等;常用的三维CAD软件有:UG NX、Pro/E、SolidWorks、CATIA、Delcam PowerSHAPE、中望3D等。利用三维CAD软件进行模具设计主要是利用它们的三维造型功能及模具设计模块。正确的模具设计方法是CAD设计与CAE模拟仿真交替进行。注塑模具的优化设计软件主要有Moldflow、Moldex3D和HSCAE等，钣金冲压模具的优化设计软件主要有DynaForm和AutoForm等，压铸模具的优化设计软件主要有ProCAST、MAGMASOFT、Flow-3D等，挤出、吹塑模具优化设计软件主要有Polyflow和Fluent等，模具结构优化设计软件有ANSYS等。

### 3.2.3 模具制造

包括模具制造理论与方法、工艺与设备、特种加工等。模具的制造加工主要有精密铸造、数控加工、快速制模技术、电铸成型、电火花加工、电化学加工、柔性制造、激光及其他高能波束加工，以及集两种以上加工方法为一体的复合加工等。数控和计算机技术的不断发展，使它们在模具加工方法中得到了越来越广泛的应用。模具制造用到的机床主要有数控车床、数控铣床、加工中心、电火花、线切割、磨床、锯床、钻床、激光加工设备等。

### 3.2.4 模具检测

包括模具质量检测理论与方法、检测技术、检测仪器与设备等。模具的检测项目大体分为五大类：模具外形的精密测量、模具材料的力学性能、模具的无损检测、模具材料的微观分析和模具材料的环境试验。综合性的测量工具主要有三坐标测量机、便携式关节臂测量机和非接触式高效模具检测。模具材料的力学性能指标主要有强度、冲击韧性和硬度测量等。模具的无损检测有射线检测、超声检测、磁粉检测、渗透检测和涡流检测等。模具材料的微观分析有用金相显微镜观察金相组织、涂镀层厚度测量等。模具材料的环境试验有腐蚀盐雾试验、氙灯老化和紫外老化等。

### 3.2.5 模具修复

包括模具修复工艺与装备、修复原理与方法等。模具的失效形式主要有过载失效、磨损失效、塑性变形失效、腐蚀失效等形式。根据模具种类和工作条件的不同，会导致不同的失效形式。模具的传统修复技术包括熔覆技术、电刷镀技术、热喷涂技术和热喷焊技术等。新型的修复技术主要包括激光修复技术和回火焊道焊接修复技术。传统的修复技术相对新技术而言，成本较低，应用较广泛。但是，随着模具向精密化、小型化、复杂化的方向发展，更加先进的新型修复技术应运而生。模具修复技术应往新型化、综合化、数字化的方向发展，不断提高修复的精度和效率，满足日益精密的模具修复的需求。

### 3.2.6 其他

这个板块包括模具企业的管理与运作模式、模具产业中的人才培养以及模具的商务处理等。由于本课题研究主要是从技术角度来绘制模具产业技术路线图，故对这几方面的内容在后续章节中虽有调查分析，但不做详细研究叙述，也不会将其研究内容绘制进技术路线图中。

## 3.3　本章小结

　　本章主要对模具产业链、模具产业的边界及范围等内容进行了详细介绍。介绍了模具产业的产业链构成、上下游行业和相邻行业，并根据调研情况，对模具产业边界范围内的模具材料、模具设计、模具制造、模具检测和模具修复五大板块内容进行了初步分析，从而为后续章节的研究打下前期基础。

# 第 4 章

# 模具产业市场需求分析

## 4.1 模具材料

模具材料是保证模具性能、提高模具质量和服役寿命的关键要素。目前，主要使用的模具材料是钢、铸铁、铝合金、硬质合金、铜合金等金属材料，以及少量非金属材料如陶瓷、石膏、可加工塑料等。2015年，我国模具钢的市场需求不低于100万吨，预计到2020年，在中高端模具材料市场将实现替代进口材料的目标，模具材料的市场需求将会达到150万吨，其中金属材料约占95%。我国模具产业模具材料年消耗量分布如表4-1所示。

表4-1 我国模具产业模具材料年消耗量分布

| 材料类型 | 金属材料 | | | | 非金属材料 |
| --- | --- | --- | --- | --- | --- |
| | 碳钢 | 合金钢 | 铸铁 | 其他 | |
| 数量/万吨 | 40 | 60 | 40 | 3 | 7 |

### 4.1.1 模具材料的现状

常用的金属模具按照加工工艺大体可分为三类，即冷作模具、热作模具和塑料模具等。不同模具的用途各异，并且工作条件各不相同，因此，对模具材料的要求也不尽相同。目前，我国中低档模具以钢材居多，仍有待研究开发和应用新的、更高质量和性能的专用模具钢系列。

#### 4.1.1.1 模具材料的研究现状

**1. 冷作模具材料**

虽然我国冷作模具已经初步形成了标准，但还是需要更加深入研究冷作模具钢的失效形式等方面的问题。

1）冷冲模具钢

SKD11、8Cr系冷作模具钢是比较典型的冷冲压模具钢材，其晶相间组织较为粗大，所以一般采用缓冷淬火来减小热处理产生的变形。

2）冷镦模具钢

我国冷镦钢的研究现状如下：减少碳含量，适量增加Mn元素，促进提高钢的冷成形性；在开模坯时，去掉头尾杂质，以优化钢坯轧制前的结构性能；进行低温轧制，避免轧制过程中产生缺陷。

**2. 热作模具材料**

1）压铸模具钢

其生产现状：大型化，增加Mo、Ni元素，提高钢的淬透性；高热导率、高韧性、高热强性、导热性及良好热稳定性，则需要使Si、Cr、Mn元素含量降低。

2) 热锻模具钢

其合金成分主要考虑：为了减少偏析现象，需要降低Si、C含量，提高钢的热导性、韧性等；增加Cr、Mo、V等元素含量，形成二次硬化，提升高温下的工作耐受度；加入适量的Ni含量，降低Cr含量，增加材料的淬透性；主要通过增加微量的Nb元素含量，使晶粒细化，同时提高奥氏体化温度。

对模具钢市场的调研，分析得出结论：热锻模具钢的市场需求将不断扩大，也许将成为未来热作模具钢中产量的潜力增长点。

3) 热挤压模具钢

其主要的研究方向分为两种：一种是提高Si、Mn含量，降低Mo含量；另一种是提高C含量，同时减低Si、Cr、Mo含量，使Cr、Mo的含量平衡，从而使回火抗力提升。以上均可增加W、Nb来加强韧性，并且增加Al来加强耐磨性。

**3. 塑料模具材料**

1) 热塑性塑料模具材料

对于生产批次较小的模具，采用一般的钢材就可以满足需求；对于生产批次较大或产品表面要求高的模具，则需要采用优质钢材。

2) 热固性塑料模具材料

因为热固性塑料在注塑过程中释放的含F、Cl等腐蚀性气体，会对模具表面造成损害，所以热固性塑料考虑更多的则是其耐受性、抗腐蚀性。

#### 4.1.1.2 模具材料的应用现状

随着我国模具钢应用的越来越广泛，渐渐形成了模具钢系列。但是，我国模具钢的市场还有待开拓，还需要研发更加先进的生产技术，以提升模具钢的质量。

**1. 提高模具钢质量**

提高模具钢质量的途径一般是：①提高模具钢的生产工艺及加工处理技术；②改善技术管理制度，维持钢种品质。

为了改善钢的品质，得到更加纯净、性能更加优良的钢种，我国引进了国外的先进冶炼技术，如真空冶炼、快锻机、炉外精炼等，研制出的国产D2、P20等模具钢，达到或超过国际钢种标准。但为了得到更加纯净的钢种材料，更多采用电渣重熔ESR冶炼技术，使钢的等向性、致密度和均匀性更加优化，降低偏析等缺陷出现的可能性，这是我国模具钢将来发展的方向。

**2. 使用性能优良的新型模具钢**

目前，我国在某些领域已经开发出性能优良的特种模具钢，但是特种模具钢的推广有限，应用也并不广泛。所以，开发先进钢材也是要有选择性的，不能盲目。

#### 4.1.1.3 模具材料的热处理技术

**1. 常规热处理技术**

模具钢热处理工艺一般有正火、退火、固溶处理、时效、沉淀强化、淬火、回火、碳氮共渗、调质处理、钎焊等。410不锈钢等温正火后的金相组织如图4-1所示。

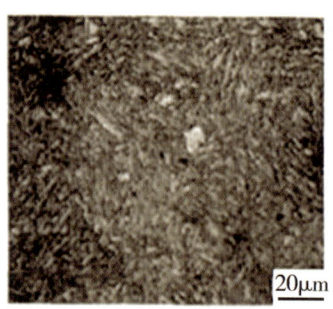 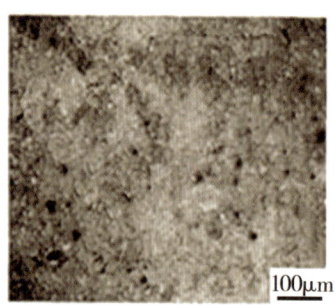

图4-1　410不锈钢等温正火后的金相组织

#### 2. 模具表面强化技术

1) 化学热处理技术

化学热处理技术是在一定温度环境下，将活性介质渗入到钢材表层，提高钢材表面强度的一种工艺方法。

2) 气相沉积技术

气相沉积技术是将含有沉积元素的气相物质沉积到工件表面，在工件表面上形成起装饰或功能作用的涂层的一种工艺方法。根据沉积的主要属性，可以分为化学气相沉积（CVD）、物理气相沉积（PVD）和等离子化学气相沉积（PCVD）。

#### 3. 其他先进处理技术

1) TD处理

TD模具表面超硬化处理技术，即利用金属碳化物扩散覆层TD（thermal diffusion coating process）原理，在一定条件下使工件中的C、N原子与熔盐中的金属原子反应，生成微米级的V、Nb、Cr、Ti等金属碳化层。

2) 深冷处理

最近的研究表明，模具钢经深冷处理（-230℃～-196℃）后，其力学性能、使用寿命等均有所提高。

3) 高能束热处理

高能束热处理的原理：用至少1000W/cm$^2$热处理功率密度的激光、电子束、离子束等照射工件表面，强化模具钢的表面，实现热处理工艺的可控化、清洁化和高效化。

#### 4.1.1.4　国内模具材料选择标准

据调研，国内模具企业使用的模具材料，采用国外钢材和国内钢材相结合的选取方式，即：对于一些要求高的模具，采用国外优良钢材；而对于一些要求不高的模具，以及无表面要求的下模、配件等，采用国内钢材。另外，还有相当一部分来源于上游客户指定的钢材。

### 1. 企业常用国内外模具钢材比较

1）选择国外钢材的原因

企业选择的进口模具钢材,主要有瑞典一胜百(ASSAB)、日本大同、日本日立、德国葛利兹等公司生产的钢材。企业使用国外模具材料的主要原因是考虑高性能、长寿命、优质的售后服务质量等因素。

2）选择国内钢材的原因

企业选择国内的模具钢材,主要有宝钢、抚顺、天工、兴澄等公司生产的钢材。企业选择国内钢材的主要原因是价格便宜,其次是,国内生产的预硬钢(如P20品质)可与进口钢媲美,性价比高。但总体来说,国产模具钢材相比进口钢材,欠缺的更多是售后服务、配套加工及品牌效应等。

### 2. 模具产业中常用的模具钢

经调研,目前,各国常用的模具钢牌号如表4-2所示。

### 3. 模具零件常用钢种的选用

1）模架材料

塑胶模具标准模架的主要品牌有LKM(龙记)、FUTABA(富得巴)、重村(明原)等。对于模板,采用的钢号一般为S50C/50#、国产P20、420H;对于导柱/导套,采用的钢号一般是20CrMo、20CrMn、GCr15等。

2）成型零件使用的材料

(1)五金冲压模。

①粉末高速钢:ASP23、ASP30、ASP60、S290、S390、S790等。

②高速钢:SKH9、SKH51、M2、W18Cr4V、M42、K390等。

③铬钢及改良型铬钢:Cr12MoV、Cr12Mo1V1、XW42、DC53、DC11、SCD、SCD Magic等。

④油钢:LKM2510、GOA、GCr15、DF-2等。

(2)压铸模:DAC、8407、8418、DHA1、DH31-EX、国产2344ESR等。

(3)塑胶模:S136、2083、738、738H、NAK80、2344、838HS、XPM、2316、S136SUP、2344ESR、M333、M238等。

### 4. 目前国内外工模具钢的技术标准

1）国外

国外的标准有ISO14284、DIN ENISO4957、ISO4967、NADCA#207—2008、SEP1921/ASTMA388、ASTME45/DIN50602-K4等。

2）中国

国内的标准有GB/T6408—2003、GB/T2970—2004、GB/T224—2008、GB/T24594—2009、GB/T1299—2014等。

表4-2 各国常用的模具钢牌号

| 模具类型 | 中国 | 日本 | 德国（撒斯特、德威） | 美国 | 瑞典（一胜百） | 奥地利（百禄） |
|---|---|---|---|---|---|---|
| 五金冲压模具 | Q235、T8、T10、YG6、YG8N、YG8C、YG11C、YG15、YG25、Cr12、9SiCr、9Mn2V、9CrWMn、MnCrWV、TLMW50、Cr5Mo1V、Cr6WV、7W7Cr4MoV、Cr4W2MoV、Cr8Mo1VSi、W18Cr4V、W6Mo5Cr4V2、6Cr4W3Mo2VNb、8Cr3MnWMoVS | SKD11、SKD12、SKH2、SKH9、SKH51、SKS93、YK30、DC53、DC11改良 | GT35、1.2080、1.2363、1.2379、1.2510、1.2842、1.3343、1.3355 | A2、M2、O1、O2、D2、D3、D2改良 | DF-2、DF-3、XW-10、XW-42 | K100、K110、K460 |
| 压铸模具 | SM45、40Cr、42CrMo、3Cr2W8V、5CrMnMo、5CrNiMo、40CrNiMo、4Cr3Mo3SiV、4Cr5MoSiV | DHA1、DH42、SKD5、SKD11、SKD61 | 1.2343、1.2344、1.2365、1.2581 | H10、H11、H12、H13、H14、H19、H21、H22、H23、H25、H26 | 8407、QRO-90 | W302 |
| 塑胶模具 | 35#、45#、50#、T8、T10、18Ni、SM45、SM48、SM50、SM53、SM55、4Cr13、4Cr16、20Cr、FS136、FS353、SW718H、11Cr17、CrWMn、3Cr2Mo、3Cr2Mo+Ni、9Mn2V、9CrWMn、12Cr2Ni4、20CrMnTi、20Cr4Ni4、马氏体型、Cr12Mo1V1、4Cr5MnSiV1、06NiCrMoVTiAl、8Cr2MnWMoV、25CrNi3MoAl、5CrNiMnMoVSCa | S50C、S55C、HPM50、NAK80、HPM38 | 2083、2311、2316、2738、1.2330、1.2343、1.2344、X38C13 | 420、P20、P20+Ni、M201、M202、M238、M300、M310、6F2改良 | 8407、083、083H、635、618、718、718H、738、738H、S136、S136H | M201、M202、M238、M300、M310 |

68

### 4.1.1.5 模具材料存在的问题及发展趋势

**1. 存在的问题**

（1）模具钢品种没有完全实现系列化。

（2）模具钢品种、规格缺乏。我国钢材利用率仅为60%左右，相对于工业发达国家来说，低10%~15%，其中一个重要原因是钢材的品种、规格匮乏。

（3）模具钢的冶金质量不高。获得长寿命模具的根本途径之一在于提高模具钢材的内在质量，而提高钢材的纯净度和组织均匀性则是最关键的技术。积极引进国外的先进技术，如采用电炉加钢包精炼、真空处理和电渣重熔等冶炼技术，提高钢材的纯度；采用高温均匀化退火、多向轧制等热处理技术，优化钢材的性能。

（4）忽视加工对材料的影响。

（5）不重视采用新材料和热处理新工艺。

总之，模具设计人员已经习惯采用传统的模具钢材和传统的热处理工艺方法，对于选用新材料、新工艺的关注度不够。

**2. 与国外的差距**

（1）模具钢材的生产、冶炼工艺赶不上国外，高档模具钢材的质量有差距。

（2）淬火钢模具寿命短。

（3）国产材料厂家甚少研发新钢种，绝大部分都是模仿复制国外的成熟钢种，创新能力较差。

（4）模具钢材的品种规格不齐全。

（5）品牌意识较差，缺乏较完善的服务体系。对客户端的需求关注较少，亦缺乏模具加工、使用、维护等方面的系统的专业知识。

**3. 模具材料的用量**

模具企业的模具材料用量视订单和开模而定。一般来说，如制造大型汽车类产品模具，模具材料费用可占到模具制造成本的四成以上；制作小型精密模具，模具材料费用为整套模具制造成本的两成左右。

国内外模具材料的用量比例也需视订单状况而定。欧美订单，多使用瑞典、德国等国生产的进口材料。国内订单，对于有要求的模具，考虑使用进口材料；对于有些要求不高的家电模具及大部分中、小批量五金模具，则使用国产材料。

**4. 国内模具材料的市场定位**

目前，市场上模具钢材的市场定位如图4-2所示。

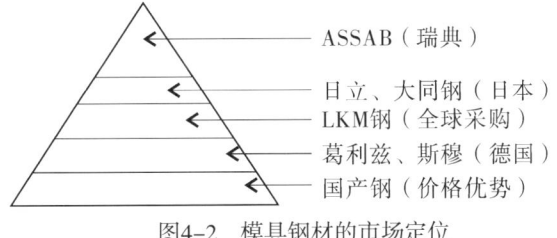

图4-2 模具钢材的市场定位

国产模具钢材目前主要的优势仍是价格。国产模具材料中的低合金钢，其品质已可与国外同型号材料媲美，为大多数模具厂所使用。高合金钢种的粉末高速钢、镜面不锈钢、长寿命热锻模具钢、大型压铸模具钢等，仍与国外知名厂商的材料有一定的差距。如能缩短差距，攻克技术上的瓶颈，提升产品质量的稳定性和售后服务体系质量，是可以替代国外钢材的。

**5. 研发方向**

1）冷作模具材料

冷作模具需要高强度、高硬度、耐磨性和抗咬合性能。其研发方向在于：经激光相变后的冷作模具钢是对传统高等级材料的一种替代，这与热作模具钢有很大的区别。

2）热作模具材料

热作模具除了对一般冷作模具的耐磨性、强度、硬度等性能有所要求外，还有红硬性及抗回火性的需求，因此，仅仅依靠激光强化不能完全取代热作模具钢所特有的抗高温性能。但是，采用模具再制造、激光熔覆等技术，可生产出具有抗高温性能的热作模具钢。

3）塑料模具材料

在塑料加工工业中，将模具分为"低容量模具"和"高容量模具"两类的趋势越来越明显。"高容量模具"因为要生产较多的制品，对模具的强度、硬度、耐磨性等性能要求较高，可以在恶劣的环境中工作；而"低容量模具"是针对较少批次的制品而言，所以，对模具材料的要求不是特别严苛，着重于节约成本。

4）金属3D打印模具钢粉末材料

作为区别于传统制造业的新技术，3D打印技术在模具产业中的发展速度越来越快，尤其是金属3D打印模具或模具镶件，前景非常好。但是，3D打印金属粉末材料的价格昂贵，制约着金属3D打印技术在模具产业中的规模化、实用化发展。目前，我国还没颁布3D打印的国家标准，如工艺规范等。行业内将材料合金成分、粒度分布、粉末的球形度、流动性、松装密度等作为3D打印金属粉末材料的关键评价指标；其中，前两项是主要指标，后三项是作为参考的辅助指标。另外，3D打印模具钢粉末材料，目前由于制备复杂、产量不大，因此材料品种偏少，价格偏高，对于一些需满足特殊性能要求的模具钢粉末材料，有待进一步研究开发与产业化。

### 4.1.1.6 国内外塑料模具钢研究现状与发展趋势

随着制造业的发展，模具工业作为制造业的基础被赋予了更高的使命，模具钢的用量也将会进一步提升。塑料模具钢在模具钢的用量中占有很高比例，主要用于制造生产塑料制品的模具。塑料模的工作特点是：既要承受炽热的塑料熔体的冲刷磨损，又要承受氯、氟等有害气体的腐蚀，其工作环境复杂，合金元素种类较多，内部的影响机制多样化。为提高塑料制品质量和扩大应用领域，塑料模具钢正向着高精度、高效率和长使用寿命的方向发展。

目前，新型塑料模具钢的开发主要有两个途径：①根据钢的合金化成分设计原理并结合我国资源与冶金技术的实情，研制高性能、低成本的新钢种；②引进国外一些性能优良的钢种，进行国产化研制，以取代价格昂贵的进口钢材。我国在"十三五规划"中明确提出：在塑料模具钢方面，针对718类塑料模具钢，要实现大截面模具钢锻材的质量稳定，为模具钢生产企业提供高温均质化、锻造、预先热处理技术输出工艺参数。此外，还要基于成分、工艺、组织与服役性能关系的研究，开发出大截面、高均匀、节能型贝氏体预硬型塑料模具钢和高抛光、易切削、耐腐蚀镜面塑料模具钢。

### 1. 国内外塑料模具钢概况

"现代工业，模具领先。"目前的钢铁强国如瑞典、德国、日本、法国等，其技术先进，模具钢种类齐全，已经形成了几个闻名世界的品牌，除熟悉的瑞典一胜百、日本大同等企业，德国葛利兹、奥地利博乐、日本的高周波和日立金属、瑞典的斯堪纳集团等也都在业界闻名遐迩。相对于欧美国家，我国的模具钢研究起步较晚，一开始并没有塑料模具钢专用钢种系列，选用的钢种较多且杂，包括20钢、45钢等碳素结构钢，T8钢、T10钢等碳素工具钢，40Cr、38CrMoAl等合金结构钢，Cr12等合金工具钢，甚至是H13等通用型模具钢。由于不是专钢专用，模具使用寿命短、消耗大，且模具成型的产品质量低。虽然从20世纪90年代起，我国塑料模具钢呈现出高速追赶状态，但仍然存在以下三个主要问题：①低端产品市场供大于求。由于低端产品市场准入门槛低，国内生产企业之间为了争夺市场已陷入恶性竞争；②同类高端产品严重依赖进口，进口产品价格达到国内同类产品的3～6倍；③大部分国内特钢企业在生产设备和技术运用上，无法实现对产品的长期稳定控制，不同批次产品的质量参差不齐。

### 2. 大截面及高均匀塑料模具钢

用作大截面模具的塑料模具钢P20钢最初由美国提出，属于中碳Cr-Mo型塑料模具钢，其中含1.85%Cr、1.30%Mn、0.40%Mo等合金元素可保证淬透性。目前大型塑料制品包括家电外壳、汽车中控台等，其最大尺寸在600mm以上，为使如此大模块整体硬度均匀，必须进一步提高淬透性能，传统的P20和合金结构钢已不能满足大型塑料制品的要求。因此，模具钢生产厂家基于我国的标准，在P20钢的基础上不断改进，形成了企业自己的牌号。具体的牌号及成分如表4-3所示。

表4-3 大截面及高均匀塑料模具钢

%

| 牌号 | C | Si | Mn | Cr | Mo | V | Ni |
|---|---|---|---|---|---|---|---|
| KPM30 | 0.17 | 0.30 | 1.10 | 2.10 | 0.20 | 0.15 | — |
| 718 | 0.28～0.40 | 0.20～0.80 | 0.60～1.00 | 1.40～2.00 | 0.30～0.55 | — | 0.80～1.20 |
| 1.2738 | 0.35～0.46 | 0.20～0.40 | 1.30～1.60 | 1.80～2.20 | 0.15～0.25 | — | 0.90～1.20 |
| SDP2738 | 0.30～0.40 | 0.20～0.60 | 1.20～1.80 | 1.50～2.50 | 0.30～0.60 | 0.07～0.10 | — |

KPM30是高周波推出的P20改良型塑料模具钢，与P20钢相比，其硬度、切削性能和淬

透性都更优良,在相同切削长度的条件下,可使刀具磨损量减少50%,明显改善厚500mm的试件表面至心部的硬度均匀性。一胜百的718系列包括718钢、718H钢、718HH钢等,其中,718钢是在P20钢的基础上加入了0.8%~1.2%的Ni,从而使其韧性、塑性以及耐腐蚀性都得以显著提升。F.BEAUDET等进一步研究发现,在P20+0.5%Ni钢中,加入0.35%V,能够提高模块的淬透性,在同等组织条件下,模块的尺寸可增加88%,此试验结果同样适用于718钢。

葛利兹的1.2738钢在成分上与718钢一致,其出厂硬度为32~36HRC,可应用于保险杠、仪表盘、大型垃圾桶等大型模具零件。738HH钢化学成分为0.27%C、0.30%Si、1.55%Mn、1.35%Cr、1.00%Ni,34~38HRC预硬态出厂,适用于表面要求更高的保险杠、仪表盘、门板等大型汽车覆盖件的模具零件。

在"十一五"期间,首先由上海大学先进模具材料及应用技术研发团队联合宝钢特钢、宏晟重工等企业试制成功了大截面预硬型塑料模具钢SDP2738。SDP2738在718钢的基础上降低Ni含量、增加Mn含量,降低了生产成本,并采用精确的空冷和水冷淬火技术,使模块最大厚度达到1250mm且截面硬度波动≤4HRC,可应用于汽车前后保险杠、大型家电等模具用材料,并替代进口的718H等大截面预硬化塑料模具钢。

上海大学研发的另一种大截面贝氏体预硬型塑料模具钢SDP1,生产周期较718钢缩短一半,厚度可达1100mm,成品硬度波动≤3HRC,可替代进口的718、2738、P20等钢,适用于家用电器大截面塑料模、汽车内饰模具等。江来珠发明的一种贝氏体大截面塑料模具钢,通过合金成分优化,加入0.005%~0.08%N和微量Ti元素,并将碳含量控制在0.20%~0.30%,轧/锻后不必进行调质处理即可获得整个截面的粒状贝氏体和良好的力学性能,模块最大厚度可达500mm。

### 3. 易切削塑料模具钢

降低塑料模具制造成本、缩短模具制造周期、提高力学性能将成为产品研发的主要趋势。针对以上问题,除了提高切削技术和切削刀具质量外,模具材料本身的加工性能也必须进行优化。为改善预硬钢的被切削性能,研究者在钢中添加S、Sn、Pb、Bi、Ca、Cu、Ti、Mg等易切削元素。国外易切削钢的研究起步较早,1920年美国首次研制成功易切削钢并成功生产,距今已有90多年的发展历史。目前国际易切削钢市场,一半以上由日本和美国占领,尤其在易切削塑料模具钢领域,日本占有绝对优势。有代表性的牌号及化学成分如表4-4所示。

表4-4 易切削塑料模具钢

%

| 牌号 | C | Si | Mn | Ni | Mo | Cr | Al | 易切削元素 |
|---|---|---|---|---|---|---|---|---|
| KAP90F | 0.39 | 1.00 | 0.45 | — | 1.10 | 5.30 | — | Cu |

续表4-4

| 牌号 | C | Si | Mn | Ni | Mo | Cr | Al | 易切削元素 |
|---|---|---|---|---|---|---|---|---|
| NAK55 | 0.15 | 0.30 | 1.50 | 3.00 | 0.30 | — | 1.00 | Cu、S |
| Corroplast FM | 0.22 | ≤1.00 | 1.60 | | 0.30 | 12.80 | — | S |
| 1.2312 | 0.35~0.46 | 0.20~0.40 | 1.10~1.60 | — | 0.20~0.30 | 1.80~2.20 | 0.005~0.01 | S |
| P20BSCa | 0.40 | 0.70 | 1.40 | — | 适量 | 1.20 | — | S、Ca |

日本高周波钢厂目前主推以下两种易切削塑料模具钢：①KAP90F是H13改进型Cu系易切削钢，Cu含量为0.23%~0.28%，其他合金元素含量为0.39%C、1.00%Si、0.45%Mn、5.30%Cr、1.10%Mo、0.55%V，出厂硬度为38~42HRC，主要用作推杆模具标准件；②KAP65（成分未公开）是Ni-Al化合物析出形成硬化的高级塑料模具钢，硬度达40HRC，主要用作精密成型制品。

日本大同的NAK55是S-Cu系易切削时效硬化型塑料模具钢，出厂硬度为37~43HRC，S和Cu的加入使其硬度和切削性能俱佳，可用于高品质、高硬度精密模具。

Corroplast FM钢是德国蒂森克虏伯钢厂研发的，在1.2085钢的基础上加入了0.1%S，提高了Mn含量，降低了C含量，从而在保证耐蚀性的条件下提高了淬透性。D FRIE研究发现，加工1.2085钢的刀具在加工22个凹槽后，出现严重的破损，不能够继续使用；而加工Corroplast FM钢的刀具在加工52个凹槽之后，情况依旧良好，没有出现明显的破损，Corroplast FM钢的切削性能优于1.2085钢。

葛利兹钢厂的1.2312钢是在P20的基础上添加了约0.06%S，从而成为硫系易切削塑料模具钢，交货状态为29~34HRC，最大截面尺寸约为400mm，硬度均匀性较好，主要用于生产要求稍高的模架、模芯，加工性能良好。

我国在1953年开始研究易切削钢。先研制易切削钢是S系，随后是Ca系和Ti系，之后又研制稀土易切削钢。Cr2MnWMoVS钢是由华中科技大学和首钢特钢联合开发的易切削精密模具钢，硫含量为0.08%~0.5%，S在钢中以MnS型非金属夹杂存在时，在切削加工中不仅可以减小切削力，还能润滑刀具，延长刀具的使用寿命。但如果形成低熔点的FeS-Fe的共晶或MnS和FeS的固溶体，可能会产生热脆现象。叶月华等研究发现，通过控制锰硫含量比≥4可以避免热脆现象，此时钢中的硫和锰全部形成MnS。此外，硅的存在有损切削性能，还会增大脱碳倾向，其含量要控制在0.4%以下。

P20S、P20BS、P20SRe、P20BSCa均系20世纪90年代由华中科技大学研发的，都属于P20的改进钢种。其中，P20BSCa的合金元素为0.37%C、0.78%Si、1.43%Mn、0.99%Cr、0.22%Mo、0.09%V、0.0023%B、0.075%S、0.0002%Ca，其合金化特点是添加Cr、V、微量B作为强韧化元素，有效保证淬透性。适量的Mo能起到净化晶界的作用，从而抑制回火脆性的发生。S-Ca复合体系是在S系易切削钢的基础上，通过适量Ca的加入，对MnS夹杂物的大小和形态起到变质作用，使MnS夹杂物由条状变为纺锤状，进一步提升切削性能和润滑作用。

SDPCu是由上海大学研发的塑料模具钢，其热处理工艺为淬火1030℃+回火500~600℃，淬回火硬度为35~45HRC。该塑料模具钢是通过加入Cu元素的方法提高4Cr13的切削性能，达到4Cr3S易切削钢的水平，同时耐腐蚀性和皮纹蚀刻性能也得到提高，可替代进口的M333钢。耿鸿明等研究发现，Cu能提高切削性能的原因在于产生了铜-石墨复合相，复合相能够起到固体润滑剂的作用润滑刀具，在刀刃上形成一层固体润滑膜，从而降低切削过程中的切削热和减少刀具的磨损。

**4. 耐腐蚀型塑料模具钢**

塑料中含大量的合成树脂及填料、增塑剂、稳定剂、润滑剂、色料等添加剂，这些添加剂在熔融状态下会析出含氯、氟等元素的腐蚀性气体，甚至在高湿度的空气中，模具也会被腐蚀。目前，提高塑料模具钢耐蚀性的主要方式是在钢中添加Cr、N等元素。

国外模具制造商通常将马氏体不锈钢用作塑料制品成型材料，其中，420马氏体不锈钢是经典钢种，是典型的Cr13型马氏体不锈钢，即2Cr13马氏体不锈钢。Cr13型马氏体不锈钢是指Cr含量在13%左右，含碳量较低（≤0.45%）的不锈钢，也包括为改善不锈钢性能添加其他合金元素的马氏体不锈钢。目前，占据高端不锈耐蚀钢市场的钢种，大多为420不锈钢及其改良型，具体牌号及化学成分如表4-5所示。

表4-5 耐腐蚀型塑料模具钢

%

| 牌号 | C | Si | Mn | Cr | Mo | V | Ni | 其他 |
| --- | --- | --- | --- | --- | --- | --- | --- | --- |
| 1.2083 | 0.43 | — | 0.30 | 13.00 | 适量 | — | — | — |
| 1.2316 | 0.33~0.43 | <1.00 | <1.00 | 15.5~17.0 | 1.00~1.20 | — | 0.5 | — |
| G-STAR | 0.35 | 0.30 | — | 16.00 | 1.00 | — | — | 0.10（S）|
| HPM38 | 1.50 | 0.40 | 0.60 | 12.00 | 1.00 | 0.30 | — | — |
| MIRRAX 40 | 0.21 | 0.90 | 0.45 | 13.50 | 0.20 | 0.25 | 0.60 | 适量N |
| STAVAX ESR | 0.38 | 0.90 | 0.50 | 13.60 | — | 0.30 | — | — |
| SDP333 | 0.25~0.30 | 0.10~0.20 | 0.25~0.35 | 13.0~14.0 | — | — | — | 适量N |

葛利兹钢厂在420钢的基础上，结合自身优势，相继开发了1.2083系列和1.2316系列。1.2083钢一般以退火态交货，合金元素主要有0.40%C、13%Cr，主要用于耐腐蚀型塑料

模具，且抛光性能优良。1.2083 Victory ESR在合金成分上与1.2083钢基本保持一致，但在冶金时采用了更先进的电渣重熔技术，从而能够获得更洁净、组织均匀致密的钢锭，应用上与1.2083钢类似，但可应用于粗糙度要求更高的模具。1.2083 Victory ESR+N在1.2083 Victory ESR的基础上添加了0.25%V，降低了0.02%C，添加了适量的N，使钢的耐蚀性进一步提高。1.2085钢是一种耐腐蚀型预硬塑料模具钢，其出厂硬度为28～33HRC，合金元素包括0.33%C、16%Cr、0.25%Ni、0.07%S，S的加入提高了钢的加工性能，主要用于镶件、模架等。大同特殊钢的G-STAR是1.2085钢的改良版，其合金元素包括0.35%C、16%Cr、1%Mo及适量的S，出厂时为预硬态31～34HRC，主要用于耐腐蚀模架模座。

日立金属的HPM38钢是13Cr系含Mo耐蚀钢，出厂状态为淬火回火态，使用硬度为50～55HRC，主要用作磁带外壳、医疗器械、碗碟等模具。CENAl预硬型不锈耐蚀钢实现了耐蚀性和抛光性能的完美搭配，其中的Cr、Al、Ni等元素以CrNiAl、Cr、NiAl等形式析出，起到析出硬化作用，常用作耐腐蚀、高镜面、高光无痕成型模具。一胜百的MIRRAX 40是耐腐蚀的预硬型模具钢，出厂硬度可达到360～400HB，合金元素含量为0.21%C、0.9%Si、0.45%Mn、13.5%Cr、0.2%Mo、0.25%V、0.6%Ni、适量的N，N和Ni的加入可有效提高耐蚀性，适用于腐蚀性塑料的注射模与吹塑模。CORRAX的含碳量仅为0.03%，镍含量为9.2%，铝含量为1.6%，可时效硬化至40～51HRC，具有优异的耐蚀性。STAVAX ESR是耐蚀性和抛光性俱佳的塑料模具钢材料，研究表明：回火温度越高，其耐蚀性能越差；慢冷试样的耐蚀性能比快冷的耐蚀性能差。

在国内，Cr系模具钢是目前应用最广泛的耐蚀塑料模具钢，常见的主要有：2Cr13、3Cr13、3Cr17、4Cr13、9Cr18、1Cr17Ni2、9Cr18Mo、X36CrMo17、0Cr16Ni4Cu3Nb（PCR）等，其中，4Cr13属于中碳高铬型不锈钢，其合金成分为0.36%～0.45%C、Si≤0.60%、Mn≤0.80%、12%～14%Cr、0.60%Ni、S≤0.03%、P≤0.04%。Cr可提高铁-铬合金的淬透性，并显著提高耐蚀性，因为Cr的腐蚀电位比铁低，钝化能力比铁更强。在铁铬合金中，Cr含量增加会导致合金的腐蚀电位和临界钝电位向负电位方向移动。致钝电流密度逐渐减小，即表明合金中铬含量越高则越易钝化，耐蚀性越好。

PCR钢是由上海材料研究所研制的马氏体时效析出硬化不锈钢，其中加入了约0.3%Zr，可有效细化晶粒。该钢经过高温固溶和时效处理后，具有良好的耐腐蚀性能，其耐蚀性大大优于美国17-4PH钢。

高氮钢作为一类新钢种，目前没有统一的标准定义。曼德里将高氮钢定义为一定条件下，氮在钢中的溶解达到饱和的钢；BERNS则将其定义为"不锈钢中含0.9%的氮或工具钢中含2%的氮"。SW333是宝钢特钢自主研制的含氮耐蚀塑料模具钢，其成分特征是降低碳含量、增加氮含量。其成分的改进减少了$M_{23}C_6$型高铬含量的碳化物的析出，增加了$Cr_2N$型氮化物的析出，使基体中的铬含量提高，从而改变腐蚀电位，提高耐蚀性。陈卓等研究表明，SW333钢的腐蚀速率低于4Cr13钢，自腐蚀电位高于4Cr13钢，即SW333钢耐腐蚀性要优于4Cr13钢。SDP333（3Cr13N）钢是由上海大学在3Cr13钢的基础上研发的，其淬回火硬度为35～45HRC，以氮元素代替了部分碳元素，提高了耐蚀性能、机加工性能，其综合性能优于4Cr13钢，可取代进口的M333钢。张永军等研究发现，高氮马氏体不锈钢3Cr13N耐腐蚀的主要原因是$M_{23}C_6$型夹杂物数量较马氏体不锈钢3Cr13少。

### 5. 镜面抛光用塑料模具钢

随着人们生活品质的提高，对塑料制品的质量要求越来越高，工艺上主要通过抛光降低模具型腔的表面粗糙度值保证成型塑件的质量。在生产过程中，光滑的模具型腔表面不仅使成型的制品更加美观，还有利于脱模、缩短生产周期等优点。相关研究发现，模具钢的良好镜面抛光性（成型面表面粗糙度值$Ra \leq 0.11 \mu m$）主要取决于钢的硬度、纯净度、晶粒度、夹杂物形态、组织致密性和均匀性等因素。国外生产厂家针对客户的需求，推出了大量的高镜面甚至超高镜面的塑料模具钢，具体牌号及化学成分如表4-6所示。

表4-6 镜面抛光用塑料模具钢

%

| 牌号 | C | Si | Mn | Cr | Mo | V | Ni | 其他 |
|---|---|---|---|---|---|---|---|---|
| S-STAR | 0.38 | 0.90 | — | 13.50 | 0.10 | 0.30 | — | — |
| NAK-PRM | 0.15 | 0.39 | 0.55 | 2.50 | 0.28 | — | 3.00 | Al、Cu |
| ASPM | 0.27 | 0.25 | 1.50 | 1.40 | 0.55 | — | 1.10 | — |
| POLMAX | 0.38 | 0.90 | 0.50 | 13.60 | — | 0.30 | — | — |
| 25CrNi3MoAl | 0.20~0.30 | 0.20~0.50 | 1.50~1.80 | 1.20~1.80 | 0.2~0.4 | — | 3.0~4.0 | Al |
| SDP80 | 0.10~0.15 | 0.20~0.60 | 1.30~1.70 | 0.30~0.70 | — | — | 适量 | Al、Cu |

日本大同钢厂目前主推以下四种镜面抛光用塑料模具钢：①PAT868（成分未公开）是该厂最新研发的多用途塑料模具钢，经硬化后可达到46~50HRC，抛光性能可达到镜面级别，且拥有优良的韧性；②S-STAR钢合金元素含量为0.38%C、Si≤1%、13.5%Cr、0.1%MO、0.3%V，可预硬至31~34HRC，经抛光后镜面度可达到12 000#以上，可用于超镜面耐腐蚀精密模具；③NAK80是大同主推的高镜面性预硬钢，属于Ni-Al-Cu系列合金，成分为0.15%C、0.3%Si、1.5%Mn、0.3%Mo、3%Ni、1%Al、1%Cu，经过油石、砂纸和金刚石研磨膏依次抛光后，镜面度可达到5000#以上，主要用于高性能、精密塑料模及透明塑料制品等重视镜面研磨性的模具；④NAK-PRM作为一种超镜面性、高韧性、耐腐蚀性预硬钢，抛光后镜面度可达到8000#以上。

日立金属的HPM-PRO（成分未公开）作为P21的改良预硬钢，是40HRC精密加工用钢，镜面度可达到8000#以上，韧性和精密蚀纹性好，可用于手机框体、汽车车灯相关部分模具。

高周波的KAP88（成分未公开）具有40HRC的高硬度，属于Ni-Al化合物析出形成硬化的高级塑料模具钢，经过研磨和抛光后其镜面度可达到8000#以上，主要用于精密塑料模及结构零件等。

瑞典斯堪纳集团的ASPM及ASPM-VIP均为镜面级预硬塑料模具钢，二者成分基本相同，均为0.27%C、0.25%Si、1.50%Mn、1.40%Cr、1.1%Ni、0.55%V，但ASPM-VIP采用了电渣重熔技术，纯净度比ASPM更高。前者适用于透明塑件、家用电器及汽车类高抛光、高蚀刻要求、尺寸稳定的塑料模，后者可用于抛光和蚀刻要求更高的透明件等。

一胜百的POLMAX具有优异的抛光性、良好的可加工性、良好的耐蚀性和耐磨损性能，其出厂硬度为200HB，经过1000~1050℃的奥氏体化后，硬度可高达46~52HRC，主要用于成型透镜和CD的模具零件等。

国内的镜面抛光用模具钢，根据Ni含量的不同可分为低镍和高镍系列。25CrNi3MoAl是由华中科技大学研发的低镍时效硬化高精密塑料模专用钢，该钢原设计成分中S≤0.03%，但纳入YB/T094—1997标准时，改为含S≤0.1%，以改善其切削性能。06Ni钢和上海材料研究所的10Ni3MnCuAlMo（PMS）钢也是国产优秀的低镍时效硬化型镜面塑料模具钢。

18Ni（250）（300）（350）系列是比较常见的高镍马氏体时效钢，根据Ti含量的不同，分200、250、300、350和400ksi五个级别，其实质是经过特殊固溶处理之后，产生一种超低碳Fe-Ni板条马氏体基体，在时效处理时会析出弥散相使钢得以强化。由于镍的含量较高，价格昂贵，实际使用并不多。

SDP80是由上海大学研发的时效硬化型高镜面塑料模具钢，通过调整微观组织构成，控制Ni、Al、Cu等合金元素的添加，提高材料的机加工性能和皮纹蚀刻性能，适用于高抛光或皮纹蚀刻要求较高的模具，可替代进口的NAK80。

"十一五"和"十二五"期间，在国家的大力支持下，国内已经涌现出一批技术先进的大型特钢企业，如宝钢特钢、中信泰富、长城特钢、东北特钢等。一方面，这些企业在成分设计、合金化原理以及炼钢技术上取得了长足进步，部分产品已经达到或接近国际先进水平；另一方面，在塑料模具钢的牌号上，通过引进国外优秀钢种和国产化设计，国标中塑料模具钢的种类已较完善。

在取得较大进展的同时，国内的塑料模具钢市场也存在一些不足：①高端模具钢与国外同类产品质量相差较远。因为这些钢企没有完全掌握模具失效规律与组织、性能之间定性、定量的关系；②国内不同企业的同类产品质量参差不齐。目前，国内的塑料模具钢市场相对混乱，不同钢企没有统一的产品标准，也没有标准化的生产流程。

针对以上出现的问题，对国产塑料模具钢今后的发展方向进行简单的预测：

（1）在大截面、高均匀塑料模具钢方面，顺应塑料模大规模发展的趋势，其总体需求量继续增加。鉴于调质硬化钢在生产过程中工艺复杂、能耗高、生产周期长等缺点，经过锻造或轧制后空冷直接达到所需硬度的非调质塑料模具钢将会有广阔的发展前景。

（2）在易切削塑料模具钢方面，国产钢和国外优秀产品存在较大差距，主要因为冶金质量不稳定，以及夹杂物的种类、数量和形态控制较差。国外的经验表明，通过连铸工艺生产的易切削钢可有效减少偏析的存在，并改善夹杂物的形态及分布。所以，我国应加强对连铸工艺的研究，进一步改善现有易切削钢的质量。

（3）在耐蚀塑料模具钢方面，降低生产成本是关键。增加Mn、Cu、C、N等其他元素来降低耐蚀钢中Ni的含量，将是重要的研究方向。我国在高氮钢的研究上还处于落后地位，加强对高氮钢的研究将会提升我国耐蚀塑料模具钢的整体竞争力。

（4）在镜面抛光用塑料模具钢方面，控制夹杂和开发稳定的抛光技术将是关键。在提升冶金质量的同时，将机械抛光工艺、电化学抛光工艺、超声波抛光工艺与电沉积工艺和喷涂陶瓷工艺等进行有机结合，最终使钢在成分和组织确定的情况下，达到最佳的镜面效果。

综上所述，我国应继续加强高端模具钢的发展和研究，结合自身能源、技术等优势，努力向模具强国发展。国内塑料模具钢市场应逐步规范，完善塑料模具钢应用体系，建立统一的检测、生产标准，并逐步形成自己的系列（如美国的P系列），使我国塑料模具钢的生产达到标准化、精细化。

## 4.1.2 模具材料市场需求要素分析

通过对广东省模具材料市场情况的调研和分析，工作组运用德尔菲法对模具材料市场需求要素进行问卷调查、统计、整理和分析，初步列出了模具材料的市场需求要素及其评价排序，然后结合模具材料专家在研讨会上所提的意见及形成的共识，得到最终的市场需求要素及排序如表4-7所示。

从表4-7中可以看出，国内模具钢材料中，中低端模具钢材料能满足模具市场的要求，但高性能、高端模具材料还不能完全自给，需进口国外品牌，缺乏性能优良的国产自主研发的产品，因此，迫切需要国产品牌的高性能高端模具钢。另外，对于性能优良的新型模具钢，市场上也有迫切的需求，如长寿命五金冲压模具钢材料、压铸模具钢材料等。为了达到节能减排的效果，模具钢材料的轻量化已提上日程，它要求所开发的模具材料既能满足模具的强度和刚度要求，又具有较轻的重量。

表4-7 模具材料市场需求要素及排序

| 序号 | 市场需求要素 | 专家评分 | 优先排序 |
|---|---|---|---|
| 1 | 高性能高端模具钢<br>（1）冷作模具钢：需要高强度、高硬度、耐磨性和抗咬合性能<br>（2）热作模具钢：具有一般冷作材料的耐磨性、强度、硬度等性能要求外，还有红硬性及抗回火性需求<br>（3）热锻模具钢：市场需求不断扩大，将成为未来热作模具钢中产量的潜力增长点<br>（4）塑料模具钢：高性能、大型、精密、高效率、长寿命、优质、大截面、高均匀、节能型、预硬型塑料模具钢和高抛光、易切削、耐腐蚀、镜面型<br>（5）国产模具钢：产能基本满足国内模具工业的需求<br>（6）高合金钢种的粉末高速钢、镜面不锈钢、长寿命热锻模具钢、大型压铸模具钢等 | 10.00 | 1 |
| 2 | 性能优良的新型模具钢 | 9.79 | 2 |
| 3 | 模具钢材料的轻量化 | 9.47 | 3 |
| 4 | 模具材料及其热处理、表面强化性能与工艺规范化和标准化 | 9.26 | 4 |

续表4-7

| 序号 | 市场需求要素 | 专家评分 | 优先排序 |
|---|---|---|---|
| 5 | 模具钢钢种的系列化 | 8.95 | 5 |
| 6 | 模具钢市场规范化和标准化 | 8.74 | 6 |
| 7 | 3D打印模具钢材料 | 8.42 | 7 |

综合调研及专家意见，模具材料及其热处理、表面强化性能与工艺规范化和标准化、模具钢钢种的系列化、模具钢市场规范化和标准化、3D打印模具钢材料等在国内的市场需求迅速扩大，迫切需要政府、研究单位、生产企业和行业协会等单位加以协调合作，解决模具材料的源头市场需求问题，以提高我国模具产业中基础材料的水平。

## 4.2 模具设计

### 4.2.1 模具设计的现状

现代模具设计是指模具的数字化设计，即在传统的模具设计的基础上，充分应用数字化设计工具，提高模具设计质量，缩短模具设计周期。模具设计过程是一个建立在设计人员丰富的经验与知识基础上的创造性思维过程，它不仅是参考经验知识的辅助设计，更是在现有经验知识基础上的进一步积累创新。

模具设计属于机械设计的范畴，早期的模具设计主要是利用手工绘图，这使得制造出来的模具在装配、精度等方面均有较大的问题。随着计算机的发展，模具的设计方法已经由传统的手工绘图设计逐步向计算机辅助设计（CAD）方向发展，给模具设计带来了深刻的变革。同时，在设计过程中，使用计算机辅助工程（CAE）进行模拟和优化也逐渐成为模具设计的主流。

#### 4.2.1.1 模具设计的内容

模具设计常分为：制件工艺分析与设计、模具型面构造设计、模具整体结构设计、模具零件图与装配图设计四个阶段。

**1. 制件工艺分析与设计**

在设计制品时，应使其具有良好的成型工艺性，因为良好的工艺性可以减少材料的消耗，使工序减少、模具结构简单而提高寿命、产品质量稳定、操作简易性等。设计时，一般先提出各种可行的成型工艺方案，然后综合考虑产品质量、生产效率、设备占用情况、模具制造和寿命、工艺成本、操作、安全等方面，确定最佳的成型工艺方案。最后，根据确定的成型工艺方案和制品的形状特点、精度要求、生产批量、模具加工条件等，选定模具类型及结构型式，并进行必要的设计计算。

### 2. 模具型面构造设计

模具型面主要指模具构成中的工作零件（凸模、凹模）上，与制件形体相吻合、相似或相同的型面，由直线与曲线、平面与曲面，经光顺、平滑地连接而成的型面，可分为凸模型面（型芯）和凹模型面（型腔）。模具凸模与凹模的形状、结构、尺寸与尺寸精度，型面的表面状态与物理力学性能，所用材料和抛光工艺性等都必须与合格制件及其生产要求一致。

模具的型面构造设计，是模具设计中的关键技术。在模具型面构造设计中，必须研究其加工工艺和成型工艺要求与条件，必须研究型面的合理分型、出件条件和要求等要素。

### 3. 模具整体结构设计

通常，模具是由机械零部件、通用机构和功能元件构成，其整体结构设计方法与通用机械设计基本相同，包括以下几个方面：

1）精度与定位的设计

模具精度与定位包括模具整体组合和零部件的位置与形状、尺寸精度、配合精度与定位精度。如冲模的冲裁间隙值及其均匀性，注塑模、压铸模的合模定位与导向精度等，均需由凸模与凹模的形状、位置精度、导向装置的位置与配合精度保证。因此，在模具设计时，需进行严格的尺寸精度设计与计算。同时，还须考虑零部件的制造工艺性和工艺精度，以保证模具的精密性能和可靠性。

2）导向装置的设计

模具运动方向的导向，是由导向装置来保证的。同时，导向装置对模具间隙的均匀性、精确合模运动还起定位的作用。常用的导向装置有：导柱与导套组成的导向装置（含滑动和滚动配合）、导板导向装置（含一般导板副和自润滑导板副）、滑块与导轨组成的斜抽芯导向和冲模送料的导料板导向等四种。

3）脱模、卸料与抽芯的设计

注塑模与压铸模的脱模，通常采用在型面上设计拔模斜度，同时，在动定模上设置顶出机构。冲模的卸料，通常采用在凹模上设计漏料孔漏料、在凸模上设计打料机构或设计气孔以及用压缩空气吹料等方法。注塑模与压铸模的抽芯机构，通常采用斜楔抽芯机构、液压抽芯机构和齿轮齿条抽芯机构等。

4）进料与冷却系统设计

冲模的送料及安全机构设计，注塑模和压铸模的进料与浇注系统设计、冷却系统设计，都是进行模具整体设计的关键技术，其中采用的一些零件和元件，均已形成标准产品，以便用户在设计时选用。

5）支承与紧固的设计

模架是模具的主要支承部件。模架分上模座（或动模）和下模座（或定模）两部分，在模座上固定有凸模及其配件和凹模及其配件，在压铸模和注塑模的动定模部分还设置有顶料机构。模座也是送料机构、抽芯机构的支承部件。另外，冲模中的凸模垫板、固定板及卸料板的支承配件，注塑模中的垫块、支承板以及顶杆的固定板等均是具有一定功能的标准支承零件。

#### 4. 模具零件图及装配图设计

模具零件图的绘制主要是指非标准的模具零件图的绘制，对于直接采购的标准件无须绘图。模具零件图的绘制应符合机械制图国家标准及模具制图相关注意要点。绘制模具装配图时，无论采用手工绘制还是计算机绘制，应把模具的整体结构和各零部件的装配关系、紧固、定位等表达清楚。

#### 4.2.1.2 模具设计的方法

模具设计的方法主要跟模具的CAD设计技术挂钩，如采用标准化设计、模块化设计、参数化设计和智能化设计等。

#### 1. 标准化设计

模具的标准化设计主要是指模具中一些零部件的标准化，使得在设计模具时有些标准化的零部件可以直接调用，不用再另行设计，方便模具设计，减少模具设计时间，提高设计效率。模具标准化可提高模具使用性能和质量，节约材料，缩短生产周期，有效地降低模具生产成本，简化生产管理和减少企业库存。

模具标准化设计需要参照一定的标准，如国际三大模具标准（MISUMI、HASCO和DME）和我国模具国家标准。我国模具国家标准包括：注塑模具国家标准、冷冲模具国家标准和压铸模具国家标准等。其中，注塑模具国家标准有：注塑模模架标准GB/T 12555—2006，注塑模标准件标准GB/T 4169—2006和GB/T 4170—2006等；冷冲模具国家标准有：冲模模架标准GB/T 2851~2861—2008，冲模零件标准GB/T 2862~2875—1981等；压铸模具国家标准有：GB/T 4678—2003，GB/T 4679—2003等。另外，还有一些新的模具国家标准正在制定中。

#### 2. 模块化设计

模块化设计就是利用产品零部件在结构及功能上的相似性，而实现产品的标准化与组合化。大量实践表明，模块化设计能有效减少产品设计时间并提高设计质量。与其他种类的机械产品相比，模具的模块化设计特点是：模具零件的空间交错；凸凹模及某些零部件外形无法预见；模具类型与结构变化多等。

#### 3. 参数化设计

参数化设计又称尺寸驱动，是指对零件上各种特征施加各种约束形式，各个特征的几何形状与尺寸大小用参数变量的方式来表示，如果定义某个特征的参数变量发生了改变，则零件的这个特征的几何形状或尺寸大小将随着参数的改变而改变，随之刷新该特征及其相关联的各个特征，而无须再重新画图。

#### 4. 智能化设计

智能化设计是人工智能技术与CAD技术的结合，目前主要是指专家系统在CAD中的应用，包括成型材料选择、模具总体方案设计、成型工艺参数选择和模具费用评估等方面。

### 4.2.1.3 模具设计软件

模具设计软件主要有计算机辅助设计（CAD）软件和计算机辅助工程（CAE）软件。CAD是指利用计算机及其图形设备帮助设计人员进行设计工作，根据绘图环境的不同分为二维CAD和三维CAD，其中，二维CAD主要进行二维图形的设计，三维CAD主要是进行三维实体造型设计。CAE是指用计算机辅助求解分析复杂工程和产品的结构力学性能，以及优化结构与工艺性能等。

#### 1. 二维CAD软件

模具设计中常用的二维CAD软件有：AutoCAD、PICAD、中望CAD、CAXA CAD和三维软件附带的二维CAD等。

1）AutoCAD

AutoCAD是美国Autodesk公司开发的CAD软件，主要用于二维绘图、详细绘制、设计文档和基本三维设计，其中最擅长于二维绘图领域。AutoCAD软件具有通用性、易用性，适用于各类用户，现已经成为国际上广为流行的绘图工具。

2）PICAD

PICAD是北京凯思软件公司开发的参数化、集成化的二维CAD设计系统，具有智能化、参数化、本地化、开放性、适用性等特点。

3）中望CAD

中望CAD是广州中望龙腾软件股份有限公司自主研发的CAD平台软件，搭载建筑、机械、模具、水暖电等专业模块。其主要功能特色有：智能符号标注，提升设计效率与精准度，专业BOM表功能，实现数据无缝对接，丰富的专业标准件库。

4）CAXA CAD电子版图

CAXA CAD电子版图是北京数码大方科技股份有限公司开发的一款二维CAD软件，广泛应用于机械、模具等企业，如格力电器、北汽福田、东风汽车等。

5）常用的三维CAD软件自带的二维CAD模块

Pro/E、UG、SolidWorks等三维软件都自带有二维CAD模块，也即工程图模块，能很方便地将设计好的三维实体转化为二维工程图。

#### 2. 三维CAD软件

模具设计中，常用的三维CAD软件有UG NX、Pro/E、SolidWorks、CATIA、Delcam PowerSHAPE、中望3D等。利用三维CAD软件进行模具设计主要是利用它们的三维造型功能及模具设计模块。

1）UG NX

UG NX软件是西门子公司开发的三维CAD软件，可进行工业设计、产品设计、仿真与优化和NC加工。UG NX软件的模具设计模块是MoldWizard，该模块提供了整个模具设计流程，包括产品装载、排位布局、分型、模架加载、浇注系统、冷却系统以及工程制图等。

MoldWizard模块具有设计简单直观、操作方便、自动化程度高、快速分型、拥有完整的标准模架库和标准件库等优点，缺点是：对较为复杂的零件自动分模功能不强；可视化不够。UG MoldWizard模具设计实例如图4-3a所示。

2) Pro/E

Pro/E软件由美国参数化技术公司开发，具有参数化设计、模块化、基于特征建模、单一数据库等特点。Pro/E软件的模具设计模块是MoldDesign，该模块提供了注塑模具设计常用的功能及仿真模具设计过程所需的工具，可以辅助设计人员完成整副模具的设计。

MoldDesign模块用于设计模具部件和模板组装，具有模拟开模功能，可以便于观察设计结果，基于完全参数化和模块化的设计思路，操作及修改方便。缺点是：操作烦琐且可视化不够；对于较为复杂的零件，往往不能简单通过分型线自动查找和延展来创建分型面；标准零件库还需进一步的开发与完善。Pro/E MoldDesign模具设计实例如图4-3b所示。

3) SolidWorks

SolidWorks软件是法国达索系统公司旗下的子公司SolidWorks公司开发的三维CAD软件，具有零件建模、曲面建模、钣金设计等模块。SolidWorks软件的模具设计模块是IMOLD插件。该插件完全集成于SolidWorks的界面中，模具设计师通过它可进行包括设计方案管理、模具设计过程、加工和模具装配的整个处理过程。

利用IMOLD模块进行模具设计具有快捷方便、出图速度快、与CAD通用性好、模架库丰富、自动分型等优点。缺点有：曲面造型功能不够强大；分型功能自动化程度不够高，对结构及形状复杂的制品分型困难；标准零件库需进一步完善等。Solidworks模具设计实例如图4-3c所示。

4) CATIA

CATIA软件是法国达索系统公司开发的三维CAD软件，具有创成式和自由风格造型、汽车A级曲面、自由风格草图绘制、数字曲面编辑器、快速曲面重构、汽车车身紧固等模块。

CATIA软件的模具设计模块是Mold Tooling Design。该模块具有模架组件、脱模组件、固定组件、导向组件、浇注组件、定位组件等功能组件，支持包括动定模固定板定义、组件实例化、注射和冷却特征定义等模具设计的所有工作。其主要优势是曲面造型功能强大，设计流程直观、简单；不足是标准件库不够完善，自动化程度不够高。Mold Tooling Design模具设计实例如图4-3d所示。

5) Delcam PowerSHAPE

Delcam PowerSHAPE软件是由英国Delcam公司开发的三维造型设计系统，具有专业化的塑料模具、冲压模具设计模块和自动电极设计模块。

Delcam PowerSHAPE软件的模具设计模块是Delcam Toolmaker。该模块主要包括自动模具镶嵌块向导、自动模架向导、滑块向导、冷却向导和零部件向导五个模块，具有自动绘图、自动分型、自动型芯、滑块和冷却水道设计的功能。在模具设计上的主要优势是操作方便和自动化程度高，缺点是：与UG等软件的模具设计模块相比，自动化程度不够高；模具设计流程不够简单；模架及标准件库还需进行进一步的开发与完善。Delcam Toolmaker模具设计实例如图4-3e所示。

6) 中望3D

中望3D软件是广州中望龙腾软件股份有限公司开发的三维CAD软件，具有曲面造型、实体建模、模具设计、钣金等功能模块。

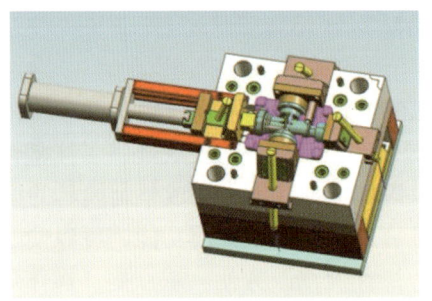
（a）UG MoldWizard模具设计

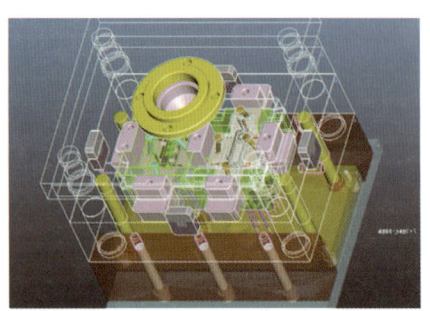
（b）Pro/E MoldDesign模具设计

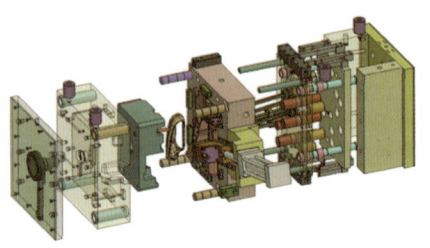
（c）Solidworks IMOLD模具设计

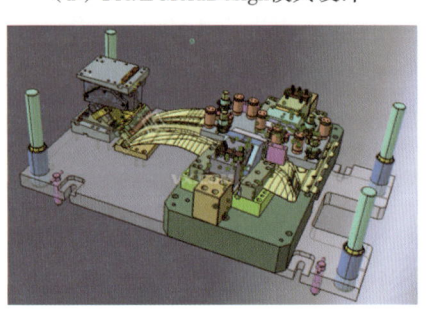
（d）CATIA Mold Tooling Design模具设计

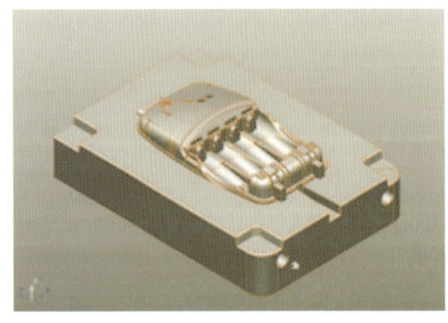
（e）Delcam Toolmaker模具设计

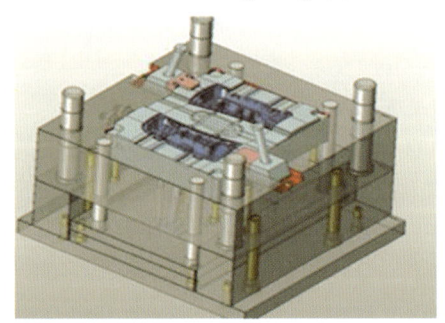
（f）中望3D模具设计

图4-3 三维CAD软件模具设计实例

与其他软件的模具设计模块相比，中望3D模具设计模块的优势是：灵活实现自定义型芯型腔区域分割；可快速创建分型面；具有完整的模架及标准件库；可直接调用塑胶模具常用机构；配备参数化的流道、浇口设计。缺点是自动化程度不够高，设计流程不够简单。中望3D模具设计实例如图4-3f所示。

3. CAE软件

正确的模具设计方法是，CAD设计与CAE模拟仿真交替进行，即先进行初步的CAD设计，然后进行CAE优化设计，不断重复上述过程，直至确定最优的设计方案。用于模具设计的CAE软件根据模具的类型有：

1）注塑模具设计CAE软件

Moldflow软件是美国Autodesk公司旗下的一款注塑成型CAE仿真软件，其主要功能有：结构优化、浇口位置和流道优化、流动分析、冷却模拟、翘曲分析、纤维取向分析、注塑参数优化、气辅工艺模拟、热固性材料注塑模拟等。运用Moldflow软件，能够验证和优化塑料制品、注塑模具结构和注塑成型工艺流程。基于Moldflow软件的注塑成型模流分析如图4-4a所示。

Moldex3D软件是台湾科盛科技股份有限公司开发的一款注塑模流分析软件，广泛应用于塑胶成型制品的模流分析。通过模拟仿真结果来展示壁厚、浇口位置、材料、几何形状变化等因素如何影响可制造性，从而优化塑料制品及其注塑模具设计。

HSCAE软件是华中科技大学材料成形与模具技术国家重点实验室推出的注塑成型CAE软件，可进行冷却模拟分析、应力分析、翘曲分析、气辅分析等模拟分析，用来模拟分析、优化和验证塑料制品及其注塑模具设计。

2）钣金冲压模具CAE软件

Dynaform软件是美国ETA公司和LSTC公司联合开发的、用于板料成型数值模拟与模具设计的专用软件。Dynaform软件几乎涵盖冲压模模面设计的所有要素，包括：确定最佳冲压方向、坯料的设计、工艺补充面的设计、拉延筋的设计、凸凹模圆角设计、冲压速度的设置、压边力的设计、摩擦系数、切边线的求解、压力机吨位等。基于Dynaform软件的钣金成型模拟分析如图4-4b所示。

AutoForm软件是德国AutoForm公司开发的应用于薄板冲压成型仿真领域（尤其是汽车工业）的CAE软件。AutoForm是专门针对汽车工业和金属成型工业中的板料成型而开发的，用于优化工艺方案和进行复杂型面模具设计的有限元分析软件，具有工件设计、模面设计、坯料设计、排样设计、修边设计、工艺优化、管胀模具设计、快速分析、精密分析等模块。

3）压铸模具CAE软件

ProCAST软件是美国UES公司开发的铸造过程模拟软件，可以预测缩孔、裂纹与变形、裹气、冷隔及浇不足、压铸模具寿命等，进而模拟整个压铸过程对压铸成型产品的影响，从而优化模具设计。基于ProCAST软件的压铸成型模流分析如图4-4c所示。

德国MAGMA公司研究开发的MAGMASOFT软件能模拟分析压铸过程的传热和流体的物理行为、凝固过程中的应力及应变、微观组织的形成等，可以准确地预测铸件缺陷。

Flow-3D软件是由美国Flow Science公司研发的三维计算流体动力学和传热分析软件，广泛应用于水力学、金属铸造业、镀膜、航空航天工业、船舶行业、消费产品、微机电系统等领域。

4）挤出、吹塑模具CAE软件

POLYFLOW和FLUENT软件主要用于优化挤出、吹塑等成型模具的设计。由于POLYFLOW公司被FLUENT公司收购，而FLUENT公司又被ANSYS公司收购，故POLYFLOW和FLUENT软件都成了ANSYS公司的产品，均集成在ANSYS软件中。

POLYFLOW软件具有多种多样的黏性模型、内容丰富的黏弹性材料库，专用于黏弹性材料的流动模拟，适用于高分子材料的挤出成型、吹塑成型、层流混合及传热和化学反应问题，可优化挤出、吹塑等成型模具的设计。FLUENT软件在模具设计方面的应用跟POLYFLOW软件差不多。基于POLYFLOW软件的挤出流动分析如图4-4d所示。

5）模具结构有限元分析软件

ANSYS软件是美国ANSYS公司研制的大型通用有限元分析（FEA）软件，是融结构、流体、电场、磁场、声场分析于一体的大型通用有限元分析软件。ANSYS软件的分析类型包括：结构静力与动力学分析、结构动力学分析、结构非线性分析、动力学分析、热分析、电磁场分析、流体动力学分析、声场分析、压电分析等。ANSYS软件在模具设计方面的应用主要是产品及模具的结构应力分析、热分析、成型过程的流体分析等。基于ANSYS软件的模具热分析如图4-4e所示。

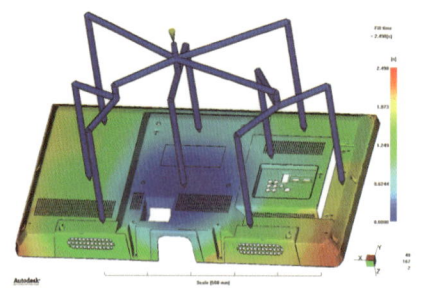

（a）Moldflow注塑成型模流分析

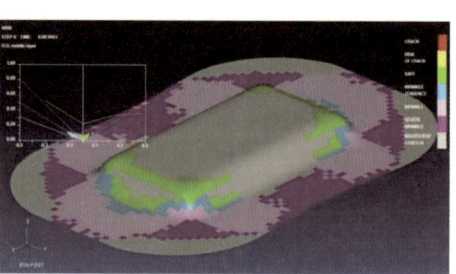

（b）Dynaform钣金成型

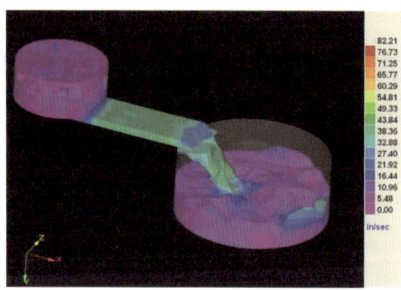

（c）ProCAST压铸成型模流分析

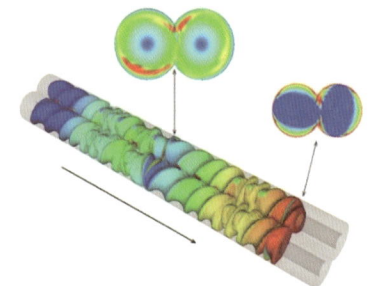

（d）POLYFLOW挤出流动分析

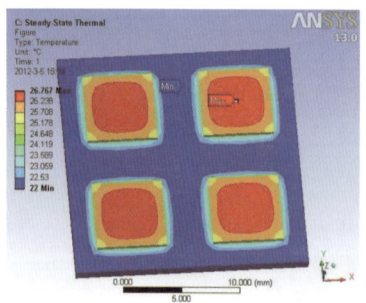

（e）ANSYS模具热分析

图4-4　模具设计CAE软件举例

## 4. 模具设计与机械设计的区别

模具设计属于机械设计的范畴，模具的整体构造设计方法与通用机械设计基本相同。但是，模具是一种专用成型工具，其设计是随制品的形状、尺寸与尺寸精度、表面质量要求以及成型工艺条件的变化而变化的。因此，模具设计又不同于传统的机械设计，它有专业化的特殊要求，具体体现在：

（1）模具是用于批量生产的基础设备，主要用于形体复杂制品的成型加工。
（2）模具的几何设计必须能够完成制品的所有细节结构的描述。
（3）模具的型腔结构，必须有拔模斜度及必要的圆弧过渡，以满足生产工艺的要求。
（4）模具产品设计专业化程度很高。
（5）模具需要专门设计，本身为单件或几件生产，精度要求较高。
（6）模具质量的评判准则由所成型的产品品质来决定。若成型产品的良品率不高，则模具不合格。

#### 4.2.1.4 模具设计技术的发展趋势

现代模具产品制造是典型的单件小批量、离散型生产。提高产品质量和生产效率，缩短模具设计制造周期，最大限度地降低生产成本及满足用户需求，提高模具设计技术在社会进步中的应变能力，是模具工业不断追求的目标，因此，模具设计的发展趋势应该如下：

1. **多集成趋势**

现代模具设计应该打破传统的单一发展模式，应该把技术使用、人力资源和管理技术等都囊括在内，往多集成趋势发展。多集成概念还表现在学科综合方面，模具设计不仅要用到最基础的机械科学与模具设计理论，而且还会用到热学、电磁学、光学以及控制理论等学科。

2. **智能化趋势**

从产品设计到模具设计，再到中间的模具制造，最后到产品的成型，每个环节都将走向智能化。另外，模具设计者以及实际操作者，也将会在科学理论的指导下，实现人与工具系统的有机密切配合。

3. **网络化趋势**

模具设计常用软件都是需要通过网络上的一些软件技术或者硬件技术实现的。自动化、网络化趋势越来越明显，跨国合作设计模具的成功例子已经屡见不鲜，而且这种趋势越来越明显。

4. **不断更新趋势**

模具设计人员应该用发展的眼光看待同行业的竞争情况，瞄准时代发展的最前沿，不断更新，保持在同行业的竞争力，稳稳立足于机械制造业。

5. **模具软件功能集成化**

模具软件功能集成化要求软件的功能模块比较齐全，同时各功能模块采用同一数据模型或同一数据库，以实现信息的综合管理与共享，从而支持模具设计、制造、装配、检验、测试及生产管理的全过程，达到实现最佳效益的目的。

### 6. 模具设计、分析及制造三维化

传统的二维模具结构设计已越来越不适应现代化生产和集成化技术要求。模具设计、分析、制造的三维化、无纸化要求新一代模具软件以立体的、直观的感觉来设计模具，所采用的三维数字化模型能方便地用于产品结构的CAE分析、模具可制造性评价和数控加工、成型过程模拟及信息的管理与共享。

### 7. 产品数据管理（PDM）

PDM是一门用来管理所有与产品相关信息（包括零件信息、配置、文档、CAD文件、结构、权限信息等）和所有与产品相关过程（包括过程定义和管理）的技术。通过实施PDM，可以提高生产效率，有利于对产品的全生命周期进行管理，加强对于文档、图纸、数据的高效利用，使工作流程规范化。

### 8. 产品生命周期管理（PLM）

PLM是指从人们对产品的需求开始，到产品淘汰报废的全部生命历程。PLM是一种先进的企业信息化思想，它让人们思考在激烈的市场竞争中，如何用最有效的方式和手段来为企业增加收入和降低成本。

## 4.2.2 模具设计市场需求要素分析

通过对广东省模具设计市场情况的调研和分析，工作组运用德尔菲法对模具设计市场需求要素进行问卷调查、统计、整理和分析，初步列出了模具设计的市场需求要素及其评价排序，然后结合模具设计专家在研讨会上所提的意见及形成的共识，得到最终的市场需求要素及排序如表4-8所示。

表4-8 模具设计市场需求要素及排序

| 序号 | 市场需求要素 | 专家评分 | 优先排序 |
|---|---|---|---|
| 1 | 计算机辅助设计 | 10.00 | 1 |
| 2 | 新型模具结构设计<br>（1）热流道模具、T模<br>（2）双色模具、RHCM模具<br>（3）纳米注塑模具、叠层模具等 | 9.65 | 2 |
| 3 | 模具设计之前的工艺分析 | 9.62 | 3 |
| 4 | 模具的数字化设计<br>（1）二维CAD模具设计<br>（2）三维CAD模具设计<br>（3）制件的工艺分析与设计<br>（4）模具型面构造设计 | 9.49 | 4 |

续表4-8

| 序号 | 市场需求要素 | 专家评分 | 优先排序 |
|---|---|---|---|
| 4 | （5）模具整体结构设计<br>（6）模具零件图及装配图设计 | 9.49 | 4 |
| 5 | 先进的模具设计方法<br>（1）标准化设计<br>（2）模块化设计<br>（3）参数化设计<br>（4）智能化设计 | 9.41 | 5 |
| 6 | 使用计算机辅助工程分析软件进行模拟和优化<br>（1）注塑模具CAE<br>（2）钣金冲压模具CAE<br>（3）压铸模具CAE<br>（4）挤出、吹塑模具CAE<br>（5）模具结构有限元分析 | 9.16 | 6 |
| 7 | 型腔模具随形冷却水道的设计与优化 | 8.98 | 7 |
| 8 | 模具设计的自动化智能化 | 8.85 | 8 |
| 9 | 模具设计的产业化 | 8.41 | 9 |

从表4-8中可以看出，广东省模具产业中，采用计算机辅助设计是模具设计的基本需求。在现有模具结构的基础上，开发新型的模具结构，是模具设计人员的创新之处；另外，在模具设计之前，进行制品成型工艺分析，得到DFM（design for manufacturing）分析报告，也是搞好模具设计的前提必备条件。另外，模具的数字化设计及先进的设计方法、使用计算机辅助工程分析软件进行模拟和优化、型腔模具随形冷却水道的设计与优化、模具设计的自动化智能化、模具设计的产业化等，都是我省模具产业中模具设计市场所迫切需要的。通过调研发现，市场上的模具设计工具软件大都是国外的，国产工具软件占比较少，因此，在模具设计工具软件及设计方法方面，我国与国外的差距较大，亟须国内同行加以重视，加大研发投入力度，从而掌握核心技术，赶超世界模具设计先进水平。

## 4.3 模具制造

### 4.3.1 模具制造的现状

模具制造就是指制造模具的过程，指在特定的制造装备和工艺下，直接对原材料进行加工，使之成为具有一定形状和尺寸要求的零件，然后再将这些零件装配成模具的过程，也就是零部件的加工和装配成模具的过程。模具的制造加工方法主要有精密铸造、金属切削加工、电火花加工、电化学加工、激光及其他高能波束加工,以及集两种以上加工方法为一体的复合加工等。数控和计算机技术的不断发展,使它们在模具加工方法中得到了越来越广泛的应用。

模具制造行业属于离散制造业,模具制造的过程非常复杂,具有单件生产、制造质量要求高、形状复杂、材料硬度高等特点。

#### 4.3.1.1 模具制造技术

**1. 特种加工方法**

模具制造业常用的特种加工方法有:电火花加工、激光加工、超声波加工、电子束加工、模具电铸成型等。

1)电火花加工

电火花加工是利用浸在工作液中的两极间脉冲放电时产生的电蚀作用蚀除导电材料的特种加工方法,又称放电加工或电蚀加工。电火花加工主要分为电火花型腔加工和电火花线切割加工。

(1)镜面电火花型腔加工。镜面电火花型腔加工在模具产业用途非常广泛,尤其在手机、汽车等塑料模具上。随着加工精度、粗糙度的要求越来越高,镜面火花机的需求很大。镜面火花机的优势:放电加工控制系统可实现选配四轴四联动或者五轴五联动。实现机床加工的高精度(重复定位精度$\leqslant 2\mu m$)、高效率($\geqslant 500mm/min$)、优秀表面粗糙度($Ra\leqslant 0.1\mu m$)、低电极损耗率($\leqslant 0.1\%$)、任意轴向的抬刀和伺服放电加工和复杂的四轴四联动加工。

(2)电火花线切割加工。线切割加工是利用移动的细金属丝作工具电极,按预定的轨迹进行脉冲放电切割。按金属丝电极移动的速度大小分为高速走丝和低速走丝线切割。高速走丝时,金属丝电极是直径为$\Phi 0.02 \sim \Phi 0.3mm$的高强度钼丝,往复运动速度为$8 \sim 10m/s$。低速走丝时,多采用铜丝,线电极以小于$0.2m/s$的速度作单方向低速运动。线切割时,电极丝不断移动,其损耗很小,因而加工精度较高,其平均加工精度可达$0.01mm$,大大高于电火花成型加工。慢走丝精度能达到$0.5\mu m$,表面粗糙度能达到$0.2\mu m$。快走丝精度能达到$20\mu m$,表面粗糙度能达到$3.2\mu m$。

目前,电火花线切割广泛用于加工各种冲裁模(冲孔和落料用)、样板以及各种形状复杂型孔、型面和窄缝等。

2)激光加工

激光加工是利用能量密度很高的激光束照射工件的被加工部位,使工件材料瞬间熔化或蒸发,并在冲击波作用下,将熔融的物质喷射出去,从而对工件进行去除加工,或采用能量密度较小的激光束,使加工部位材料熔融黏合,对工件进行焊接的方法。模具产业中经常使用激光加工,尤其是在模具制造和模具修复方面使用最多,常见的应用有激光蚀刻、激光打孔、激光切割、激光焊接和激光淬火等。

激光表面强化技术的应用方式主要有两种:一是模具表面激光淬火硬化,二是模具表面局部损伤部位的激光熔焊修复。

3）超声波加工

超声波是指频率超过人耳频率上限的一种振动波，通常频率在16kHz以上的振动声波就属于超声波。超声波加工是利用超声波作为动力，带动工具作超声振动，通过工具与工件之间加入的磨料悬浮液冲击工件表面进行加工的一种成型方法。

为了提高模具型腔面质量和降低表面粗糙度值，以及提高生产率，减少工具的损耗，采用超声波——电化学抛光相结合加工技术，抛光模具型腔面，可收到良好的效果。

4）电子束加工

电子束加工是在真空条件下，利用电子枪中产生的电子，经加速、聚焦，形成高能量大密度的细电子束以轰击工件被加工部位，使该部位的材料熔化和蒸发，从而进行加工，或利用电子束照射引起的化学变化而进行加工的方法。

目前，在模具表面处理上，喷丸、挤孔、表面硬化处理等工艺应用很普遍，而将电子束发散成均匀光斑，并加以脉冲电压，用于模具的表面抛光处理，是一种模具表面处理的新工艺。

5）模具电铸成型

电铸成型是利用电化学过程中的阴极沉积现象来进行成型加工，主要用于注塑模具的加工。注塑模具的电铸成型是将与型腔相吻合的母模作为阴极置于镀槽中，再把想要电铸的金属作为阳离子置于镀槽中，然后通入直流电，此时阳极的金属板即会逐渐变为金属离子进入电解液中，并向作为阴极的母模上沉积，通过一段时间的通电后，在母模上会沉积有适当厚度的金属层，即电铸层。电铸工艺具有极高的复制精度，能精确地复制出金属型腔。

**2. 数控加工技术**

1）模具的数控加工

模具作为成型制品的母模，其制造精度要大大高于其成型制品的精度。组成模具的大部分零件一般要求具有较高的加工精度，且模具一般具有复杂的成型表面。这些表面采用传统的加工方法加工，不仅加工效率低，而且难以达到加工精度的要求。数控加工是模具零件加工的主要方法，如数控车削加工、数控铣削加工、数控线切割加工、数控电火花加工等。

（1）数控车削加工。数控车削可用于顶杆、顶针、导柱、导套等轴类零件的加工，还可用于回转体模具的加工，如外圆体、内圆盆类的注塑模具，轴类、盘类零件的锻模，冲压模具的冲头等。

（2）数控铣削加工。数控铣削可用于外形轮廓较为复杂或者带有三维曲面型面的模具加工，如注塑模具的型芯型腔等。

（3）数控线切割加工。数控线切割可对各种直壁模具零件或者一些形状复杂、材料特殊以及带有异型通槽的模具零件进行加工。

（4）数控电火花加工。数控电火花加工可用于微细复杂形状、特殊材料、镶拼型腔及嵌件、带异型槽的模具加工。

（5）数控加工中心加工。数控加工中心根据加工轴数可分为三轴、四轴和五轴等数控加工中心，其中，五轴数控加工中心可以加工高精度、复杂曲面的模具零件。目前，在模具加工中，五轴数控加工中心应用较为广泛。

2）国内外数控系统

国内外有名的数控系统有：发那科（FANUC）、马扎克（MAZAK）、三菱（MITSUBISHI）、西门子（SIMENS）、发格（FAGOR）、西曼斯（CMS）、华中数控（HSK）、广州数控（GSK）、宝元（LNC）、新代（SYNTEC）等，如表4-9所示。

表4-9 国内外有名的数控系统

| 序号 | 国家及地区 | 数控系统 | | 主要特点 |
| --- | --- | --- | --- | --- |
| 1 | 日本 | FANUC | 发那科 | 采用模块化结构；采用专用LSI；应用范围广，适用于多种机床；采用新工艺、新技术；CNC装置体积减小，采用面板装配式、内装式PMC等 |
| 2 | | MAZAK | 马扎克 | 编程及修改简单；具有自动设定功能和切削条件学习功能；刀具通过刀具名称直接输入功能管理；可利用刀库自动分配功能确定工位等 |
| 3 | | MITSUBISHI | 三菱 | 系统配置即固定又灵活；编程简单；备有可自由选择、丰富的品种；高速运算；使用于多种特殊用途；外部机器通信简单化；支持多种语言等 |
| 4 | 德国 | SIMENS | 西门子 | 具有最优速度控制；加工方便、快捷；快速安装；数据处理快速；具有在线诊断功能和方便易行的快捷调试工具等 |
| 5 | 西班牙 | FAGOR | 发格 | 编程简单；操作简单、直观；具备交互式编程功能；适用单件加工及批量加工；支持多种语言等 |
| 6 | 中国大陆 | HSK | 华中数控 | 二次开发容易，易于系统维护和更新换代、可靠性好；可实现高速、高效和高精度的复杂曲面加工过程图形动态跟踪功能，图形显示形象直观等 |
| 7 | | GSK | 广州数控 | 高精度加工；高速加工；具有高速DNC功能和丰富的控制功能；PLC功能强大；控制单元尺寸小，显示单元薄等 |
| 8 | 中国台湾 | LNC | 宝元 | 编程简单；运算速度快；精度高；PLC功能强大；加工方便；支持多种语言等 |
| 9 | | SYNTEC | 新代 | 操作简单、直观，编程容易；运算速度快，加工精度高；支持多种语言等 |

目前，普及型、中、高档数控系统的国内市场完全被外国公司垄断，国外一些知名厂

家采用技术封锁和低价倾销的双重策略，利用其先进的技术和产品以及灵活多样的促销手段抢占中国市场。但国外系统存在如下弊端：

（1）不方便及时维修及高昂的维修费用，不便于系统的更新。

（2）难于进行二次开发。由于国外厂家技术封锁，国外系统难于做二次开发，而许多用户要求系统的开放性，以便根据实际情况扩展功能。

（3）在低端市场，有的价格较国内的昂贵，性价比低。

随着国内数控系统公司不断地科研创新，在高端市场也取得了跨越式的进展。目前，我国的数控系统与国外相比虽有一定的差距，但差距正在不断缩小，一些国内的数控厂商，如广州数控、凯恩帝、华中数控等，正在积极发展自己的核心技术。

### 3. 柔性制造技术

1）柔性制造单元

柔性制造单元（FMC）由一台或数台数控机床或加工中心构成的加工单元。该单元根据需要可以自动更换刀具和夹具，加工不同的工件。FMC实际上是数控加工中心的扩展。FMC主要有以下三大类型：

（1）托板存储库式FMC。这种柔性制造单元由加工中心和托板存储系统组成，主要用来加工非回转体零件，托板的选定和定位由PLC进行控制。

（2）机器人搬运式FMC。这种FMC由加工中心、数控机床、机器人和工件传输系统等组成，有些单元还包括检测设备和清洗设备等。

（3）可换主轴箱式FMC。这种FMC以多轴加工为主，适于工件品种不多的中、大批量的生产。加工设备一般是可更换主轴箱的组合机床，单元内设有主轴库及其运输交换装置。工件通过托板交换装置从外部系统进入单元，送上圆形回转工作台夹紧，然后由两侧装有相应主轴箱的动力头驱动加工。

2）柔性制造系统

柔性制造系统（FMS），一般由数台加工中心、工业机器人和自动制导小车（AGV）等组成，由后台计算机统一控制，是一种能适应加工对象变换的自动化机械制造系统。

柔性制造系统的优势有：

（1）设备利用率高。一组机床编入柔性制造系统后，产量比这组机床在分散单机作业时的产量提高数倍。

（2）在制品减少80%左右。

（3）生产能力相对稳定。自动加工系统由一台或多台机床组成，发生故障时，有降级运转的能力，物料传送系统也有自行绕过故障机床的能力。

（4）产品质量高。零件在加工过程中，装卸一次完成，加工精度高，加工形式稳定。

（5）运行灵活。有些柔性制造系统的检验、装卡和维护工作可在第一班完成，第二、第三班可在无人照看下正常生产。在理想的柔性制造系统中，其监控系统还能处理诸如刀具的磨损调换、物流的堵塞疏通等运行过程中不可预料的问题。

（6）产品应变能力大。刀具、夹具及物料运输装置具有可调性，且系统平面布置合理，便于增减设备，满足市场需要。

（7）经济效果显著。采用FMS的主要技术经济效果是：能按装配作业配套需要，及时安排所需零件的加工，实现及时生产，从而减少毛坯和在制品的库存量，及相应的流动资金占用量，缩短生产周期；提高设备的利用率，减少设备数量和厂房面积；减少直接劳动力，在少人看管条件下可实现连续无人化生产；提高产品质量的一致性。

### 4. 快速制模技术

与传统模具加工技术相比，快速制模技术具有制模周期短、成本较低的特点，精度和寿命又能满足生产需求，是综合经济效益比较显著的制造技术。

1）3D打印技术

3D打印属于增材制造（additive manufacturing，AM）技术，是集计算机技术、激光技术、数控技术及材料科学技术等于一体的新型制造技术。这项技术突破了传统制造工艺的概念，采用"分层制造，层层叠加"的制造原理，将所设计的三维数字产品模型输入到3D打印设备，就可以打印出相应的三维物体。因此，该技术也称为快速原型技术，这对于验证产品的设计、外观性能测试、新产品开发、概念产品模型的制作等带来了极高的效率。

3D打印技术包括激光立体光刻成型（SLA）、分层物体制造（LOM）、选择性激光熔化（SLM）、熔融沉积成型（FDM）等多种成型工艺。3D打印制造模具实例如图4-5所示。

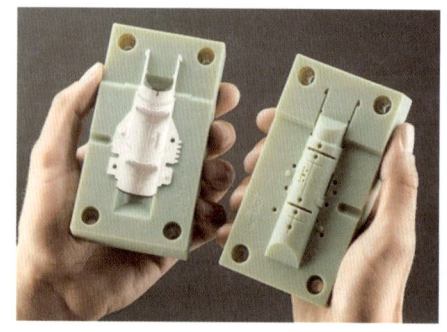 

（a）3D打印塑件与硅胶模具　　　　（b）3D打印金属模具嵌件

图4-5　3D打印制造模具实例

2）表面成型制模技术

表面成型制模技术是指利用喷涂、电铸和化学腐蚀等新的工艺方式形成型腔表面及精细花纹的一种工艺技术。

3）浇铸成型制模技术

浇铸成型制模技术主要有铋锡合金制模技术、锌基合金制模技术、树脂复合成型技术及硅橡胶制模技术等。

4）冷挤压及超塑成型制模技术

冷挤压制模是制造模具型腔的一种加工方法，它不需要切削加工，只要将坚硬的原模或阳模用强压力冷压入较软而且富有塑性的材料内，形成所需的型腔。经冷挤压加工而成的型腔表面，一般比较光滑，可显著缩短挤压后的加工过程。用冷挤压、冷滚压加工方法加工复杂型腔或型面的新工艺，由于效率高、质量好，已应用于制造塑料、压铸、热锻、精压、冷镦、冷冲、螺纹滚压等各种模具。

5）无模多点成型技术

无模多点成型，就是将多点成型技术和计算机技术结合为一体的先进制造技术。该技术利用一系列规则排列的、高度可调的基本体，通过对各基本体运动的实时控制，自由地构造出成型面，实现板材的三维曲面成型。

6）随形冷却技术

在注塑模具中，冷却水道可以设计成复杂的异形，管道直径可以不断变化，根据冷却要求，横截面也可以是椭圆形或者方形。使用正确的计算和冷却分析可以极大地优化模具冷却方式，从而缩短注塑成型周期，提高制件质量。随形冷却水道的制造工艺，现在常采用选择性激光熔化（SLM）技术。具有随形冷却水道的注塑模具实例如图4-6所示。

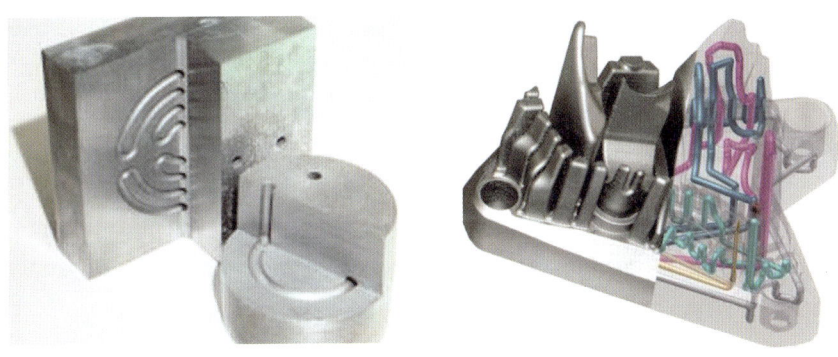

图4-6 具有随形冷却水道的注塑模具实例

### 4.3.1.2 模具制造相关软件

#### 1. CAM软件

目前，常用的CAM软件有：UGNX、HyperMILL、ProCAM、MasterCAM、Surfcam、PowerMILL、Cimtron、SolidCAM、WorkNC、CAXA、SINOVATION、中望CAM、精雕CAM等。

1）国外CAM软件

（1）UGNX。UGNX是德国西门子公司拥有的具有强大造型功能和数控编程功能的软件。该软件曲面造型功能强大，具有完善的系统库，适合用来设计模具和数控编程。

（2）HyperMILL。HyperMILL是德国OPENMIND公司的CAM产品，具有用户界面友好、适合五轴联动加工、后处理方便、干涉检查全面、加工策略丰富、渲染逼真等特点。

（3）ProCAM。ProCAM是美国Geometric（TekSoft）公司的产品。适用于数控钣金加工、加工中心、激光等离子、数控车铣等众多加工方式集成化的数控自动编程软件，是中国国内钣金数控加工编程软件中应用较为普及的CAM软件。

（4）MasterCAM。MasterCAM是美国CNC Software Inc公司开发的基于PC平台的CAM软件，它集二维绘图、三维实体造型、曲面设计、体素拼合、数控编程、刀具路径模拟及真实感模拟等多种功能于一身。

（5）Surfcam。Surfcam是美国加州Surfware公司开发的产品，是基于Windows的数控编程系统，附有全新透视图基底的自动化彩色编辑功能，可迅速而又简捷地将一个模型分解为型芯和型腔，从而节省复杂零件的编程时间。

（6）PowerMILL。PowerMILL是英国Delcam公司开发的一款高度智能化的CAM软件系统，具有基于知识和工艺特征的多种独有加工方式，以及全程防过切、适用于高速加工等功能，可进行五轴加工编程。

（7）Cimatron。Cimatron是以色列Cimatron公司旗下的产品，具有模具设计、NC编程与加工、三轴加工、残料加工、插铣、高速铣削、智能NC等功能。

（8）SolidCAM。SolidCAM是以色列SolidCAM公司的产品，具有2.5轴铣削、3轴铣削、多面体4/5轴定位铣削、高速铣削（HSM）、5轴联动铣削、车削和高达5轴的车铣复合加工、线切割等编程模块。

（9）WorkNC。WorkNC是法国Sescoi公司研制开发的面向模具等加工行业的CAM软件系统，具有操作简单、可靠性高、高精高效、知识与经验共享等特点。

2）国产CAM软件

（1）CAXA。CAXA是北京数码大方科技有限公司自主研发的软件，其数控加工模块具有加工多样化（2~5轴）、高速加工、参数化轨迹编辑及轨迹批处理、独具特色的加工仿真与代码验证、加工工艺控制等特点。

（2）SINOVATION。SINOVATION是山东山大华天软件有限公司的产品，具有特征造型、CAM加工、冲压模具设计、注塑模具设计、冲压工艺设计等功能模块，其中，CAM加工模块支持二轴、三轴、五轴数控铣加工，具有强大的路径编辑功能和参数化的通用后处理工具。

（3）中望CAM。中望CAM是广州中望龙腾软件股份有限公司研发的产品，包含粗加工、精加工、螺纹加工、槽加工、端面加工、钻削加工、切断加工等加工方式，具有工艺管理方便、加工刀路合理、操作简单、支持5轴加工等特点。

（4）精雕CAM。精雕CAM是北京精雕集团多年来一直致力研制开发的、具有自主知识版权的、功能强大的专业雕刻CAM软件。它满足了传统模具、产品、鞋模、多轴加工等行业的编程需求，在编程高效性、安全性、易学易用性上具有独特的优势，它是精雕CNC数控雕刻系统正常运行的保证。

### 2. 模具生产管理软件

模具企业中常用的生产管理软件是企业资源规划（ERP），该软件是由美国Gartner Group公司于1990年提出的。近年来，模具企业发展十分迅速，模具生产经营规模日益扩大，而要使经营、设计、生产、管理等各方面适应企业的快速发展，必须运用信息化这一现代化的管理技术，加强企业的物流、信息流和人的集成，使工厂的经营决策、产品设计、生产管理、财务控制等各方面的水平再上一个台阶。

针对模具企业的需求出发，整合企业内部产品规划与设计、生产计划与制造、应用与销售、财务管理等各类资源，开展CAD、PDM、ERP等各类单元信息技术的集成应用，实现制造企业内部的集成和协同，有利于模具企业的ERP系统进一步地研究与应用。下面介绍几款模具产业常用的ERP软件。

1）SAP

SAP由德国SAP公司研发，是一个基于客户/服务器结构和开放系统的、集成的ERP系统，功能覆盖企业的财务、后勤、人力资源管理、业务工作流等各个方面，具有功能性、灵活性、开放性、用户界面友好、模块化、可靠、低成本、高效益、多语言支持等特点，广泛应用于模具产业。

2）EMAN

EMAN是武汉益模软件科技股份有限公司开发的、针对模具制造业的生产特点和生产过程量身定做的、面向模具企业的信息化管理系统。该系统以模具生产过程的管理为核心，以保证质量、降低成本和缩短模具生产周期为目标，通过简单的操作就可使模具企业的相关人员完成模具生产过程的有效管理。

3）方天MoldERP

方天MoldERP是台湾方天软件科技股份有限公司研发的ERP软件，该软件具有模具设计系统、模具制造执行系统（manufacturing execution system，MES）、模具项目管理系统、模具自动排程系统、模具车间执行系统、模具外发加工管理、模具品质检测系统、模具财务管理系统等模块，以模具制造过程为管理核心，以降低开模成本、缩短开模周期、保证开模质量为目标，通过简单易用的操作完成对模具生产过程的有效管理。

4）Team-link MES

Team-link MES是由深圳市世纪天扬科技有限公司开发的一款模具精益生产管理系统，具有模具档案集中管理、模具领还统一控制、模具寿命自动累计、模具位置标识归位、模具保养自动提醒等特点，能够节省生产备模时间，提高模具状态的准确性，降低误用坏模、停用待修理模具的现象，提高生产率。

5）TOP-THINK杰纳斯ERP软件

TOP-THINK软件是由深圳市杰纳斯科技有限公司开发的一款企业ERP软件，主要服务于注塑、吹塑、冲压、组装、线材、医药等量产行业。

#### 4.3.1.3 模具夹具

在模具制造过程中，所用到的夹具主要有：标准件加工用夹具、成型件等非标准件加工用夹具和电极加工用夹具等，其中，标准件加工用夹具与一般机械零件加工用夹具相同。模具企业常用的夹具品牌有以下几种。

**1. 3R夹具**

3R夹具是瑞典System3R公司的产品，具有简单易用、方便快捷、可在机外检测、节省时间、工作效率及产品质量高、节约成本、电极可随时下机检测修改、二次上机不影响精度、重复定位精度高等特点。

### 2. 米思米夹具

米思米夹具是日本米思米集团的产品，具有安装拆卸方便、安装精度高、重复定位精度高、工作效率高等特点，广泛应用于模具制造行业。

### 3. Hainbuch夹具

Hainbuch夹具是德国Hainbuch公司的产品，具有安装拆卸方便、精度高、更换便捷快速、环保、强度高、外观优美等特点，广泛应用于车床夹具。

### 4. Roehm夹具

Roehm夹具是德国Roehm GmbH（罗姆）公司的产品，主要包括：Roehm卡盘、Roehm阀、Roehm钳、Roehm锁紧套、Roehm夹具等。Roehm夹具具有安装拆卸方便、安装及重复定位精度高、强度高等特点。

### 5. EROWA夹具

EROWA夹具是瑞士EROWA公司的产品，具有简单易用、安装拆卸方便、重复定位精度高、可机外检测、设备利用率高等特点。

#### 4.3.1.4 各品牌机床

模具制造用到的机床主要有数控车床、数控铣床、加工中心、电火花、线切割、磨床、锯床、钻床、激光加工设备等。

据行业初步调查，目前，在模具产业用得比较多的机床品牌如表4-10所示。

表4-10 模具产业常用的机床品牌

| 序号 | 国家及地区 | 品牌 | 机床 |
|---|---|---|---|
| 1 | 日本 | 沙迪克 | 慢走丝、电火花 |
| | | 牧野 | CNC加工中心、电火花、慢走丝 |
| | | 马扎克、东芝、OKK、法兰克、大隈、安田 | CNC加工中心 |
| | | 森精机 | CNC加工中心、磨床 |
| | | 三菱 | CNC加工中心、数控线切割 |
| | | 兄弟 | CNC加工中心、雕刻机 |
| | | 大韩 | 火花机 |
| 2 | 德国 | 德玛吉、罗德斯 | CNC加工中心 |
| | | 通快 | 激光切割机床 |
| | | EOS、ConceptLaser | 金属3D打印机 |
| 3 | 美国 | 马格 | 车床、铣床、磨床 |

续表4-10

| 序号 | 国家及地区 | 品牌 | 机床 |
|---|---|---|---|
| 3 | 美国 | 哈斯 | CNC加工中心 |
| | | 哈挺 | CNC加工中心、车床、磨床 |
| 4 | 瑞士 | 夏米尔 | CNC加工中心、慢走丝、电火花 |
| | | 斯图特 | CNC加工中心、磨床 |
| | | 米克朗 | CNC加工中心 |
| 5 | 意大利 | 普瑞玛 | 激光切割机床 |
| | | 科茂、菲迪亚 | CNC加工中心 |
| 6 | 中国大陆 | 沈阳机床、大连机床 | CNC加工中心、车床、铣床、镗床、钻床 |
| | | 汉川机床 | CNC加工中心、线切割、车床、钻床 |
| | | 日鑫科技 | CNC加工中心、高速雕铣机、日鑫火花机 |
| | | 北京第一机床、广州机床、宝鸡机床 | CNC加工中心 |
| | | 桂林第一机床、昆明机床、杭州机床 | 刨床、车床、磨床 |
| | | 捷甬达 | 数控铣床 |
| | | 精准、环球、沃达 | 钻床 |
| | | 北京精雕 | 精雕机 |
| | | 大族 | 激光雕刻机 |
| | | 科挺 | 切削雕刻机 |
| | | 泰州机床、特略、联高、宝玛、苏三光、海曙长光、雄峰 | 数控线切割 |
| | | 群基 | 火花机、雕铣机 |
| | | 汉霸 | 火花机 |
| 7 | 中国台湾 | 兆群、永进、高峰、友佳、亚威、台中、大立 | CNC加工中心 |
| | | 台群 | CNC加工中心、高速精雕机 |
| | | 台一 | CNC加工中心、慢走丝、电火花 |
| | | 快捷、正通、油机 | 车床、铣床 |
| | | 冈本、旺磐 | 磨床 |

#### 4.3.1.5 模具制造未来发展趋势

**1. 模具CAM发展趋势**

1）模具软件功能集成化

模具软件功能的集成化要求软件的功能模块比较齐全，同时各功能模块采用同一数据模型，以实现信息的综合与共享，从而支持模具设计、制造、装配、检验、测试及生产的全过程，达到实现最佳效益的目的。

2）模具设计、分析及制作的三维化

传统的二维模具结构设计已越来越不适应现代化生产和集成化技术要求。模具设计、分析、制作的三维化、无纸化要求新一代模具软件以立体的、直观的感觉来设计模具，所采用的三维数字化模型能方便地用于产品结构的CAE分析、模具制作性能评价和数控加工、成型过程模拟及信息共享。如Pro/E、UG和CATIA等软件具备参数化、基于特征、全相关等特点，从而使模具并行工程成为可能。面向制造、基于知识的智能化功能是衡量模具软件先进性和实用性的重要标志之一。

3）模具软件应用的网络化趋势

随着模具企业在竞争、合作、生产等方面的全球化、国际化，以及计算机软硬件技术的迅速发展，网络使得在模具产业应用虚拟设计、敏捷制造技术既有必要，也有可能。

**2. 模具加工设备发展趋势**

1）电火花加工

电火花加工机床应朝着智能化、自动化、高效化、精密化的方向发展，如高精度的镜面电火花机床、高效率的双头电火花机床等。

（1）镜面电火花机床。镜面电火花机床主要应用于复杂模具型腔，尤其是不便于进行抛光作业的复杂曲面的精密加工，可以省去手工抛光工序，提高模具零件的使用性能，对缩短模具制造周期具有十分重要的实际意义。

（2）双头电火花机床。双头电火花机床也叫牛头式电火花机床，主要是指由2个主轴头配2个控制电源构成的机床，加工大型模具时的效率是单头火花机的2倍以上，广泛应用于空调、冰箱、电视机、汽车等精密模具的加工。

2）激光加工设备

在模具制造中，更高精度、更高效率的激光抛光机和五轴联动激光加工机床已成为激光加工设备的发展趋势。

（1）激光抛光机。激光抛光是用一定能量密度和波长的激光束辐照特定工件，使其表面的薄层物质熔化或蒸发而获得光滑表面，可用于传统抛光方法很难或不能抛光的、具有复杂形貌的模具表面的加工。

（2）五轴联动激光加工机床。五轴联动激光加工机床是多轴激光微加工系统，能够以超高精度大量加工各种模具零部件，满足高精度激光切割、激光钻孔、激光雕刻、激光焊接、激光烧蚀、激光皮纹加工等多种工作。

3）高速铣削机床

高速铣削加工具有工件温升低、切削力小、加工平稳、加工质量好、加工效率高及可加工硬度材料等诸多优点，因而在模具加工中日益受到重视。高速铣削机床一般主要用于大、中型模具加工，如汽车覆盖件模具、压铸模、大型塑料模具等曲面加工，其曲面加工精度可达0.01mm。

4）金属3D打印机

随着3D打印技术的发展，金属3D打印机逐渐应用于注塑模具随形冷却水路嵌件的加工、模具及其零部件的加工制造及修复等。例如，DMT MX—250金属3D打印机可用于随形冷却水路的复合制造，EOSINT M400激光烧结3D打印机可用于批量生产模具、金属零部件以及快速成型件的直接金属熔化成型。

5）柔性制造单元及系统

柔性制造单元及系统应朝多功能方向发展，如由单纯加工型的柔性制造系统进一步开发以焊接、装配、检验及钣材加工乃至铸、锻等制造工序兼具的多种功能柔性制造系统。

6）高速、高精加工技术及装备

在加工精度方面，近十年来，普通级数控机床的加工精度已由10μm提高到5μm，精密级加工中心则从3～5μm提高到1～1.5μm，并且超精密加工精度已开始进入纳米级（0.01μm）。在可靠性方面，国外数控装置的MTBF值已达6000h以上，伺服系统的MTBF值达到30000h以上，表现出非常高的可靠性。为了实现高速、高精加工，与之配套的功能部件如电主轴、直线电机得到了快速的发展，应用领域进一步扩大。

7）五轴联动加工和复合加工机床

采用五轴联动对三维曲面零件的加工，可用刀具最佳几何形状进行切削，不仅光洁度高，而且效率也大幅度提高。一般认为，1台五轴联动机床的效率可以等于2台三轴联动机床。但过去因五轴联动数控系统、主机结构复杂等原因，其价格要比三轴联动数控机床高出数倍，加之编程技术难度较大，制约了五轴联动机床的发展。当前由于电主轴的出现，使得实现五轴联动加工的复合主轴头结构大为简化，其制造难度和成本大幅度降低，数控系统的价格差距缩小。因此，促进了复合主轴头类型五轴联动机床和复合加工机床的发展。

**3. 数控系统的发展趋势**

1）智能化、开放式、网络化成为当代数控系统发展的主要趋势

21世纪的数控装备将是具有一定智能化的系统，智能化的内容包括在数控系统中的各个方面：为追求加工效率和加工质量方面的智能化，如加工过程的自适应控制，工艺参数自动生成；为提高驱动性能及使用连接方便的智能化，如前馈控制、电机参数的自适应运算、自动识别负载、自动选定模型、自整定等；简化编程、简化操作方面的智能化，如智能化的自动编程、智能化的人机界面等；还有智能诊断、智能监控方面的内容、方便系统的诊断及维修等。

2）重视新技术标准、规范的建立

（1）关于数控系统设计开发规范。开放式数控系统有更好的通用性、柔性、适应性

和扩展性，美国、欧共体和日本等国纷纷实施战略发展计划，并进行开放式体系结构数控系统规范（OMAC、OSACA、OSEC）的研究和制定，世界3个最大的经济体在短期内进行了几乎相同的科学计划和规范的制定，预示了数控技术的一个新的变革时期的来临。我国也开始进行中国的ONC数控系统的规范框架的研究和制定。

（2）关于数控标准。数控标准是制造业信息化发展的一种趋势。数控技术诞生后的50年间的信息交换都是基于ISO6983标准，即采用G、M代码描述如何加工，其本质特征是面向加工过程，显然，它已越来越不能满足现代数控技术高速发展的需要。为此，国际上正在研究和制定一种新的CNC系统标准ISO14649（STEP-NC），其目的是提供一种不依赖于具体系统的中性机制，能够描述产品整个生命周期内的统一数据模型，从而实现整个制造过程，乃至各个工业领域产品信息的标准化。

### 4.3.2 模具制造市场需求要素分析

通过对广东省模具制造市场情况的调研和分析，工作组共提炼出27个市场需求要素，如表4-11所示。

表4-11 模具制造市场的市场需求要素

| | 市场需求要素 |
|---|---|
| 机床设备与加工技术 | 1. 数字化、智能化数控加工技术与设备<br>（1）高速铣削机床<br>（2）多轴数控加工中心<br>（3）石墨电极加工技术与设备<br>（4）高速、高精加工技术及装备<br>（5）多轴联动加工和复合加工机床<br>2. 特种加工技术与设备<br>（1）多轴联动镜面电火花型腔加工机床<br>（2）高精度的镜面电火花机床<br>（3）高效率的双头电火花机床<br>（4）激光表面皮纹加工设备<br>（5）激光表面强化处理设备<br>（6）超声波电化学抛光加工设备<br>（7）电子束模具表面抛光处理设备<br>（8）适于模具的金属3D打印设备<br>3. 快速制模技术<br>（1）3D打印技术<br>（2）表面成型制模技术<br>（3）浇铸成型制模技术<br>（4）冷挤压及超塑成形制模技术 |

续表4-11

| | 市场需求要素 |
|---|---|
| 机床设备与加工技术 | （5）无模多点成型技术<br>（6）随形冷却技术<br>4. 柔性制造技术<br>（1）柔性制造单元<br>（2）柔性制造系统<br>5. 模具的智能制造技术<br>6. 国产机床的品质提升 |
| 数控系统与CAM | 1. 国产普及型、中高档数控系统需求<br>2. 国外中高档数控系统需求<br>3. 高精度高速度智能化高档数控系统<br>4. 加工刀具路径快速生成与优化<br>5. 复杂模具型面五轴数控加工编程<br>6. 模具制造车间的排产优化<br>7. 模具制造CAM软件功能集成化<br>8. 模具软件应用的网络化<br>9. 模具设计、分析及制作的三维化<br>10. 面向制造、基于知识的加工软件智能化 |
| 夹具 | 1. 标准件加工用夹具<br>2. 成型件等非标准件加工用夹具<br>3. 电极加工用夹具<br>4. 标准夹具<br>5. 夹具的自动化安装与检测 |
| 信息化 | 1. 模具制造生产车间管理系统<br>2. 模具制造MES系统的应用<br>3. 模具企业ERP系统的应用<br>4. 模具企业内部信息的集成和协同<br>5. 模具企业各类单元信息技术的集成应用<br>6. 基于互联网的模具行业规模化生产 |

工作组运用德尔菲法对模具制造市场需求要素进行问卷调查、统计、整理和分析，初步列出了模具制造的市场需求要素及其评价排序，然后结合模具制造专家在研讨会上所提的意见及形成的共识，得到最终的十大市场需求要素及排序如表4-12所示。

表4-12 模具制造的市场需求要素及排序

| 序号 | 市场需求要素 | 专家评分 | 优先排序 |
| --- | --- | --- | --- |
| 1 | 数字化、智能化数控加工技术与设备 | 10.00 | 1 |
| 2 | 模具制造生产车间管理系统 | 9.75 | 2 |
| 3 | 标准夹具 | 9.70 | 3 |
| 4 | 柔性制造技术 | 9.61 | 4 |
| 5 | 模具的智能制造技术 | 9.37 | 5 |
| 6 | 模具制造CAM软件功能集成化 | 9.31 | 6 |
| 7 | 面向制造、基于知识的加工软件智能化 | 9.13 | 7 |
| 8 | 夹具的自动化安装与检测 | 9.08 | 8 |
| 9 | 高精度高速度智能化高档数控系统 | 8.93 | 9 |
| 10 | 模具企业内部信息的集成和协同 | 8.78 | 10 |

从表4-12中可以看出，专家们高度认同的市场需求要素"数字化、智能化数控加工技术与设备"，这表明模具制造市场上，加工技术及加工设备对模具制造的重要性，它决定了模具制造的效率和精度，也是模具企业加工质量的保证基石。工作组在模具企业调研时，企业人员最热衷、最有底气的就是带大家参观公司先进、精度高的加工设备，这也是他们保证模具质量、吸引客户的家底。随着全球制造的数字化、智能化技术的不断提高，模具产业对模具的智能化制造要求也不断提高，因此，模具制造版块的上述十大市场需求要素基本上都是围绕模具的数字化、自动化、信息化和智能化加工，这也是模具制造市场上真实需求的写照。

## 4.4 模具检测

### 4.4.1 模具检测的现状

当代模具制造行业发展迅速，市场竞争也日益激烈。在加工周期要求缩短、成本要求降低的情况下，精度要求不降反升。因此，企业在资金允许的情况下，除了尽量提升加工设备的生产能力外，高效的质量控制手段成为模具制造企业在竞争中胜出的关键，也是后续模具装配达到"只装不配"水平的关键。

模具的检测项目大体划分为五大类，如表4-13所示。

表4-13 模具的检测项目

| 序号 | 检测大类 | 具体检测内容 |
|---|---|---|
| 1 | 模具外形的精密测量 | 外形尺寸、形位公差、表面粗糙度、角度和锥度的测量等 |
| 2 | 模具材料的力学性能 | 强度、冲击韧性、疲劳强度、硬度等 |
| 3 | 模具的无损检测 | 焊缝缺陷、钢铸件孔隙率、金属结构件缺陷等 |
| 4 | 模具材料的微观分析 | 金相组织分析、涂镀层厚度测量等 |
| 5 | 模具材料的环境试验 | 金属盐雾腐蚀试验、塑件氙灯老化试验、塑件紫外老化试验等 |

#### 4.4.1.1 模具外形的精密测量

**1. 常规专用测量工具**

一般来讲,模具属于单件生产,但它涉及的零部件繁多,装配复杂,从生产实际和测量成本来讲,尽量采用常规测量工具,如表4-14所示。

表4-14 模具外形的精密测量参数及常规测量工具

| 测量内容 | 测量参数 | 测量工具 |
|---|---|---|
| 尺寸 | 长度、厚度、宽度、直径、从基准面到测量部位的距离及孔的中心间距等 | 游标量具、千分尺、测微仪、量规、量块、塞尺、半径规 |
| 形位公差 | 直线度、平面度 | 水平仪 |
| | 圆度、圆柱度 | 圆度仪、圆度/圆柱度仪 |
| | 垂直度 | 指示表 |
| 角度和锥度 | 斜楔、镶拼凹模的角度,旋压芯模、装配式导柱的锥度等 | 直接测量的测量工具有角度样板、锥度量规、万能量角器、测角仪、光学分度头、投影仪等 |
| | | 间接测量的测量工具有正弦尺、钢球、圆柱、平板以及千分尺、指示表和万能工具显微镜等 |
| 粗糙度 | 表面粗糙度 | 表面粗糙度样块、双管显微镜、电动轮廓仪等 |

**2. 综合性测量工具**

目前,随着对模具加工精度要求的提高,传统的检测方法在提高检测精度上有一定的局限性,因此,使用综合性测量工具进行检测不仅可以提高测量精度,而且简便快捷,大大节省了人力物力。综合性测量工具及检测内容如表4-15所示。

表4-15 综合性测量工具及检测内容

| 序号 | 仪器 | 检测内容 |
| --- | --- | --- |
| 1 | 工具显微镜 | 尺寸长度、直线度、圆度、弧度、同轴度、对称度、平行度 |
| 2 | 激光跟踪仪 | 尺寸长度、对称度、平行度 |
| 3 | 二次元 | 尺寸长度、圆度、直线度、平行度、垂直度、同轴度 |
| 4 | 三坐标 | 尺寸长度、直线度、圆度、弧度、同轴度、对称度、平行度及逆向工程和曲面坐标检测 |

1）三坐标测量机

其精度高于一般的数控机床，被广泛应用在模具、汽车、航空、航天、机械等制造业，可对产品的几何尺寸和形位公差进行精确检测，在模具制造中还可用于模具的安装、装配。三坐标测量机显示了在测量方面的万能性、测量对象的多样性，已成为现代工业检测和质量控制不可缺少的测量设备。

三坐标测量机按其工作方式可分为：点位测量方式和连续扫描测量方式。三坐标测量机按结构分类，有桥式测量机、龙门式测量机、水平臂（单臂或悬臂）、坐标镗床式测量机和便携式测量机。测量方式大致可分为接触式（如机械式）与非接触式（如光学式）两种。按测量范围可分为大型、中型和小型。按测量精度可分为精密型（计量型）和生产型。精密型一般放在有恒温条件的计量室，用于精密测量，分辨能力为$0.5\mu m \sim 2\mu m$。而生产型一般放在生产车间，用于生产过程的检测，分辨能力为$5\mu m \sim 10\mu m$。

目前，业内著名的三坐标测量机生产商有：瑞典Hexagon、德国Carl Zeiss、德国Wenzel、德国MAHR、日本Nikon、日本Mitutoyo以及中美合资企业Leader等。

2）便携式关节臂测量机

除了便携的特点，关节臂测量机机身小巧，测量臂用碳素材料制成，非常轻巧，工作时由操作员手持测量臂对工件进行测量或测绘，测量方向完全可以像人的手臂一样随时作任意调整，很大程度上避免了测量死角。因此，便携式关节臂测量机是模具测量测绘效率最好的设备之一。目前，知名的便携式关节臂品牌商有美国FARO、瑞典Hexagon、日本Mitutoyo、德国ZETT MESS等。

3）非接触式高效模具检测

对于小型高效模具（如电极模具、塑料类、医学类、工艺类及刀具类小尺寸模具），可以选用复合式影像测量仪测量。该类模具可以利用复合传感器技术，任意选择适合的测量方法，包括白光影像、蓝光、激光等非接触式测量，必要时还可配置多轴转台，完美实现复杂曲线曲面的一次性装夹测量。先进的复合式多传感器技术使得复合式影像测量仪在小薄软模具测量方面体现了卓越的精度和速度性能，难装夹、难测量和测量效率低下等问题都得到了有效的解决。

#### 4.4.1.2 模具材料的力学性能检测

模具材料的力学性能，是指金属材料抵抗各种外加载荷的能力，其中包括强度、塑性、冲击韧性、疲劳强度及硬度等，它们是衡量材料性能极其重要的指标。

### 1. 强度

强度是指金属材料在静载荷作用下抵抗变形和断裂的能力。强度指标一般用单位面积所承受的载荷即力表示。知名的万能材料试验机生产商有美国INSTRON、美国Tinius Olsen、日本SHIMADZU等。

### 2. 冲击韧性

金属材料抵抗冲击载荷的能力称为冲击韧性。冲击试验是生产上用来检验冶炼和热加工质量的有效办法之一。根据不同的钢材及使用条件，其韧脆转变温度的确定有冲击吸收功、脆性断面率、侧膨胀值等不同的评定方法。

### 3. 疲劳强度

材料在循环应力和应变作用下，在一处或几处产生局部永久性累积损伤，经一定循环次数后产生裂纹或突然发生完全断裂的过程称为材料的疲劳破坏。疲劳失效与静载荷下的失效不同，断裂前没有明显的塑性变化，发生断裂也较突然。这种断裂具有很大的危险性，常常造成严重的事故。

为了提高零件的疲劳抗力，防止疲劳断裂事故的发生，在进行零件设计和加工时，应选择合理的结构形状，防止表面损伤，避免应力集中。由于金属表面是疲劳裂纹易于产生的地方，而实际零件大部分都承受交变弯曲或交变扭转载荷，表面处应力最大，因此，表面强化处理就成为提高疲劳极限的有效途径。

### 4. 硬度测量

硬度反映了材料弹塑性变形特性，是一项重要的力学性能指标。硬度与强度之间有近似的换算关系，根据测出的硬度值就可以粗略地估算强度极限值，所以硬度试验在实际生产中得到了广泛的应用。

1）洛氏硬度（HRC）

洛氏硬度测量法是最常用的硬度试验方法之一。它是用压头（金刚石圆锥或淬火钢球）在载荷（包括预载荷和主载荷）作用下，压入材料的塑性变形深度来表示的。通常，压入材料的深度越大，材料越软；压入的深度越小，材料越硬。如日本Mitutoyo 810系列洛氏硬度计，可以生成多个洛氏、洛氏表面及布氏硬度试验力等级。洛氏硬度一般用于硬度较高的材料，如热处理后的硬度等。

2）布氏硬度（HB）

布氏硬度是以一定大小的试验载荷，将一定直径的淬硬钢球或硬质合金球压入被测金属表面，保持规定时间，然后卸荷，测量被测表面压痕直径。布氏硬度值是载荷除以压痕球形表面积所得的商。布氏硬度一般用于材料较软的时候，如有色金属、热处理之前或退火后的钢铁。

3）维氏硬度（HBW）

由于布氏硬度试验法存在钢球变形问题，限制它不能用于测试高硬度材料（>450HBW），洛氏硬度试验法虽可测定各种金属的硬度，但需采用不同的标度，不同标度测定的硬度又不能直接换算，因此出现了维氏硬度试验法。

维氏硬度试验法的优点是：不存在布氏硬度试验时要求载荷 $P$ 和压头直径 $D$ 所规定条件的约束，以及压头变形问题，也不存在洛氏硬度法那种硬度值无法统一的问题。不仅载荷可以任意选取，而且材质不论软硬，测量数据稳定可靠，精度高。唯一的缺点是，硬度值需通过测量对角线长度后才能计算出来（或查表），因此，测量效率不如洛氏硬度高。

4）显微硬度计

显微硬度是一种压入硬度，反映被测物体对抗另一硬物体压入的能力。显微硬度是相对宏观硬度而言的一种人为的划分。目前，这一概念参照国际标准ISO6507/1—82"金属材料维氏硬度试验"中规定的"负荷小于0.2kgf（1.961N）维氏显微硬度试验"及我国国家标准GB4342—84"金属显微维氏硬度试验方法"中规定的"显微维氏硬度"负荷范围为"0.01～0.2kgf（1.961N）"而确定的。负荷≤0.2kgf（≤1.961N）的静力压入被试验样品的试验称为显微硬度试验。测量的仪器是显微硬度计，它实际上是一台设有加负荷装置并带有目镜测微器的显微镜。

5）超声波硬度计

随着微处理器的技术发展，超声波无损检测方法已获得了行业认可，其中，超声波硬度计也在国外得到普及。超声波硬度计原理是：使硬度计金刚石压头与被测件接触，在均匀的接触压力下，探测头的谐振频率随硬度而改变，通过计量该频率的变化达到测量硬度的目的。该方法对被测件的损伤极小，与上述其他方法相比具有很大的优越性。

6）硬度检测方法的选择

目前，硬度测试可采用的方法很多，如布氏、洛氏、维氏、里氏、超声波法等，其中，布氏和洛氏对被测物表面损伤较大，而维氏成本较高，且都不能测试大型工件；里氏硬度计属间接测量硬度，其测量精度与布氏、洛氏、维氏测量相比偏差较大。

用洛氏硬度检测法测得的金属材料硬度值与布氏、维氏法的结果比较，精度较低，这是因为洛氏法是以测量压痕深度间接反映硬度值的高低，检测点很小，且每一洛氏单位仅为0.002mm深，易于出现误差。但是，洛氏法方便、迅速，特别适用于钢铁材料的热处理工艺过程和最终产品检测。

### 4.4.1.3 模具的无损检测

无损检测是研究在不损坏被检对象的情况下对各种工程材料、零部件和产品进行材料缺陷、性质和内部结构等状况的检测，并做出失效程度的评价。目前，已用于模具的无损检测手段有：射线检测、超声检测、磁粉检测、渗透检测、涡流检测等。主要用于：①对于光学测量法和接触测量法无法测量的工件进行空间尺寸测量；②对钢铸件进行孔隙率分析。超声检测和射线检测主要是针对被检测物内部的缺陷，而磁粉检测、渗透检测和涡流检测主要是针对被检测物的表面及近表面的缺陷。五大无损检测的优缺点如表4-16所示。

表4-16 五大无损检测的优缺点

| 检测方法 | 优点 | 缺点 |
| --- | --- | --- |
| 射线检测（RT） | 1. 具有直观缺陷图像，灵敏度高；能有效检查出整个透照区内所有缺陷。<br>2. 易判别缺陷性质与尺寸；缺陷定性及定量迅速、准确；相片结果能永久记录并存档 | 1. 检查时间长，成本高。<br>2. 需建造一个专门的曝光室，需要有专门处理胶片的暗室及设备。<br>3. 能发现厚度方向尺寸较大的缺陷，但平行于钢板轧制方向的缺陷检测能力差，T形接头及各种角焊缝检查困难。<br>4. 现场及野外操作时，射线防护困难 |
| 超声检测（UT） | 1. 探伤速度快，效率高；设备简单，机动性强。<br>2. 探测结果不受焊接接头形式的影响，除对接焊缝外，还能检查T形接头及所有角焊缝对焊缝内危险性缺陷（包括裂缝、未焊透、未熔合）检测灵敏度高。<br>3. 易耗品极少，检查成本低 | 1. 若工件表面粗糙，需磨平，耗费人工多。<br>2. 探测结果判定困难，操作人员需经专门培训并经考核及格。<br>3. 缺陷定性及定量困难，探测结果的正确评定受人为思想束缚的影响较大，探测结果不能直接记录存档。<br>4. 对于形状复杂、表面粗糙、内部存在粗晶组织与奥氏体焊缝，探伤较困难 |
| 磁粉检测（MT） | 1. 对铁磁性材料表面及近表面缺陷探测灵敏度高。<br>2. 操作简单，探测速度快，成本低。<br>3. 缺陷显示直观，结果可靠 | 1. 不适用于非导磁材料的检测和工件内部缺陷检测。<br>2. 被检工件表面需达到一定的光洁程度。<br>3. 与磁力线平行的缺陷不易检出 |
| 渗透检测（PT） | 1. 适用于非导磁材料表面开口性缺陷的检查。<br>2. 设备轻巧，机动性强 | 1. 表面不开口的缺陷及近表面缺陷无法检出。<br>2. 探测结果受操作程序及清洗效果的影响。<br>3. 清洗着色液时易污染环境和影响水源的清洁。<br>4. 不适用于工件内部缺陷检测 |
| 涡流检测（ET） | 涡流检测时，线圈不需与被测物直接接触，可进行高速检测，易于实现自动化 | 1. 不适用于形状复杂的零件，而且只能检测导电材料的表面和近表面缺陷。<br>2. 检测结果易于受到材料本身及其他因素的干扰。<br>3. 不适用于工件内部缺陷检测 |

### 4.4.1.4 模具材料的微观分析

模具材料的微观分析在对模具质量的把控上具有重要意义，特别是当今，用于模具生产的材料品牌和型号众多，以次充好、以假乱真的情况时有发生。通过模具材料的微观分析也可以及早发现此类问题，避免对生产造成经济损失。在模具产业中，模具材料的金相组织和模具零件表面的涂镀层厚度测量等微观分析需求极大。

### 1. 金相组织分析

金相组织分析是金属材料试验研究的重要手段之一。采用定量金相学原理，由二维金相试样磨面或薄膜的金相显微组织的测量和计算来确定合金组织的三维空间形貌，从而建立合金成分、组织和性能间的定量关系。将图像处理系统应用于金相分析，具有精度高、速度快等优点，可以大大提高工作效率。

金相组织是反映金属金相的具体形态，如马氏体、奥氏体、铁素体、珠光体等等，金属的金相组织通常采用金相显微镜来观察。知名的金相显微镜品牌有Carl Zeiss、OLYMPUS、Leica和Nikon等。

### 2. 涂镀层厚度测量

镀覆技术是近年来发展起来的表面强化技术，广泛用于模具制造和维修行业。其工艺过程简单易操作，镀覆材料适用范围宽，镀覆层表面平整度好，后续加工容易。

涂层厚度的测量方法主要有：楔切法、光截法、电解法、厚度差测量法、称重法、X射线荧光法、β射线反向散射法、电容法、磁性测量法及涡流测量法等。这些方法中，前五种是有损检测，测量手段烦琐，速度慢，多适用于抽样检验。X射线和β射线法是非接触无损测量，但装置复杂昂贵，测量范围较小。因有放射源，使用者必须遵守射线防护规范。X射线法可测极薄镀层、双镀层、合金镀层。β射线法适合镀层和底材原子序号大于3的镀层测量。电容法仅在薄导电体的绝缘覆层测厚时采用。

#### 4.4.1.5 模具材料的环境试验

### 1. 腐蚀盐雾试验

腐蚀是材料或其性能在环境的作用下引起的破坏或变质。大多数的腐蚀发生在大气环境中，大气中含有氧气、湿度、温度变化和污染物等腐蚀成分和腐蚀因素。盐雾腐蚀试验箱中的盐雾腐蚀就是一种常见和最具破坏性的大气腐蚀。

国内知名的盐雾试验箱生产商有北京雅士林、北京中电兴仪、上海林顿、上海尚域、浙江韦斯、无锡金科、昆山全一通等。国际先进品牌生产商有美国Atlas公司、美国Q-Panel公司、德国VLM、德国WEISS等。

### 2. 氙灯老化

氙灯老化试验箱，采用能模拟全阳光光谱的氙弧灯来再现不同环境下存在的破坏性光波，可以为科研、产品开发和质量控制提供相应的环境模拟和加速试验，又名"阳光辐射防护试验装置"。根据试验标准与方法分为三种，即风冷氙灯、水冷氙灯和台式氙灯，其区别在于试验的温度、湿度、精度、时间等，是老化试验箱系列中不可或缺的一种检测仪器。

### 3. 紫外老化

紫外老化试验箱，适用于非金属材料的耐阳光和人工光源的老化试验。采用荧光紫外灯为光源，通过模拟自然阳光中的紫外辐射和冷凝，对材料进行加速耐候性试验，以获得材料耐候性的结果。可模拟自然气候中的紫外、雨淋、高温、高湿、凝露、黑暗等环境条件，通过重现这些条件，合并成一个循环，并让它自动执行完成循环次数。

#### 4.4.1.6 模具检测技术的发展趋势

随着企业对制造效率和工件品质提出越来越高的要求，如何对模具提供一个快速、全面以及精确的检测，已成为现代工业发展面临的一个重要课题。当今，模具检测技术的发展趋势是：①输出量由模拟量向数字量过渡；②显示由模拟显示向数字显示、图形显示方向发展；③测量精度由低到高；④检测方式由接触式向非接触式转变；⑤在线测量技术越来越得到重视；⑥在机测量技术迅速发展。

**1. 检测方式由接触式向非接触式转变**

采用接触式测量的设备主要有接触式三坐标测量机和便携式关节臂等。这类检测设备具有精度高、可靠性强等优点，但是，接触式检测速度慢，会磨损测量表面，检测过程须对探头做半径补偿，也无法对软物质表面进行测量，同时存在检测盲区。非接触式检测用到的仪器设备主要有激光跟踪仪、激光扫描仪、白光测量系统以及蓝光检测系统等，这类检测设备具有对工件无磨损、测量快、易装夹、易操作等特点。但相比接触式测量，非接触式测量存在精度偏低的缺点，因此，这也成了非接触式测量技术的重点研究方向。

**2. 在线测量技术越来越得到重视**

原来那种加工完成后交由计量部门进行公差和精度验证的方式，已经越来越不能适应现代模具企业的生产，而完成各种工装与模具的现场尺寸测量与验证，并实时监测、反馈加工的质量，为生产过程的调整以及品质检控提供依据的在线测量技术，成了模具检测技术的必然趋势。而要求测量设备工作在车间现场，这就要求模具检测技术在两个方向上进行努力与调整：

（1）能够克服车间环境对精密测量系统的影响，并能够适应现场生产对于高效率的要求。不同于计量室，生产现场将面临环境温度条件无法达到像计量室那样严格的控制，同时还存在着对测量精度有着严重影响的振动、粉尘、油污等状况。要适应在车间现场的测量需要，测量系统需要配备温度补偿系统，通过软件和传感器补偿由于温度变化对测量精度的影响。

（2）考虑到车间现场特殊环境以及对于测量效率与生产线进行整合等一系列的要求，测量厂家需要通过系统解决方案或者说是交钥匙工程的方式帮助用户解决这方面的问题，包括隔振系统的设计、温控间设计与建立、手动和自动上下料系统以及各种专用与通用夹具等方面的内容。

**3. 在机测量技术迅速发展**

为了更快地验证新工艺的准确性，更及时地发现机床工具的不良状态，提高加工合格率和缩短工期，在机测量技术的发展将更加迅速。在机测量系统包括安装在机床上用以收集工件质量数据的机床测头及其配置的测量软件或者测量程序，检测过程由机床控制完成，并最终于机床控制器或者于电脑测量软件中显示测量数据及报告。一般在机测量技术的应用分为简单的辅助加工测量和全面的质量检测。

辅助加工测量又分三类，即加工坐标系精度补偿、工装状态监测和关键特征工序控制测量。全面的在机质量检测是在机测量技术的另一个重要的典型应用。模具通常返修率高，在加工过程中控制难度比较大，非常需要在工件初加工甚或在毛坯件时就能明确其尺寸质量，以减少不合格品数量甚至追求100%的合格率，这时，在机测量不但成为加工者的指导者，而且可以充当终检的裁判。

**4. 软件和硬件技术是在机测量技术的发展核心**

借助于在机测量软件，应实现特征三维的形位公差检测与评价，提供翔实的测量报告，还能够把测量数据纳入统计分析数据库，用以统计分析加工过程能力。同时，专业高精密测量软件有待进一步的开发。例如，现阶段主要的精密模具破损检测方法包括：基于K均值聚类算法的精密模具破损检测方法、基于BP神经网络算法的精密模具破损检测方法和基于高斯曲线拟合算法的精密模具破损检测方法等。为了避免传统算法在精密模具破损区域过于微小情况下存在的缺陷，新算法、新软件的研究变得十分迫切。

在机测量硬件通常包括无线电机床测头、红外线机床测头及在机刀具测量设备对刀仪等，而新式声学、光学探头的研究与集成也将是在机测量技术的发展方向之一。

## 4.4.2 模具检测市场需求要素分析

通过对广东省模具检测市场情况的调研和分析，针对生产过程中模具检测的市场需求要素，通过分类、归纳和综合，工作组共提炼出13个市场需求要素，如表4-17所示。

表4-17 模具检测的市场需求要素

| 序号 | 市场需求要素 |
| --- | --- |
| 1 | 快速、精确、全面、可靠的检测技术和设备 |
| 2 | 手持式分析检测仪器 |
| 3 | 综合性测量工具<br>（1）三坐标测量机<br>（2）便携式关节臂测量机<br>（3）复合式影像测量仪<br>（4）机器人检测技术 |
| 4 | 模具材料的微观分析与检测<br>（1）金相组织分析<br>（2）涂镀层厚度测量 |
| 5 | 模具及材料的无损检测 |
| 6 | 检测输出量的数字化和图形显示 |

续表4-17

| 序号 | 市场需求要素 |
|---|---|
| 7 | 方便快捷、通用性强的检测夹具（检具） |
| 8 | 非接触式高效模具检测 |
| 9 | 自动化在线测量技术 |
| 10 | 自动化在机测量技术 |
| 11 | 测量标准和完善的面向客户端的检测软件 |
| 12 | 国产检测设备的技术水平与可靠性 |
| 13 | 测量数据的大数据分析与事前控制 |

工作组运用德尔菲法对模具检测市场需求要素进行问卷调查、统计、整理和分析，初步列出了模具检测的市场需求要素及其评价排序，然后结合模具检测专家在研讨会上所提的意见及形成的共识，最终在模具检测领域凝炼成以下十个市场需求要素，其排序如表4-18所示。

表4-18 模具检测的市场需求要素及排序

| 序号 | 市场需求要素 | 专家评分 | 优先排序 |
|---|---|---|---|
| 1 | 非接触式高效模具检测 | 10.00 | 1 |
| 2 | 综合性测量工具 | 9.80 | 2 |
| 3 | 模具材料的微观分析与检测 | 9.66 | 3 |
| 4 | 模具及材料的无损检测 | 9.53 | 4 |
| 5 | 方便快捷、通用性强的检测夹具（检具） | 9.38 | 5 |
| 6 | 手持式分析检测仪器 | 9.19 | 6 |
| 7 | 自动化在线测量技术 | 9.13 | 7 |
| 8 | 测量标准和完善的面向客户端的检测软件 | 8.97 | 8 |
| 9 | 自动化在机测量技术 | 8.82 | 9 |
| 10 | 测量数据的大数据分析与事前控制 | 8.70 | 10 |

从表4-18中可以看出，专家们高度认同的市场需求要素是"非接触式高效模具检测"，这表明市场上对模具的检测质量和效率要求较高，也需求迫切。模具的接触式检测，一般速度较慢，但精度较高。随着模具制造效率的提高，从而要求模具的检测精度和速度都要高，非接触式高效模具检测正好满足模具检测市场的需求。另外，专家对模具

材料的微观检测、检测的方便性和自动化以及检测数据的处理与有效利用等都有重要的关注，认为上述这十大要素是目前模具检测市场的重要要素。

## 4.5 模具修复

### 4.5.1 模具修复的现状

模具在服役过程中，既受到交变力的作用，又受到温度交替变化的影响，工作条件复杂，还可能出现不当的操作方法等，最后导致出现磨损、小裂纹、疲劳、断裂等失效形式。当模具因局部的损伤而需重新制造时，会造成成本和时间的浪费。

常用模具可分为冷作模具、热作模具和塑料模具。冷作模具长期在高硬度状态下服役，具有较低的断裂韧性，易产生塑性变形和疲劳裂纹。热作模具同时承受机械负荷和热载荷，在急冷急热的条件下，型腔表面易出现许多小裂纹。塑料模具在使用过程中常出现磨损失效、局部变形失效和断裂失效等。

目前，传统的模具修复技术包括熔覆技术、电刷镀技术、热喷涂和热喷焊技术等，新型的模具修复技术包括激光修复技术、回火焊道焊接修复技术等。

#### 4.5.1.1 模具修复技术

**1. 传统模具修复技术**

目前，传统的模具修复技术主要包括熔覆、电刷镀、热喷涂和热喷焊等技术。

1）熔覆技术

熔覆是一种用熔化焊接方法在零件的表面堆焊具有某种特殊性能材料的工艺。通过熔覆工艺，可以修复表面受损的零件，并可以使零件表面得到强化，增强其耐磨耐腐蚀性能，提高零件寿命。现有的熔覆方法主要包括：氧-乙炔火焰堆焊、电弧堆焊（手工电弧堆焊、气体保护电弧堆焊、埋弧堆焊）、复合堆焊、等离子熔覆等。

（1）氧-乙炔火焰堆焊。氧-乙炔火焰堆焊是指利用氧-乙炔火焰作为热源，在其热作用下将焊丝或粉末熔焊在零件表面的技术。这种修复技术设备简单，适合现场堆焊；适用于几乎所有形状的堆焊材料；稀释率低，熔化层深度可控制在0.1mm以下，易保证堆焊层质量；能见度大，可在很小的面积上进行堆焊，能得到薄面光滑的堆焊层。但是需要手工操作，工作强度大，熔覆速度低，对焊工的技术要求高。氧-乙炔火焰堆焊原理如图4-7a所示。

（2）电弧堆焊。电弧堆焊包括三种，即手工电弧堆焊、气体保护电弧堆焊和埋弧堆焊。

①手工电弧堆焊。手工电弧堆焊把电弧作为热源，熔化焊条与基体金属，实现被堆焊处冶金结合。其优点是：设备简单，操作使用灵活，适应性强，使用维护方便。缺点是：需要手工操作，劳动强度大，因而焊接效率低，质量不能保证，对焊工的技术要求较高。手工电弧堆焊原理如图4-7b所示。

②气体保护电弧堆焊。气体保护电弧堆焊一般采用惰性气体或$CO_2$作为保护气体。惰

性气体可以保护合金元素不被氧化烧损，避免堆焊层出现气孔等缺陷，堆焊层质量优良，适用于有色金属和不锈钢的堆焊。$CO_2$作为保护气体可以使堆焊层质量稳定，硬度高，焊接变形小，效率高，成本低，不需清渣，而且$CO_2$气体容易供应，但堆焊中会出现合金元素烧损、飞溅大、表面成型较差的现象，堆焊层成分难调整，稀释率比较高。气体保护电弧堆焊原理如图4-7c所示。

③埋弧堆焊。埋弧堆焊，是电弧在焊剂层下燃烧，电弧由机械自动引燃并进行控制，自动完成焊丝送进和电弧移动的一种电弧焊方法，即堆焊通过埋在熔融剂层下的电弧进行，最后基材与熔化的焊丝形成堆焊层。埋弧自动堆焊具有堆焊层表面光洁平整，修复零件疲劳强度高和易自动化生产的优点。

但是，由于电弧输入热量较大，导致熔化面积过大，修复区域附近表面容易被破坏，因此，埋弧堆焊不适合微小热疲劳裂纹及轻微开裂的修复；修复区和热影响区性能差，修复区容易发生再次破坏。埋弧堆焊原理如图4-7d所示。

（3）电火花堆焊。电火花堆焊是基于脉冲放电的原理，在绝缘介质中工具电极与工件靠近时，极间电压将在两极间相对最靠近点电离击穿，形成脉冲放电，在放电微小区域内产生8000℃以上的高温。在高温高压、爆破力和微电场的共同作用下，微区电极熔融金属高速涂敷到待加工工件的适当位置，得到堆焊涂覆层。电火花堆焊技术堆焊层质量高，总加工余量小，对工件变形的影响小，所需设备简单，特别适合精度要求高的零部件加工。电火花堆焊原理如图4-7e所示。

（4）复合堆焊。模具表面较高的耐磨性、耐热性和耐蚀性可以提高模具的使用寿命，因此，许多模具会采用"基材+中间过渡层+表面耐磨层"的复合堆焊修复方法。堆焊打底过渡层，可以有效减少堆焊层出现裂纹的现象，使堆焊层与基体的结合强度更高。同时，可以根据实际情况，在表面层之下堆焊一层或多层的过渡层，可以完成热膨胀系数等热物理性能差别很大的材料之间的焊接，使整个堆焊层具有呈梯度分布的硬度和强度，最大限度地提高模具的使用寿命。

（5）等离子熔覆。合金粉末通过送粉器送到基体表面，在等离子束的高温作用下，与基体表面一同迅速被加热并一起熔化、混合、扩散、反应、凝固，在工件表面形成合金熔池，等离子束移开后，合金熔池快速凝固。由于熔池中金属熔化与凝固同时进行，温度分布不均匀，形成对流，对熔池起搅拌作用，从而形成组织细小均匀、同基体冶金结合良好的熔覆层，提高了表面的硬度和耐磨性。

等离子熔覆还具有设备操作简单、适应范围广和设备成本低等优点，但是，因为输入热量大，容易导致工件变形、涂层开裂等缺陷。等离子熔覆原理如图4-7f所示。

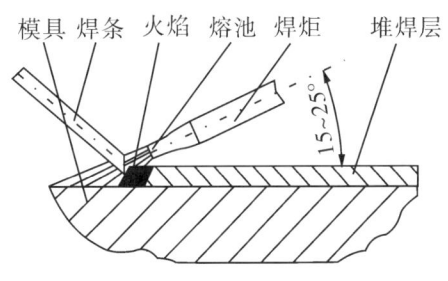

（a）氧-乙炔火焰堆焊原理图

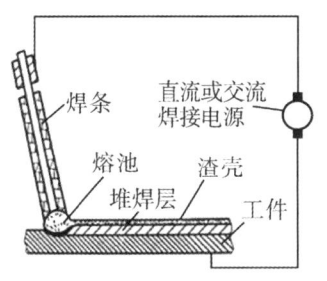

（b）手工电弧堆焊原理图

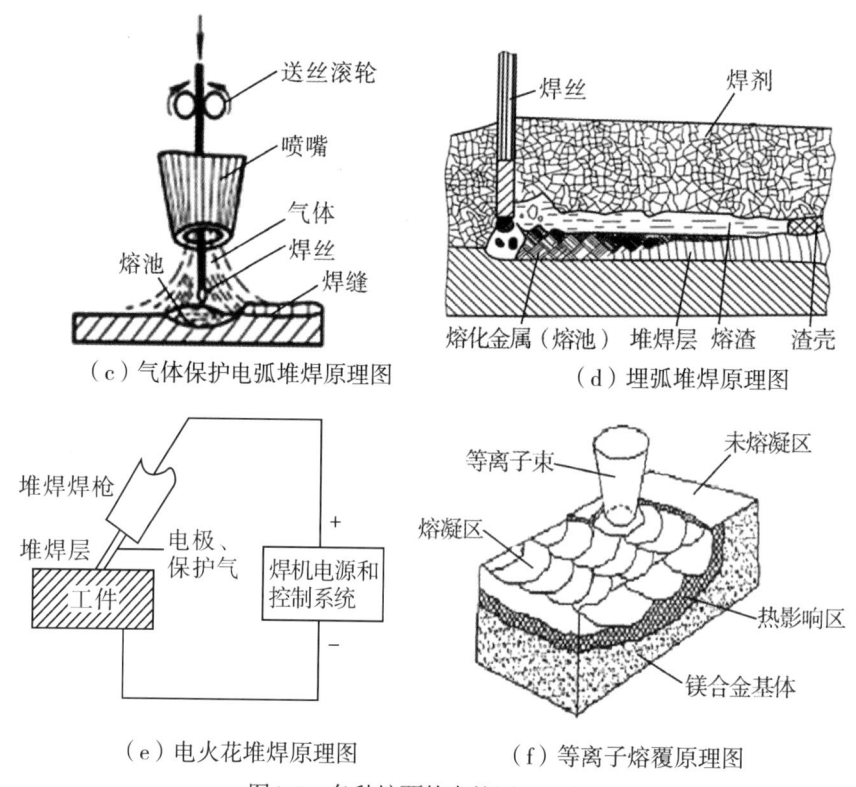

图4-7 各种熔覆技术的原理示意图

2）电刷镀技术

电刷镀是镀件与电源的负极相连，镀笔与正极相连，金属电镀溶液储存在镀笔的棉花包套中，在操作过程中镀笔与镀件保持着相对运动，在一定的直流电压下作用一段时间后，镀件上就会析出金属层。随着时间的延长，镀层厚度随之增加。

电刷镀具有设备简单、便于携带，对于大型模具可就地修复，修复后可直接使用，电镀层的材料选择范围广等优点。但是，电刷镀技术的工作现场条件比较恶劣，容易造成污染甚至对操作人员身体有害。电刷镀技术原理如图4-8所示。

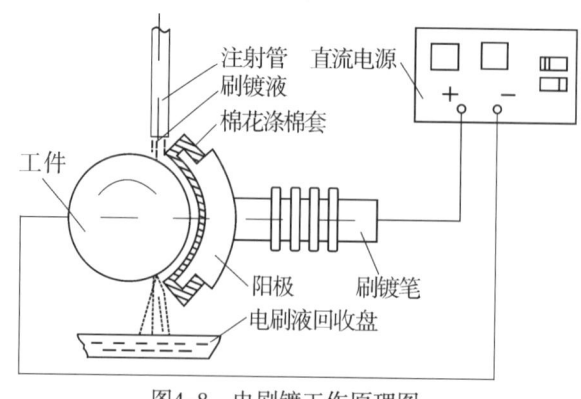

图4-8 电刷镀工作原理图

3）热喷涂技术

热喷涂是预喷涂的金属或非金属涂层材料在等离子弧或电弧等热源的作用下加热到熔化或半熔化状态，然后以一定速度喷射到经过处理的破损表面沉积形成涂层的一种修复方法。

模具在使用过程中产生的一定程度的磨损或划伤，都可以用热喷涂进行修复。热喷涂技术具有工艺方法灵活多样、材料选择范围广、修复效率高、强化效果明显等特点。

但是，这种喷涂层表面比较粗糙，由于是半机械结合，不管是涂层内部或是涂层和基体结合都存在一定的缺陷或裂纹，耐蚀性和耐磨性不高，涂层较厚时容易局部脱落，影响了热喷涂技术的推广应用。热喷涂工作原理如图4-9所示。

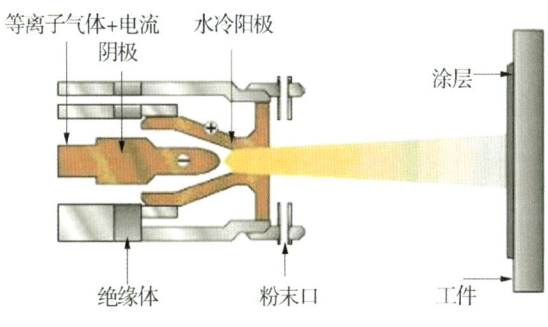

图4-9 热喷涂工作原理图

4）热喷焊技术

热喷焊是具有特殊性能的金属粉末通过特定热源的喷枪加热到熔融或高塑性状态，高速喷射到净化处理后的零件表面，得到均匀致密的金属表层，增强其耐磨、耐蚀、耐热和抗氧化性能，达到修复零件和延长使用寿命的目的。与热喷涂技术相比，热喷焊是喷涂加重熔的工艺，利用热源使喷涂材料在工件表面重新熔化或部分熔化，实现合金层与工件表面的冶金结合。热喷焊原理如图4-10所示。

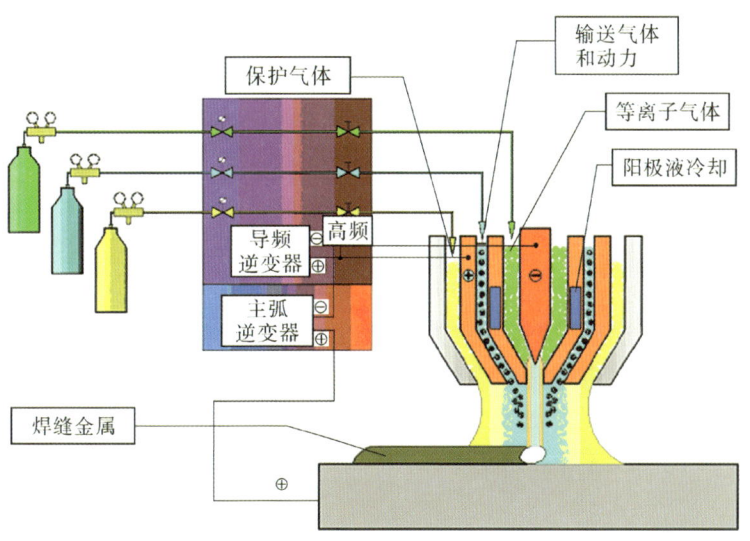

图4-10 热喷焊原理图

**2. 新型模具修复技术**

随着模具精度要求越来越高，模具结构越来越复杂，人们开始着手研究新型模具修复技术，如激光修复技术、回火焊道焊接技术等。

1）激光修复技术

激光修复技术由于具有热输入和热变形小、稀释率低、自动化操作、定位控制准确、功率和修复速率高、控制方便等优点，目前已广泛应用于精密复杂模具的修复。目前，该技术主要有激光表面熔凝、激光熔覆、激光填料焊接和选择性激光熔化技术等。

（1）激光表面熔凝技术。激光表面熔凝处理技术是在母材基础上，不需要任何辅助材料，利用高密度能量的激光，使材料表层微小区域发生快速熔化和凝固，在快速熔凝过程中使裂纹愈合。最重要的是熔凝区组织均匀细小、热影响区小、无裂纹和应力集中，是修复表面微小裂纹的最佳选择。激光表面熔凝处理能够有效修复微小裂纹和延缓裂纹扩展，修复区域很少出现缩孔、裂纹等缺陷，修复效果良好，而且成本低廉，修复时间短。

（2）激光熔覆及合金化技术。激光熔覆及合金化没有严格区别，都是利用高能量的激光使材料表面的合金层快速熔化、扩展及快速凝固，基体和表面合金层形成具有一定性能的冶金结合层，达到表面改性或修复的目的。一般而言，熔覆的基体熔化较少，添加合金决定改性层组织性能；而合金化是表面合金层及基体熔化后互相混合形成改性层。金属材料裂纹的修复需要为裂纹提供愈合所需的物质和能量。激光表面熔凝技术能够向裂纹提供愈合所需要的能量，物质则依靠基体自给；激光熔覆及合金化则能够同时为裂纹提供愈合所需的能量和物质，有利于裂纹的修复和强化。

（3）激光填料焊接技术。激光填丝焊是在激光焊接过程中，焊丝作为焊料连续填入熔池，与熔化的母材一起形成焊缝的焊接工艺。激光填丝焊的主要优点有：降低了焊接部件的装配精度要求，更适合工业生产应用；可以通过焊丝改善焊缝组织，获得需要的性能；焊丝的添加可以改善焊缝表面质量，避免凹陷和咬边等缺陷的发生。

（4）选择性激光熔化技术。选择性激光熔化技术（selective laser melting，简称SLM），通过绘制零件的三维CAD模型，对模型进行分层切片处理，每一层切片都包含着相应的几何信息；经过相应的计算后，生成每一层切片的激光扫描路径；激光光束在计算机的控制下，沿着设定的扫描路径进行扫描，熔融规定区域内的金属粉末；依次一层一层地叠加，最终得到所需要的金属零件。其原理如图4-11所示。

2）回火焊道焊接修复技术

采用焊接的方式对工件进行修复时，基体表层常常会出现组织粗大、硬度高而韧性低的热影响区，进而不可避免地需要进行长时间的高温焊后热处理来改善该性能恶化的热影响区，而高温焊后热处理所需要的时间和成本都较高。

实现无须后续热处理焊接修复的关键是回火焊道焊接技术。应用回火焊道焊接方法进行焊接修复，通过对焊接顺序、焊道搭接率和焊接热输入值和这三个工艺参数的调整控制，可以达到无须高温焊后热处理的条件下获得硬度和韧性均满足要求的修复区的目的。

焊道回火作用原理如图4-12所示。

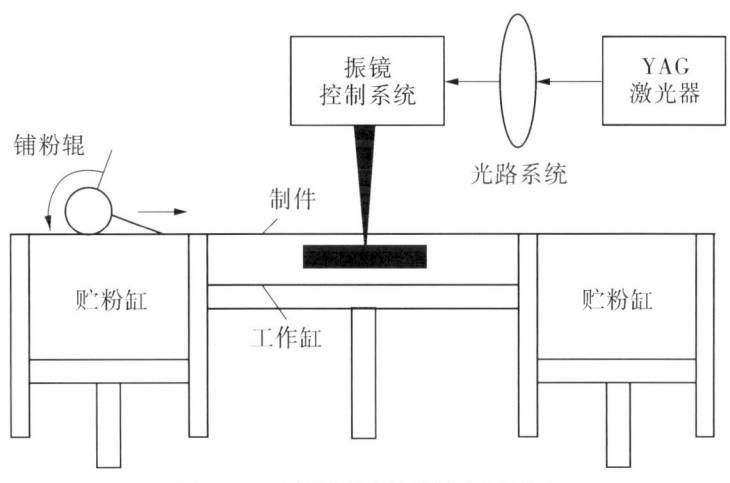

图4-11 选择性激光熔化技术原理图

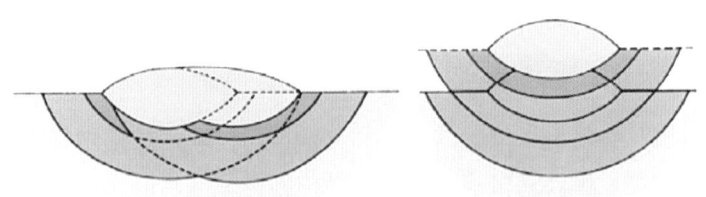

（a）层内焊道回火　　（b）层间焊道回火

图4-12 焊道回火作用原理示意图

#### 4.5.1.2 模具修复技术的发展趋势

**1. 新型修复技术**

模具一般修复后要进行热处理，热处理工艺直接影响着模具的使用性能。焊接修复的模具希望热影响区尽量小，且希望焊接修复后无须再进行热处理。有学者发明了微区脉冲点焊方法，即在工件与阳极之间产生高能电脉冲，阳极压点这一微区的焊材与工件基体间产生高温并使局部金属熔化，从而实现微区焊接。这种微区的脉冲热循环可以使工件整体始终处于"冷态"，微区补焊处的热影响区很小，避免了工件的变形。经该方法修复后的Cr12、Cr12MoV冷作模具使用性能良好。

对于高碳高铬模具钢，采用电弧堆焊的方法易出现裂纹等缺陷，采用超塑性固态焊接可达到良好的焊接修复效果。超塑性固态焊接是一种新型的焊接方法，具有变形焊和扩散焊的优点。材料在超塑性和低应力状态下，易产生大的塑性流变和原子扩散迁移率，从而能最大限度地快速、低温地实现高质量连接，其工艺简单，无须真空或保护气体，已成为解决此类材料连接的研究热点之一。

### 2. 综合修复技术

随着模具向高精度、高耐磨性、长寿命方向的发展，单一的修复方式已无法满足使用要求，近年来出现了一种综合修复方法。某公司发明了电阻冷熔设备，改进了电刷镀电源，研发出了特种活化工艺，修复1.5mm厚度以下的薄板料模具，修复后的模具无退火、软化现象，无脱碳、无裂纹、无应力，其使用寿命在15万～30万次。

### 3. 数字化技术的应用

对于一些汽车及飞机等冲压件失效模具，其型腔结构往往较为复杂。如果从逆向工程角度出发对模具失效缺损区域获取和模具修复再制造进行研究，可以提高所获取的失效模具缺损区域的精度以及其提取效率，降低时间成本，同时提高了修复后的模具性能，为失效模具的修复及再制造奠定了基础。

为获得具有精确尺寸和形状的焊接修复模具，可以运用有限元分析软件ANSYS对模具沉积层形成过程，以及在冷却过程中的温度变化及所产生的残余应力、变形进行模拟，优化焊接工艺，减少焊接对工件产生热变形的影响。

## 4.5.2 模具修复市场需求要素分析

通过对广东省模具修复市场情况的调研和分析，工作组运用德尔菲法对模具修复市场需求要素进行问卷调查、统计、整理和分析，初步列出了模具修复的市场需求要素及其评价排序，然后结合模具修复专家在研讨会上所提的意见及形成的共识，得到最终的市场需求要素及排序如表4-19所示。

表4-19 模具修复的市场需求要素及排序

| 序号 | 市场需求要素 | 专家评分 | 优先排序 |
| --- | --- | --- | --- |
| 1 | 操作简单、修复质量好的传统修复技术<br>（1）烧焊技术<br>（2）复合堆焊修复方法<br>（3）热喷涂技术 | 10.00 | 1 |
| 2 | 新型模具修复技术<br>（1）激光修复技术<br>（2）回火焊道焊接修复技术 | 9.85 | 2 |
| 3 | 长寿命模具的局部修复 | 9.70 | 3 |
| 4 | 对模具修复区性能要求高 | 9.54 | 4 |
| 5 | 金属3D打印修复技术 | 9.10 | 5 |

从表4-19中可以看出，目前国内急需操作简单、修复质量好的传统修复技术，如烧焊技术、复合堆焊修复方法、热喷涂技术等。在模具企业，对于模具的修复，主要采用烧焊技术，能快速地把模具的局部进行高效高质量的修复。同时，也需要新型的模具修复技

术，如激光修复技术、回火焊道焊接修复技术等，从而保证长寿命模具的局部修复质量及修复效率。随着金属3D打印技术的发展和成熟，目前，模具修复市场上也需要采用金属3D打印的方法来修复复杂的模具表面。

## 4.6 总体模具产业市场需求要素分析

在前期市场调研的基础上，通过专家判断，得出模具产业的整体市场需求要素及其排序如表4-20所示，反映了总体上各市场需求要素对模具产业的影响。

表4-20 市场需求要素（总）打分统计平均值及排序（对市场需求要素的描述）

| 序号 | 市场需求要素 | 专家评分 | 优先排序 |
| --- | --- | --- | --- |
| 1 | 发展先进模具技术，提高模具设计制造的质量和效率 | 10.00 | 1 |
| 2 | 培养更多高素质模具人才 | 9.79 | 2 |
| 3 | 高端模具材料及模具制造、检测和修复设备的国产化 | 9.58 | 3 |
| 4 | 模具钢钢种的系列化、模具钢市场的规范化和标准化 | 9.48 | 4 |
| 5 | 先进的模具设计方法及高端软件国产化 | 9.28 | 5 |
| 6 | 模具产业中的标准化、自动化和信息化 | 8.97 | 6 |
| 7 | 发展模具的绿色制造与智能制造技术 | 8.76 | 7 |
| 8 | 模具制造的自动化在机测量技术及质量控制 | 8.56 | 8 |
| 9 | 多学科多技术协同解决模具工程问题的整体方案 | 8.45 | 9 |
| 10 | 模具产业中管理与运行模式创新 | 8.25 | 10 |

以上市场需求要素表明，当前模具产业对高效优质先进模具技术的需求受到最多的关注，同时，广东省在高素质模具技术人才方面存在差距，需要加强人才培养和引进，特别是引进或培养既懂模具设计又懂模具制造工艺、能掌握整体解决方案的复合型人才。

在模具材料、模具设计、模具制造、模具检测和模具修复五个版块中，模具制造受到的关注程度较高，市场对自动化、智能化模具加工技术及设备需求很高；其次，高端模具材料及模具制造、检测和修复设备的国产化，以及先进的模具设计方法及高端软件国产化，是我国模具产业的软肋，也是我国模具产业急需要解决的问题。另外，模具钢钢种的系列化、模具钢市场的规范化和标准化，模具产业中的标准化、自动化和信息化建设，是目前模具市场亟待解决的市场需求，可以由政府引导、组织行业内相关单位加以逐步实施。

## 4.7　本章小结

本章主要对模具产业的市场需求要素进行了详细分析。分别从模具材料、模具设计、模具制造、模具检测和模具修复五个板块进行了市场需求要素的详细分析，并进行了优先排序；最后，对模具产业的整体市场需求要素也进行了分析和排序，反映了总体上各市场需求要素对模具产业的影响。本章的市场需求要素分析，为模具产业选择技术创新战略、确定技术创新组织形式以及研发计划的组织管理等提供了基础依据。

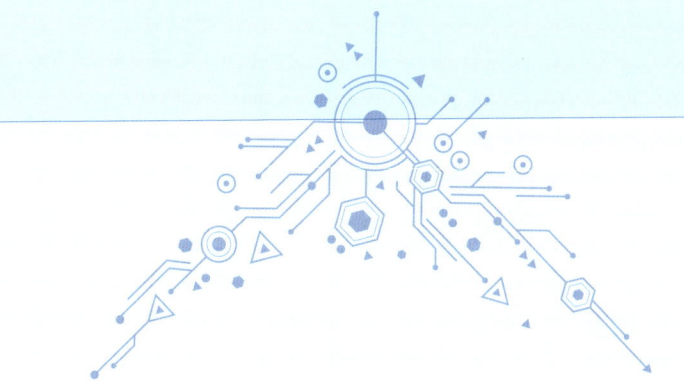

# 第 5 章

# 模具产业目标分析

## 5.1 模具产业目标凝炼过程

广东省模具产业目标是在广泛的资料调研和企业调研的基础上，依据广东省模具产业发展和模具技术应用现状，对省内模具产业政策导向、企业特点、平台现状、研发瓶颈、技术应用等诸多因素进行综合分析，参考省内外专家对模具产业发展方向的判断，在科学统计分析的基础上得到的。

产业目标凝炼过程如图5-1所示。

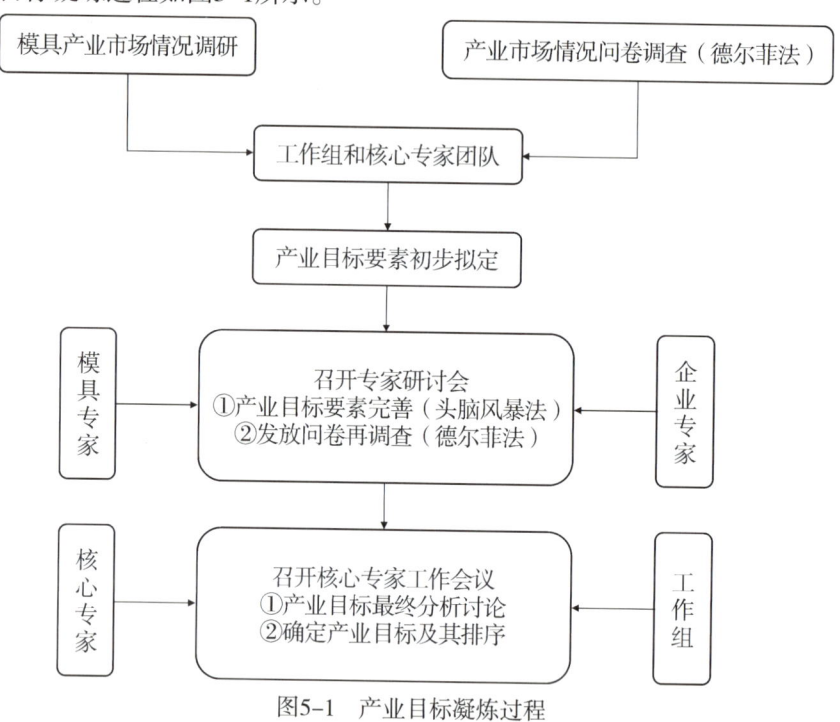

图5-1　产业目标凝炼过程

在调研的基础上，由工作组和核心专家团队初步拟定产业目标要素及其排序。邀请全省高校、科研院所、模具企业、行业协会、政府机构等单位的专家召开专家研讨会，专家对初步结果进行研讨打分，工作组回收整理，完善确定产业目标及其排序。参加模具材料板块研讨会的专家构成如图5-2所示。

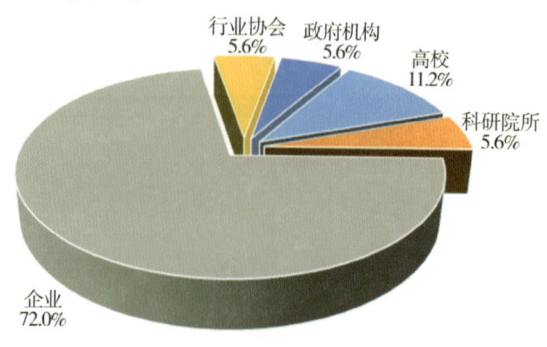

图5-2　模具材料板块研讨会专家人员构成

## 5.2 各板块具体产业目标分析

### 5.2.1 模具材料

以模具材料的市场需求分析研讨结果,确定了模具材料的7个市场需求要素。根据这7个市场需求要素,围绕产业目标调研,初步整理出模具材料的20个产业目标要素,如表5-1所示。

**表5-1 模具材料的产业目标要素**

| 序号 | 产业目标要素 | 对应的市场需求要素 |
| --- | --- | --- |
| 1 | 普通模具钢的质量和产能满足模具行业的需求 | （1）高性能高端模具钢<br>（2）性能优良的新型模具钢<br>（3）模具材料及其热处理、表面强化性能与工艺规范化和标准化 |
| 2 | 稳定的产品质量 | |
| 3 | 高性能高端模具钢材的生产、冶炼工艺赶超国外,且质量稳定 | |
| 4 | 高性能高端模具钢赶超国外同类产品质量,替代进口模具钢材料 | |
| 5 | 提高高性能高端模具钢的产能,成为高端模具钢的强国 | |
| 6 | 模具材料及其热处理、表面强化性能与工艺规范化和标准化 | |
| 7 | 完善模具钢的种类 | （4）模具钢钢种的系列化 |
| 8 | 模具钢材的品种、规格齐全 | |
| 9 | 模具钢品种实现完全系列化 | |
| 10 | 规范国内模具钢市场,完善模具钢应用体系 | （5）模具钢市场规范化和标准化 |
| 11 | 建立统一的检测、生产标准,并形成系列,使我国模具钢的生产达到标准化、精细化 | |
| 12 | 提升和规范售后服务体系质量 | |
| 13 | 积极开拓模具钢市场 | |
| 14 | 满足模具的强度和刚度要求 | （6）模具钢材料的轻量化 |
| 15 | 满足模具的加工使用性能要求 | |
| 16 | 质量轻、导热性能好 | |
| 17 | 模具成型节能环保 | |
| 18 | 材料制备工艺规范与批量化生产 | （7）3D打印模具钢材料 |

续表5-1

| 序号 | 产业目标要素 | 对应的市场需求要素 |
|---|---|---|
| 19 | 材料的品种较齐全，符合模具的使用工况和性能要求 | （7）3D打印模具钢材料 |
| 20 | 金属3D打印在模具行业的规模化与实用化 | |

专家对上述20个产业目标要素进行打分排序，工作组通过德尔菲法获取数据，凝炼出模具材料板块9个重要的产业目标要素并对其排序，如表5-2所示。

表5-2 模具材料的产业目标要素优先顺序排序

| 序号 | 产业目标要素 | 专家评分 | 优先排序 |
|---|---|---|---|
| 1 | 普通模具钢的质量和产能满足模具行业的需求 | 10.00 | 1 |
| 2 | 高性能高端模具钢赶超国外同类产品质量，替代进口模具钢材料 | 9.69 | 2 |
| 3 | 模具材料及其热处理、表面强化性能与工艺规范化和标准化 | 9.18 | 3 |
| 4 | 模具钢品种实现完全系列化 | 8.98 | 4 |
| 5 | 规范国内模具钢市场，完善模具钢应用体系 | 8.67 | 5 |
| 6 | 提升和规范售后服务体系质量 | 8.47 | 6 |
| 7 | 高性能高端模具钢材的生产、冶炼工艺赶超国外，且质量稳定 | 8.37 | 7 |
| 8 | 提高高性能高端模具钢的产能，成为高端模具钢的强国 | 8.26 | 8 |
| 9 | 金属3D打印在模具行业的规模化与实用化 | 8.16 | 9 |

表5-2列出的模具材料版块9个产业目标要素，具体分成三个阶段实现：

### 1. 近期产业目标（<3年）

广东省正处在产业升级的重要发展阶段，对模具材料的品质要求不断提高，因此，近期模具材料的产业目标就是要提高普通模具钢的质量和产能，满足模具产业的需求，同时，规范国内模具钢市场，完善模具钢应用体系。

### 2. 中期产业目标（3~8年）

从中期看，模具产业目标是能够国产高性能高端模具钢材料。应将更多资源投入高端模具钢材料的开发，更多地进入高端塑胶模具、高速高效模具用材料生产等领域，占据模具钢材料产业链的高端。高性能高端模具钢赶超国外同类产品质量，从而替代进口模具钢材料；高性能高端模具钢材的生产、冶炼工艺赶超国外，且质量稳定，满足模具产业对高端模具材料的市场需求。目前，广东省内所使用的模具钢材料大都是省外或国外生产的，在高端优质模具钢材料的开发方面优势不明显，因此，很难在模具材料方面打开局面，但在金属3D打印原材料生产方面是一个机遇，需要确定目标，积极稳步推进。

### 3. 远期产业目标（8~10年）

从长远看，模具材料的产业目标是我国成为高端模具钢的强国，并对模具材料及热处理工艺等进行规范化和标准化，对模具钢品种实现完全系列化，提升和规范售后服务体系质量，提高高性能高端模具钢的产能；另外，实现金属3D打印在模具行业的规模化与实用化。

立足于服务与支持广东省的优势产业（如汽车、家电、医疗器械、电子电器和新能源等）和重要工业领域（如汽车、家电等），研发生产出高性能高端模具钢材料，满足省内外模具产业升级换代后的生产应用要求。在此基础上，淘汰一批质量差的模具钢材料和落后的模具钢材料生产型企业，形成5~8家中等以上规模的、在国内技术领先的高端模具材料生产企业，同时具备进行国际生产配套和参与国际竞争的能力，服务我省和国内模具产业走出去的战略任务。

## 5.2.2 模具设计

以模具设计的市场需求分析研讨结果，确定了模具设计的9个市场需求要素。根据这9个市场需求要素，围绕产业目标调研，初步整理出模具设计的14个产业目标要素，如表5-3所示。

表5-3 模具设计的产业目标要素

| 序号 | 产业目标要素 |
|---|---|
| 1 | 提高模具设计质量，缩短模具设计周期 |
| 2 | 模具零配件的标准化及标准件库的建立与共享 |
| 3 | 二维工程图的全部CAD化 |
| 4 | 利用三维CAD软件进行模具设计<br>（1）采用模块化设计<br>（2）模具设计流程简单、直观、操作方便、自动化程度高、自动快速分型、热流道系统、随形冷却水道系统的设计、完整标准模架库等<br>（3）与其他CAD的通用性好<br>（4）模具设计方案、设计过程、加工和模具装配的整个处理过程管理 |
| 5 | 模具设计模块外挂或二次开发的市场化运作 |
| 6 | 运用CAE软件验证和优化制品设计、模具结构和成型工艺流程 |
| 7 | 建立模具设计标准化流程 |
| 8 | 模具产品数据管理 |
| 9 | 模具产品全生命周期管理 |

续表5-3

| 序号 | 产业目标要素 |
|---|---|
| 10 | 模具的智能化设计 |
| 11 | 模具的多集成化设计 |
| 12 | 模具的网络化协同设计 |
| 13 | 模具软件的功能集成化 |
| 14 | 模具设计的自动化 |

经过前期的调研和广泛收集意见并进行统计整理，再经过专家研讨会充分讨论，专家对上述14个产业目标要素进行打分排序，工作组通过德尔菲法获取数据，凝炼出模具设计板块10个重要的产业目标要素并对其排序，结果如表5-4所示。

表5-4 模具设计的产业目标要素优先顺序排序

| 序号 | 产业目标要素 | 专家评分 | 优先排序 |
|---|---|---|---|
| 1 | 提高模具设计质量，缩短模具设计周期 | 10.00 | 1 |
| 2 | 模具零配件的标准化及标准件库的建立与共享 | 9.75 | 2 |
| 3 | 利用三维CAD软件进行模具设计 | 9.71 | 3 |
| 4 | 建立模具设计标准化流程 | 9.49 | 4 |
| 5 | 模具产品全生命周期管理 | 9.30 | 5 |
| 6 | 运用CAE软件验证和优化制品设计、模具结构和成型工艺流程 | 9.16 | 6 |
| 7 | 模具软件的功能集成化 | 8.92 | 7 |
| 8 | 模具的智能化设计 | 8.58 | 8 |
| 9 | 模具设计的自动化 | 8.52 | 9 |
| 10 | 模具的网络化协同设计 | 8.44 | 10 |

表5-4列出的模具设计板块10个产业目标要素，具体分成三个阶段实现：

## 1. 近期产业目标（<3年）

由于模具结构较复杂，模具型面大都具有复杂曲面，因此，在模具设计领域，普遍要求采用三维CAD软件进行模具设计。通过市场调研发现，目前广东省内的模具企业，几乎全部都采用三维CAD软件进行塑胶模具和压铸模具的设计；同时，为了提高模具设计和制造的效率，降低成本，模具设计师对模具零配件的标准化及标准件库的建立与共享呼声很高，希望能尽快实施，并加以普遍应用；另外，对建立模具设计标准化流程、运用CAE软件验证和优化制品设计、注塑模具结构和成型工艺流程等方面，设计师也希望能在模具设计领域加以普遍推广应用，从而提高模具设计质量，缩短模具设计周期。

### 2. 中期产业目标（3～8年）

从中期看，模具设计需要对模具产品进行全生命周期管理，从而能为优化设计和后续的智能化制造提供全方位的所需数据；同时，为了适应模具设计能够通过互联网技术进行多部门多人协同设计，对模具软件的功能集成化和网络化协同设计提出了目标要求。目前，我省的模具设计和制造水平很高，走在了全国的前列，但模具设计所用的软件工具大都是国外的，因此，需要投入一定的人力物力来开发具有自主知识产权的模具设计软件，需要确定目标，积极稳步推进。

### 3. 远期产业目标（8～10年）

从长远看，提高模具设计质量，缩短模具设计周期，是模具设计领域的永恒话题。随着计算机软硬件水平的提高，以及人工智能技术的不断发展，在模具设计领域，人们希望进行模具的智能化设计和自动化设计，从而能够快速优化地进行模具设计，减轻模具设计人员的劳动强度，也是模具设计领域的远大理想目标。

## 5.2.3 模具制造

以模具制造的市场需求分析研讨结果，确定了模具制造的10个市场需求要素。根据市场需求要素，围绕产业目标调研，初步整理出模具制造的23个产业目标要素，如表5-5所示。

表5-5 模具制造的产业目标要素

| 序号 | 产业目标要素 | 细分领域 |
| --- | --- | --- |
| 1 | 提高使用国产机床品牌的市场占有率 | 机床设备与加工技术 |
| 2 | 使用具有智能化、自动化、高效化、精密化的机床 | |
| 3 | 模具加工模块化 | |
| 4 | 国产数控系统性能赶超进口，并逐步替代进口 | |
| 5 | 大部分使用国产数控系统 | |
| 6 | 机床的高可靠性 | |
| 7 | 使用具有多种功能的模具柔性制造单元及系统 | |
| 8 | 模具加工流程规范化 | |
| 9 | 模具加工自动化和智能化 | |
| 10 | 模具加工工艺规范和标准 | 机床设备与加工技术 |
| 11 | 金属3D打印直接制造复杂随形冷却模具的型芯型腔等关键零部件 | |

续表5-5

| 序号 | 产业目标要素 | 细分领域 |
|---|---|---|
| 12 | 普及型、中高档数控系统的普及化 | 数控系统与CAM |
| 13 | 国产高端数控系统水平赶超国际一流数控系统水平 | 数控系统与CAM |
| 14 | 智能化、开放式、网络化的数控系统 | 数控系统与CAM |
| 15 | 可靠性高，数控装置的MTBF值6000h以上，伺服系统的MTBF值30 000h以上，表现出非常高的可靠性 | 数控系统与CAM |
| 16 | 模具CAM软件具有强大造型功能、数控编程、刀具路径模拟及真实感模拟等、等后处理功能 | 数控系统与CAM |
| 17 | 简单易用，安装拆卸方便，安装精度高，重复定位精度高 | 夹具 |
| 18 | 方便快捷，可在机外检测 | 夹具 |
| 19 | 产品质量高，工作效率高 | 夹具 |
| 20 | 夹具的标准化设计与制造 | 夹具 |
| 21 | 成熟的模具生产车间管理系统和生产精益化管理 | 信息化 |
| 22 | 企业内部的各类单元信息技术的集成和协同应用 | 信息化 |
| 23 | 基于互联网的模具行业规模化生产 | 信息化 |

经过前期的调研和广泛收集意见并进行统计整理，再经过专家研讨会充分讨论，专家对上述23个产业目标要素进行打分排序，工作组通过德尔菲法获取数据，凝炼出模具制造板块10个重要的产业目标要素并对其排序，结果如表5-6所示。

表5-6 模具制造的产业目标要素优先顺序排序

| 序号 | 产业目标要素 | 专家评分 | 优先排序 |
|---|---|---|---|
| 1 | 模具加工自动化和智能化 | 10.00 | 1 |
| 2 | 使用具有智能化、自动化、高效化、精密化的机床 | 9.72 | 2 |
| 3 | 国产数控系统性能赶超进口，并逐步替代进口 | 9.59 | 3 |
| 4 | 使用具有多种功能的模具柔性制造单元及系统 | 9.43 | 4 |
| 5 | 夹具的标准化设计与制造 | 9.35 | 5 |
| 6 | 模具加工流程规范化 | 9.20 | 6 |
| 7 | 企业内部的各类单元信息技术的集成和协同应用 | 9.01 | 7 |
| 8 | 基于互联网的模具行业规模化生产 | 8.96 | 8 |

续表5-6

| 序号 | 产业目标要素 | 专家评分 | 优先排序 |
|---|---|---|---|
| 9 | 提高使用国产机床品牌的市场占有率 | 8.78 | 9 |
| 10 | 金属3D打印直接制造复杂随形冷却模具的型芯型腔等关键零部件 | 8.64 | 10 |

表5-4列出的模具制造板块10个产业目标要素，具体分成三个阶段实现：

### 1. 近期产业目标（<3年）

由于对模具的加工精度和加工质量要求较高，故要有先进的高精度的加工设备做保障。模具制造使用具有智能化、自动化、高效化、精密化的机床，是模具制造的基本要求和目标。同时，模具制造过程中夹具的标准化设计与制造、模具加工流程的规范化也是模具制造的追求目标。

### 2. 中期产业目标（3~8年）

目前，在模具制造领域，省内高档加工机床大都是进口设备，因此，从中期看，提高使用国产机床品牌的市场占有率成为广东省模具产业的一大自信需求和追求目标；同时，希望国产数控系统的性能赶超进口，并逐步替代进口，使国产加工机床能满足模具产业的市场需求，并使用具有多种功能的模具柔性制造单元及系统，实现模具加工的自动化和智能化。

### 3. 远期产业目标（8~10年）

从长远看，模具制造领域将实现智能化加工，将模具制造变为模具智造，模具企业内部的各类单元信息技术的集成和协同应用，将利用数字化技术和互联网技术，实现基于互联网的模具行业规模化生产。同时，随着金属3D打印技术的成熟和发展，未来将大规模地采用金属3D打印技术直接制造复杂随形冷却模具及其关键零部件，从而实现模具的快速制造与制品成型。

## 5.2.4 模具检测

以模具检测的市场需求分析研讨结果，确定了模具检测的10个市场需求要素。根据市场需求要素，围绕产业目标调研，初步整理出模具检测的15个产业目标要素，如表5-7所示。

表5-7 模具检测的产业目标要素

| 序号 | 产业目标要素 |
|---|---|
| 1 | 检测速度快、精度高、检测全面、可靠性强 |
| 2 | 对工件无磨损、易装夹、易操作 |

续表5-7

| 序号 | 产业目标要素 |
|---|---|
| 3 | 使用综合性测量工具 |
| 4 | 检测输出量的数字图形化 |
| 5 | 检测流程规范化 |
| 6 | 非接触式检测 |
| 7 | 自动化在线测量 |
| 8 | 从抽样到全面测量分析 |
| 9 | 以结果为目的转变为过程控制 |
| 10 | 规范的检测报告及其自动生成 |
| 11 | 从接触式的离线检测向非接触式的全自动的在线或在机检测方向发展 |
| 12 | 自动化在机测量 |
| 13 | 国产检测设备的技术水平赶超国外同类产品 |
| 14 | 国产检测设备替代进口设备 |
| 15 | 常态化的检测管理与数据分析 |

经过前期的调研和广泛收集意见并进行统计整理，再经过专家研讨会充分讨论，专家对上述15个产业目标要素进行打分排序，工作组通过德尔菲法获取数据，凝炼出模具检测板块10个重要的产业目标要素并对其排序，结果如表5-8所示。

表5-8 模具检测的产业目标要素优先顺序排序

| 序号 | 产业目标要素 | 专家评分 | 优先排序 |
|---|---|---|---|
| 1 | 检测速度快、精度高、检测全面、可靠性强 | 10.00 | 1 |
| 2 | 检测流程规范化 | 9.88 | 2 |
| 3 | 自动化在线测量 | 9.81 | 3 |
| 4 | 国产检测设备替代进口设备 | 9.74 | 4 |
| 5 | 常态化的检测管理与数据分析 | 9.59 | 5 |
| 6 | 以结果为目的转变为过程控制 | 9.52 | 6 |
| 7 | 自动化在机测量 | 9.36 | 7 |
| 8 | 非接触式检测 | 9.29 | 8 |
| 9 | 从抽样到全面测量分析 | 9.14 | 9 |
| 10 | 规范的检测报告及其自动生成 | 9.01 | 10 |

表5-4列出的模具检测版块10个产业目标要素，具体分成三个阶段实现：

### 1. 近期产业目标（<3年）

模具检测领域，企业希望使用检测速度快、精度高、检测全面、可靠性强的检测设备及技术来完成模具产品的检测，因此，要求检测流程要规范、检测报告要规范并能自动生成，并需要采用常态化的检测管理与数据分析，从而保证模具产品的质量。另外，采用非接触式检测技术是模具检测的发展趋势和用户要求，需要加大研发力度，提高非接触式检测技术的检测精度，降低检测成本。

### 2. 中期产业目标（3～8年）

从中期看，为了提高模具制造的效率和精度，可以采用自动化在线测量手段来实现。自动化在线测量技术可减少人为操作误差和非加工时间，是模具检测领域的产业目标之一。目前我省高端模具检测设备大都是从国外进口的，如何发展国产检测设备、提高国产检测设备的水平、使国产检测设备能够完全替代进口设备，是模具检测领域的又一个目标。确定了目标，需要积极稳步推进。

### 3. 远期产业目标（8～10年）

从长远看，在模具制造过程中实现模具的自动化在线测量是必然趋势，也是该领域所追求的远大目标，为模具的智能制造和自动化制造提供前提条件。另外，在模具的检测中，实现从抽样检测到全面测量分析、以结果为目的转变为过程控制，是模具检测领域的终极目标，也是模具产业未来需要投入大量人力物力去加以攻关完成的使命。在模具检测方面形成研发主体分别为高校、科研机构和产学研平台等多种合作共存的局面，并进一步提升省内外模具检测生产企业的自主创新能力和高端人才吸引力，同时具备进行国际生产配套和参与国际竞争的能力，服务我省模具产业走出去的战略任务。

## 5.2.5 模具修复

经过前期的调研和广泛收集意见并进行统计整理，再经过专家研讨会充分讨论，专家打分，工作组通过德尔菲法获取数据，凝炼出模具修复板块8个重要的产业目标要素并对其排序，结果如表5-9所示。

表5-9 模具修复的产业目标要素优先顺序排序

| 序号 | 产业目标要素 | 专家评分 | 优先排序 |
|---|---|---|---|
| 1 | 传统修复技术的熟练推广使用 | 10.00 | 1 |
| 2 | 模具修复区性能与基体一致 | 9.75 | 2 |
| 3 | 激光修复技术广泛应用于精密复杂模具的修复 | 9.73 | 3 |
| 4 | 热喷涂技术的推广应用 | 9.55 | 4 |
| 5 | 焊接修复后无须再进行热处理 | 9.51 | 5 |

续表5-9

| 序号 | 产业目标要素 | 专家评分 | 优先排序 |
|---|---|---|---|
| 6 | 广泛采用无须后续热处理焊接修复的回火焊道焊接技术 | 9.27 | 6 |
| 7 | 数字化技术在模具修复中的应用 | 9.15 | 7 |
| 8 | 广泛采用基于金属3D打印的模具修复技术 | 8.98 | 8 |

表5-4列出的模具修复版块8个产业目标要素，具体分成三个阶段实现：

### 1. 近期产业目标（<3年）

模具修复，一般是指模具在服役使用一段时间后出现失效时采用修复技术来提高模具使用寿命的方式。对于一套新模具在试模后，如需要修模，除了采用常规的模具加工技术进行修复以外，也可以采用传统的修复技术，如烧焊、堆焊、热喷涂、激光焊等技术。因此，模具修复的近期产业目标就是：传统修复技术的熟练推广使用，模具修复区性能与基体一致，热喷涂技术的推广应用以及激光修复技术广泛应用于精密复杂模具的修复。

### 2. 中期产业目标（3~8年）

从中期看，模具修复完成后，最好无须后续的热处理，这样可以减少模具修复的时间，大大提高模具修复的效率。因此，大部分企业希望模具焊接修复后无须再进行热处理，广泛采用无须后续热处理焊接修复的回火焊道焊接技术。当然，这个产业目标对模具的焊接技术和焊接人员提出了较高的要求。

### 3. 远期产业目标（8~10年）

从长远看，模具修复要利用数字化模拟技术和先进的无损检测技术，将数字化技术广泛应用在模具的修复中，从而可以对模具修复进行过程控制，达到完美的修复质量，大大提高了修复效率。同时，随着金属3D打印技术的发展和成熟，广泛采用基于金属3D打印的模具修复技术也是模具修复领域的一个长远目标。

## 5.3 总体模具产业目标

经过对国内和广东省模具产业市场需求的分析，再结合研讨会专家意见，最终形成模具产业目标要素及排序如表5-10所示。模具产业目标要素的统计和计算考虑了专家打分值和影响值，计算方法与市场需求要素的计算和排序方法相同。

表5-10 模具产业目标要素及排序

| 序号 | 产业目标要素 | 专家评分 | 优先排序 |
|---|---|---|---|
| 1 | 研制开发高端模具材料和模具制造检测及修复装备，实现国产化，增加先进模具技术和装备的应用 | 10.00 | 1 |

续表5-10

| 序号 | 产业目标要素 | 专家评分 | 优先排序 |
|---|---|---|---|
| 2 | 研发服务于模具产业的高端国产软件 | 9.86 | 2 |
| 3 | 建立国际化模具人才培养基地，提升模具人才技术和技能水平 | 9.72 | 3 |
| 4 | 模具的自动化集成制造和智能制造 | 9.55 | 4 |
| 5 | 培育具有国际竞争力的模具企业和创新平台 | 9.34 | 5 |
| 6 | 规范国内模具钢市场，完善模具钢应用体系 | 9.21 | 6 |
| 7 | 建立模具产业的过程控制及质量评价技术体系 | 8.91 | 7 |
| 8 | 金属3D打印技术在模具行业的规模化与实用化 | 8.76 | 8 |

从表5-10可以看出，产业目标要素的排序基本体现了市场需求情况。

由于国内在高端模具装备、模具材料及模具软件方面与发达国家差距明显，最紧迫的是提高高端模具装备、材料和软件的国产化水平。广东省高端模具人才缺乏，需要借助广东省产业经济的优势创造条件，积极引进国内和国际的高端模具人才；模具的自动化集成制造和智能制造的提高正好契合广东省产业升级的迫切需求。

表5-4列出的模具产业8个产业目标要素，具体分成三个阶段实现：

### 1. 近期产业目标（<3年）

广东省内产业升级，带来大量高端模具装备和模具材料的需求，要改变长期以来依赖进口的现状，近期需要大力推进高端模具设备和材料的国产化，在家电、电子电器、汽车等重点工业领域实现国产化率提升10%的目标；要实现目标就必须依赖高素质的模具专业人才，要汇聚和培养人才，就需要建设国际化模具人才培养基地。为提高生产效率，也必须推进模具产业的自动化，以降低劳动强度，提高模具质量，扩大生产规模。

### 2. 中期产业目标（3~8年）

随着国内装备制造和材料水平的提高，高端的模具装备和模具材料国产化率将进一步提升，同时，需要实现模具产业的自动化率提升20%的目标。目标的实现离不开产学研合作的结合，先进的模具技术必须能够真正进入生产环节。这需要政府支持引导，以建设合作平台、解决产业化过程中的共性关键问题。同时，由高校和科研机构主导合作建设模具产业互联网和基础数据库，并逐步更新完善。

### 3. 远期产业目标（8~10年）

从长远来说，模具产业发展取决于模具人才培养和模具相关企业的发展壮大；同时，模具产业对后续使用模具的企业往往影响很大，因此，必须严控模具质量，通过建立模具产业的过程控制及质量评价技术体系，保证模具质量的可靠性和可控性。

## 5.4 总体市场需求和产业目标关联分析

产业目标要素建立在市场需求要素的基础上，因此，需要分析评判市场需求要素与产业目标要素的关联性，进而确定符合市场需求、需要优先实现的产业目标。具体方法是构建市场需求要素与产业目标要素的关联分析矩阵，其中，矩阵横向指标为市场需求要素，纵向指标为产业目标要素。每位专家对纵横要素交叉点做出评价，两者相关加1分，不相关不加分，负相关减1分。工作人员参考《产业技术路线图原理与制定》中的关联分析方法，对结果进行统计分析，分析结果如表5-11所示。

可见，根据市场需求程度，需要优先实现的产业目标是：研制开发高端模具材料和模具制造检测及修复装备，实现国产化，增加先进模具技术和装备的应用；其次是研发服务于模具产业的高端国产软件，建立国际化模具人才培养基地，提升模具人才技术和技能水平，提高模具的自动化集成制造和智能制造水平，加强模具专业人才建设和产学研的联合，最终形成联盟和创新平台。在此基础上，开展模具标准和模具数据库的建设，推进整个模具产业水平的提高。

表5-11 总体市场需求要素和产业目标要素的关联度计算及排序

| 市场需求要素及专家判断值 | 发展先进模具技术，提高模具设计制造的质量和效率 | 培养更多高素质模具人才 | 高端模具材料及模具制造、检测和修复设备的国产化 | 模具钢钢种的系列化、模具钢市场的规范化和标准化 | 先进的模具设计方法及高端软件国产化 | 模具产业中的标准化、自动化和信息化 | 发展模具的绿色制造与智能制造技术 | 模具制造的自动化、在机测量技术及质量控制 | 多学科多技术协同解决模具工程问题的整体方案 | 模具产业中管理与运行模式创新 | 关联度值 | 优先排序 |
|---|---|---|---|---|---|---|---|---|---|---|---|---|
| 产业目标要素及专家关联度判断值 | 10.00 | 9.79 | 9.58 | 9.48 | 9.28 | 8.97 | 8.76 | 8.56 | 8.45 | 8.25 | | |
| 研制开发高端模具材料和模具制造及修复装备，实现国产化，增加先进模具技术和装备的应用 | 27 | 26 | 28 | 24 | 25 | 23 | 26 | 27 | 21 | 22 | 2276.44 | 1 |
| 研发服务于模具产业的高端国产软件 | 27 | 28 | 23 | 17 | 27 | 22 | 21 | 23 | 20 | 21 | 2096.61 | 2 |
| 建立国际化模具人才培养基地，提升模具人才技术和技能水平 | 22 | 27 | 21 | 19 | 21 | 22 | 21 | 18 | 17 | 19 | 1896.29 | 3 |

续表5-11

| 市场需求要素及专家判断值 \ 产业目标要素及专家关联度判断值 | 发展先进模具技术，提高模具设计制造的质量和效率 | 培养更多高素质模具人才 | 高端模具材料及模具制造、检测和修复设备的国产化 | 模具钢钢种的系列化、模具钢市场的规范化和标准化 | 先进的模具设计方法及高端软件国产化 | 模具产业中的标准化、自动化和信息化 | 发展模具的绿色制造与智能制造技术 | 模具制造的自动化在机测量技术及质量控制 | 多学科多技术协同解决模具工程问题的整体方案 | 模具产业中管理与运行模式创新 | 关联度值 | 优先排序 |
|---|---|---|---|---|---|---|---|---|---|---|---|---|
|  | 10.00 | 9.79 | 9.58 | 9.48 | 9.28 | 8.97 | 8.76 | 8.56 | 8.45 | 8.25 |  |  |
| 模具的自动化集成制造和智能制造 | 23 | 21 | 15 | 15 | 21 | 23 | 24 | 25 | 18 | 21 | 1872.27 | 4 |
| 培育具有国际竞争力的模具企业和创新平台 | 18 | 17 | 27 | 26 | 15 | 17 | 16 | 18 | 18 | 17 | 1729.85 | 6 |
| 规范国内模具钢市场、完善模具钢应用体系 | 15 | 18 | 27 | 25 | 13 | 21 | 18 | 15 | 12 | 18 | 1666.87 | 7 |
| 建立模具产业的过程控制及质量评价技术体系 | 14 | 19 | 18 | 19 | 21 | 23 | 24 | 22 | 17 | 14 | 1737.47 | 5 |
| 金属3D打印技术在模具行业的规模化与实用化 | 13 | 20 | 25 | 27 | 16 | 15 | 17 | 15 | 14 | 13 | 1607.16 | 8 |

## 5.5　本章小结

本章主要针对广东省模具产业目标进行分析,在资料调研和企业调研的基础上,依据广东省模具产业发展中的诸多因素进行综合分析,通过专家研讨会,针对模具产业发展的市场需求,分别针对模具材料、模具设计、模具制造、模具检测和模具修复五个板块,最终凝炼得到各个板块明确的产业目标要素。并对模具产业总体市场需求要素和产业目标要素进行了关联分析,这为后续模具产业技术壁垒的研讨和凝炼提供了依据,为模具产业技术路线图的绘制提供了科学论据,为模具产业的发展指明了方向。

# 第 6 章

# 模具产业技术壁垒分析

# 第 6 章 模具产业技术壁垒分析

> 为了更好地分析模具产业中存在的技术壁垒，需要了解近五年来模具产业的专利情况和技术标准情况。由于模具方面的国际专利很多，下面主要就国内和广东省内模具产业的专利进行统计分析，并重点统计分析广东省的三大模具（塑胶模具、压铸模具和五金模具）的授权专利（包括授权的发明专利和实用新型专利）情况。统计数据的主要来源是中国知网。

## 6.1 模具产业专利分析

以2018年上半年的模具专利为例。通过检索，查得模具发明专利共3735件，专利技术要素分布如图6-1a所示，其中，模具结构类发明专利占82.1%；查得模具实用新型专利共9555件，专利技术要素分布如图6-1b所示，其中，模具结构类实用新型专利占91.6%。

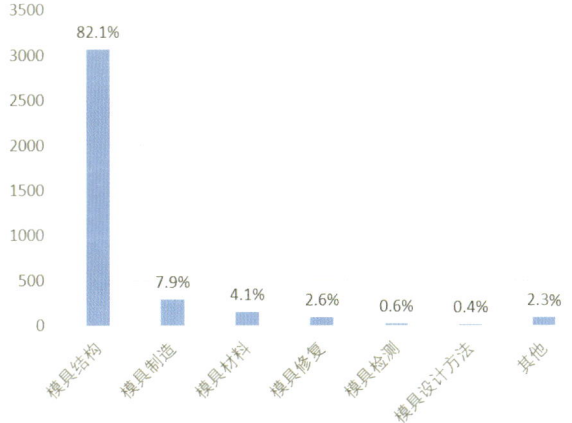

（a）模具发明专利技术要素分布

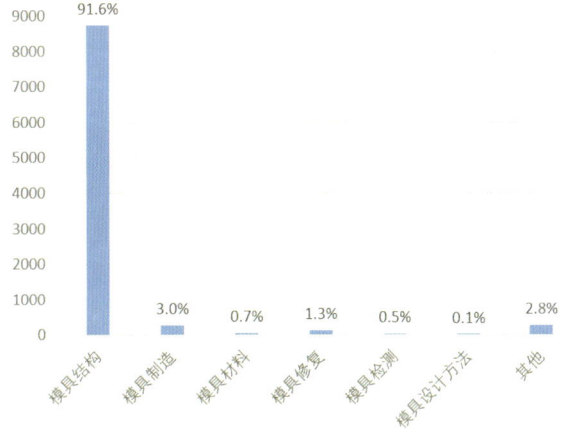

（b）模具实用新型专利技术要素分布

图6-1 模具专利技术要素分布

### 6.1.1 国内专利状况

#### 6.1.1.1 塑胶模具专利分布

**1. 2013年塑胶模具专利情况**

通过检索，2013年国内塑胶模具专利共1955件，其中发明专利569件，实用新型专利1336件，外观专利50件。2013年国内省份塑胶模具专利分布如图6-2所示。从图6-2中可以看出，广东省塑胶模具发明专利的占比为9%，实用新型专利的占比为18%，位列国内省份前三名。

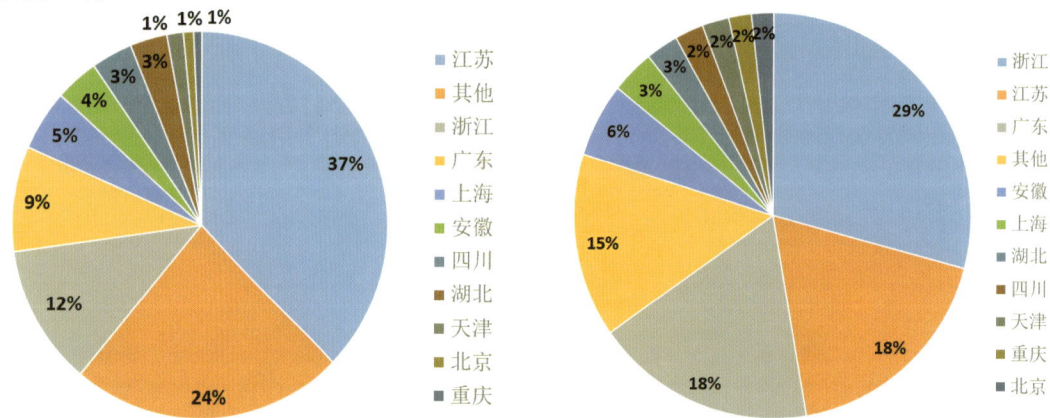

（a）2013年国内省份塑胶模具发明专利分布　　（b）2013年国内省份塑胶模具实用新型专利分布

图6-2　2013年国内省份塑胶模具专利分布

**2. 2014年塑胶模具专利情况**

通过检索，2014年国内塑胶模具专利共2257件，其中发明专利769件，实用新型专利1486件，外观专利2件。2014年国内省份塑胶模具专利分布如图6-3所示。从图6-3中可以看出，广东省塑胶模具发明专利的占比为9%，实用新型专利的占比为16%，位列国内省份前三名。

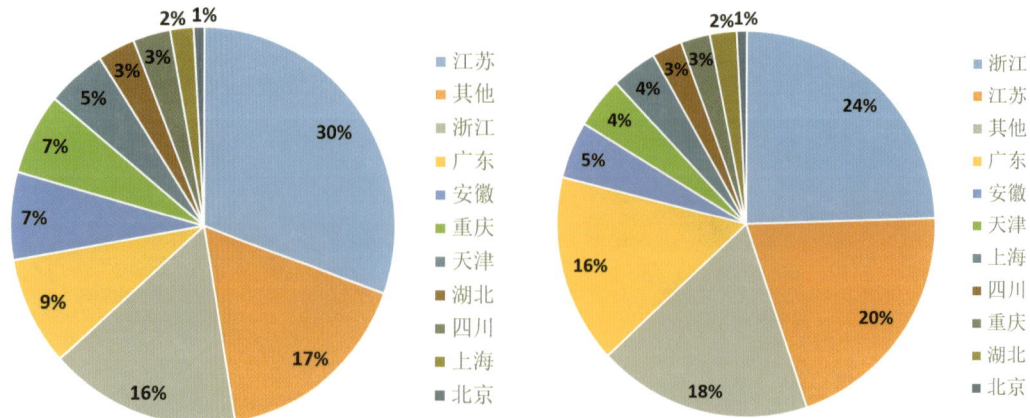

（a）2014年国内省份塑胶模具发明专利分布　　（b）2014年国内省份塑胶模具实用新型专利分布

图6-3　2014年国内省份塑胶模具专利分布

### 3. 2015年塑胶模具专利情况

通过检索，2015年国内塑胶模具专利共2617件，其中发明专利725件，实用新型专利1883件，外观专利9件。2015年国内省份塑胶模具专利分布如图6-4所示。从图6-4中可以看出，广东省塑胶模具发明专利的占比为12%，实用新型专利的占比为19%，位列国内省份前四名。

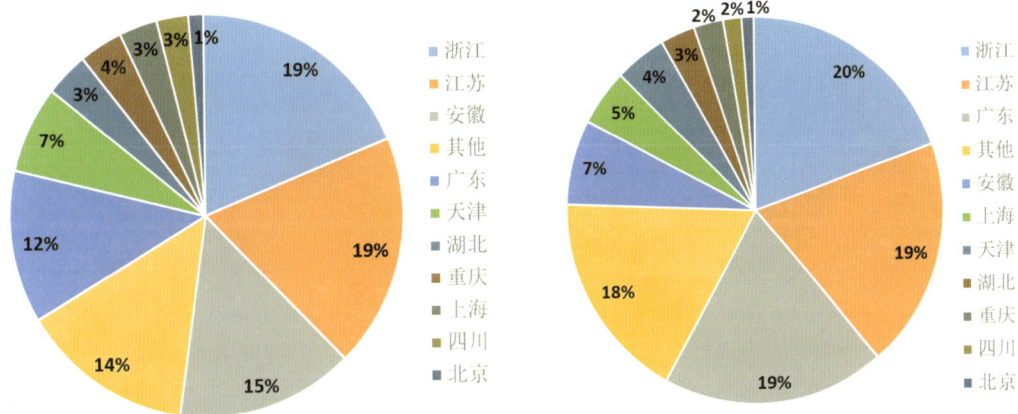

（a）2015年国内省份塑胶模具发明专利分布　　（b）2015年国内省份塑胶模具实用新型专利分布

图6-4　2015年国内省份塑胶模具专利分布

### 4. 2016年塑胶模具专利情况

通过检索，2016年国内塑胶模具专利共1657件，其中发明专利604件，实用新型专利1043件，外观专利10件。2016年国内省份塑胶模具专利分布如图6-5所示。从图6-5中可以看出，广东省塑胶模具发明专利的占比为16%，实用新型专利的占比为17%，位列国内省份前三名。

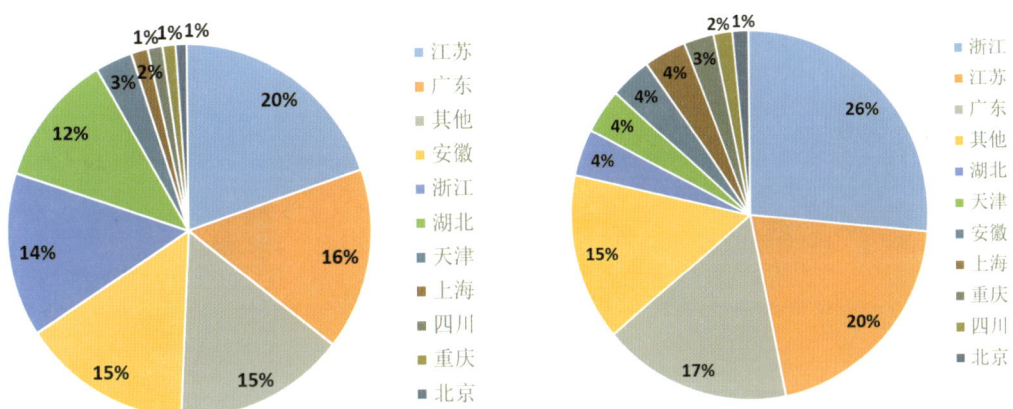

（a）2016年国内省份塑胶模具发明专利分布　　（b）2016年国内省份塑胶模具实用新型专利分布

图6-5　2016年国内省份塑胶模具专利分布

### 5. 2017年塑胶模具专利情况

通过检索，2017年国内塑胶模具专利共2218件，其中发明专利952件，实用新型专利1262件，外观专利4件。2017年国内省份塑胶模具专利分布如图6-6所示。从图6-6中可以看出，广东省塑胶模具发明专利的占比为35%，实用新型专利的占比为55%。2017年，广东省塑胶模具的专利比例极大提高，发明专利和实用新型专利数目皆跃居国内第一位。

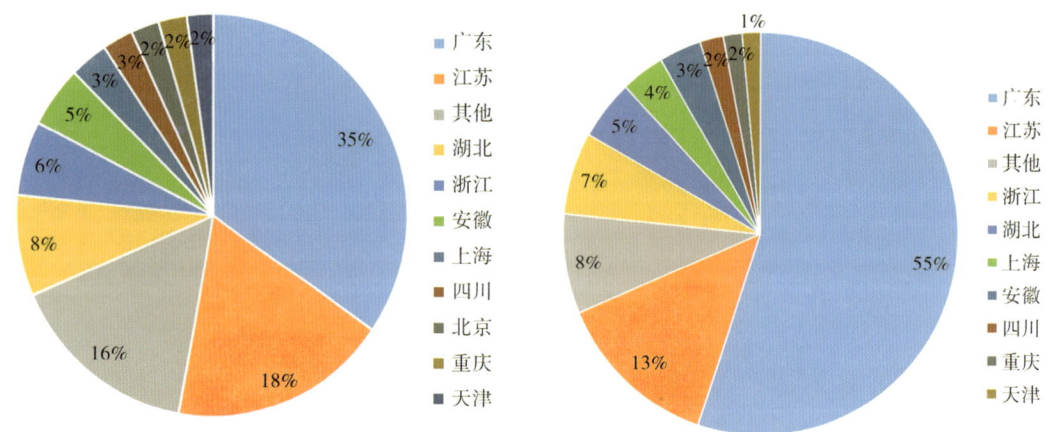

（a）2017年国内省份塑胶模具发明专利分布　　（b）2017年国内省份塑胶模具实用新型专利分布

图6-6　2017年国内省份塑胶模具专利分布

### 6. 2018年上半年塑胶模具专利情况（截至2018年6月30日）

通过检索，2018年上半年国内塑胶模具专利共1696件，其中发明专利623件，实用新型专利1073件。2018年上半年国内省份塑胶模具专利分布如图6-7所示。

从图6-7中可以看出，广东省塑胶模具发明专利的占比为33%，实用新型专利的占比为50%，均位列国内省份第一位。

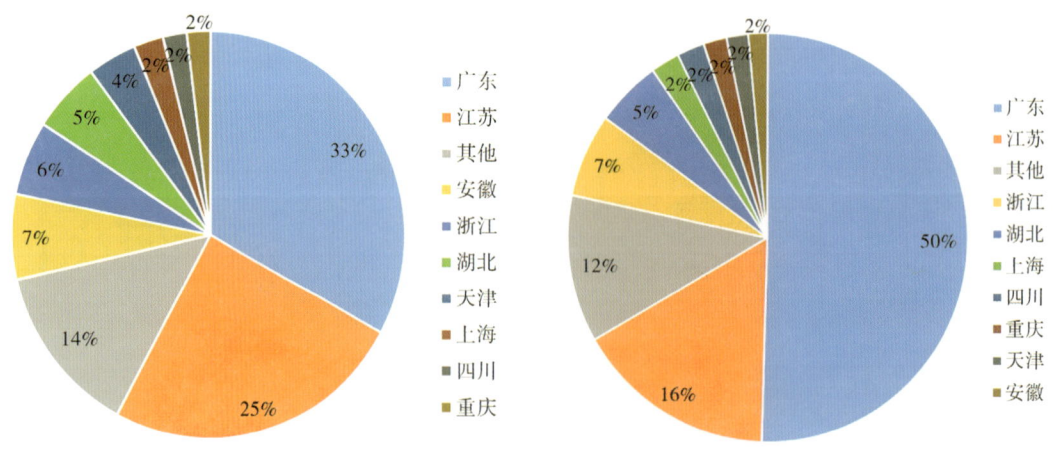

（a）国内省份塑胶模具发明专利分布　　（b）国内省份塑胶模具实用新型专利分布

图6-7　2018年上半年国内省份塑胶模具专利分布

### 6.1.1.2 压铸模具专利情况

通过初步检索，发现国内压铸模具、五金模具的专利数量远少于塑胶模具的专利数量，所以，下面以2013—2018年（截至2018年6月30日）为时间段进行统计总数分布，更加具有代表性。

通过检索，2013—2018年国内压铸模具专利共2433件，其中发明专利700件，实用新型专利1575件，外观专利158件。2013—2018年国内省份压铸模具专利分布如图6-8所示。

从图6-8中可以看出，广东省压铸模具发明专利的占比为16%，实用新型专利的占比为23%，位列国内省份前三名。

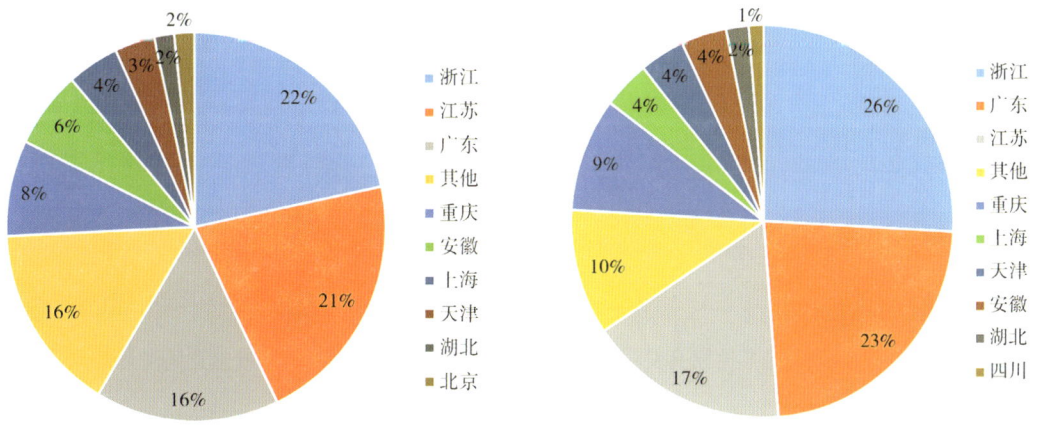

（a）2013—2018年国内省份压铸模具发明专利分布　　（b）2013—2018年国内省份压铸模具实用新型专利分布

图6-8　2013—2018年国内省份压铸模具专利分布

### 6.1.1.3 五金模具专利情况

通过检索，2013—2018年国内五金模具专利共7132件，其中发明专利2216件，实用新型专利4886件，外观专利30件。2013—2018年国内省份五金模具专利分布如图6-9所示。

从图6-9中可以看出，广东省五金模具发明专利的占比为11%，位列国内省份前三名；实用新型专利的占比为30%，位列国内省份第一名。

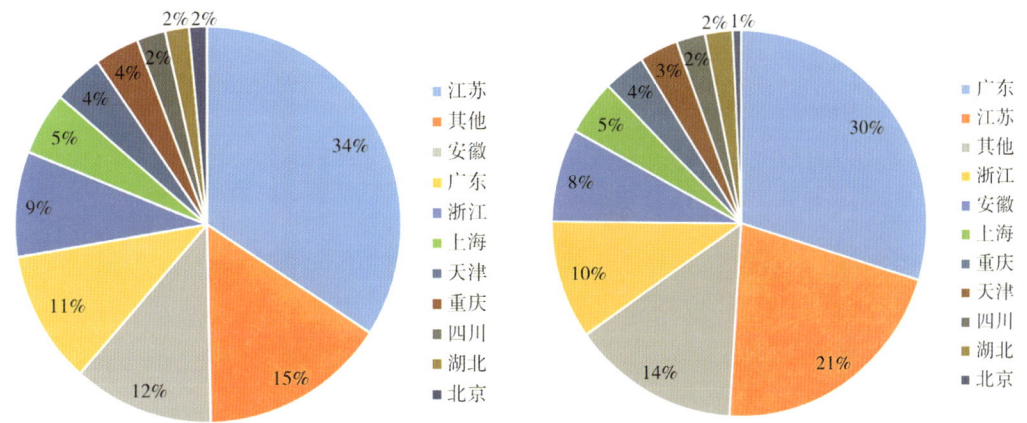

（a）2013—2018年国内省份五金模具发明专利分布　　（b）2013—2018年国内省份五金模具实用新型专利分布

图6-9　2013—2018年国内省份五金模具专利分布

#### 6.1.1.4 其他（玻璃、石膏、硅胶）模具专利情况

通过检索，2013—2018年国内其他模具专利共2242件，其中发明专利1107件，实用新型专利983件，外观专利152件。2013—2018年国内省份其他模具专利分布如图6-10所示。

从图6-10中可以看出，广东省其他模具发明专利的占比为13%，位列国内省份第二名；实用新型专利的占比为25%，位列国内省份第一名。

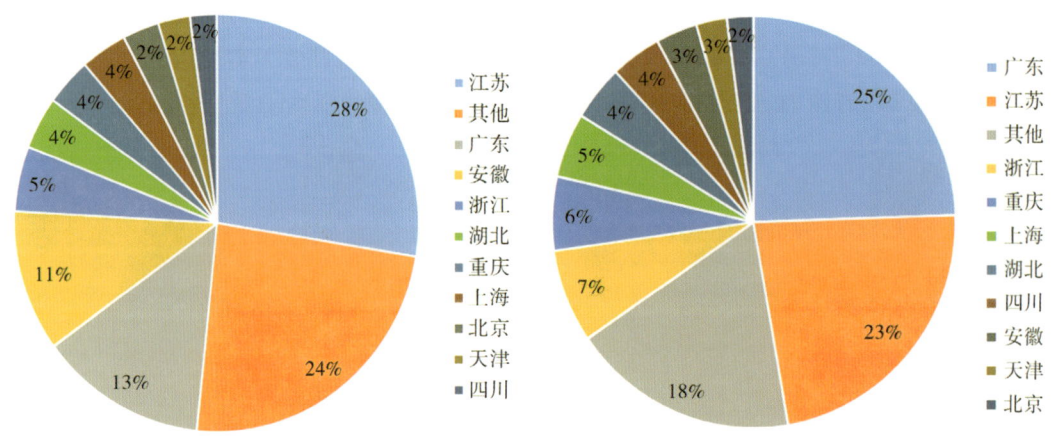

（a）2013—2018年国内省份其他模具发明专利分布　　（b）2013—2018年国内省份其他模具实用新型专利分布

图6-10　2013—2018年国内省份其他模具专利分布

### 6.1.2　省内专利状况

从2013年至2017年期间，广东省模具专利增长趋势如图6-11所示。

从图6-11中可以看出，我省模具发明专利的数目是逐年增长的，而实用新型专利的数目基本也是呈增长趋势。

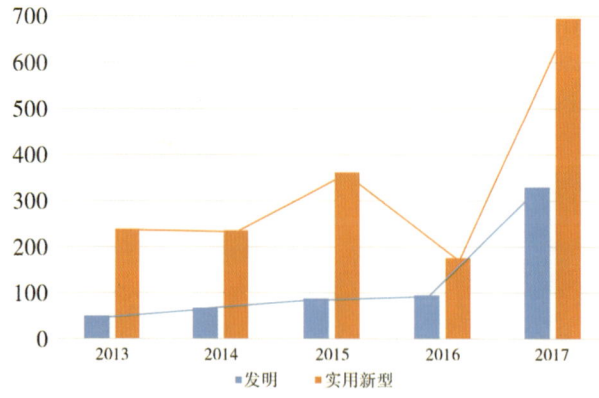

图6-11　2013—2017年广东省模具专利增长趋势图

### 6.1.2.1 塑胶模具专利情况

**1. 2013年塑胶模具专利情况**

通过检索，2013年广东省塑胶模具专利共289件，其中发明专利50件，实用新型专利239件。2013年广东省内各城市塑胶模具专利分布如图6-12所示。从图6-12中可以看出，专利申请主要集中在深圳、广州、东莞、佛山、中山、珠海等珠三角发达城市，其中，深圳市的发明专利和实用新型专利占比最多，均位列省内各城市第一。

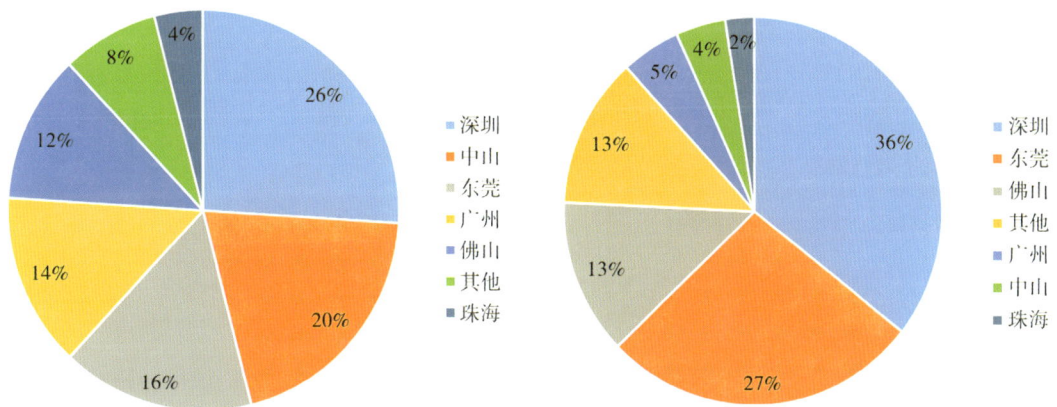

（a）2013年省内各城市塑胶模具发明专利分布　（b）2013年省内各城市塑胶模具实用新型专利分布

图6-12　2013年广东省内各城市塑胶模具专利分布

**2. 2014年塑胶模具专利情况**

通过检索，2014年广东省塑胶模具专利共303件，其中发明专利68件，实用新型专利235件。

2014年广东省内各城市塑胶模具专利分布如图6-13所示。其中，东莞市塑胶模具的发明专利占比为38%，位列第一；而实用新型专利方面，深圳市的专利最多，占比达到40%。

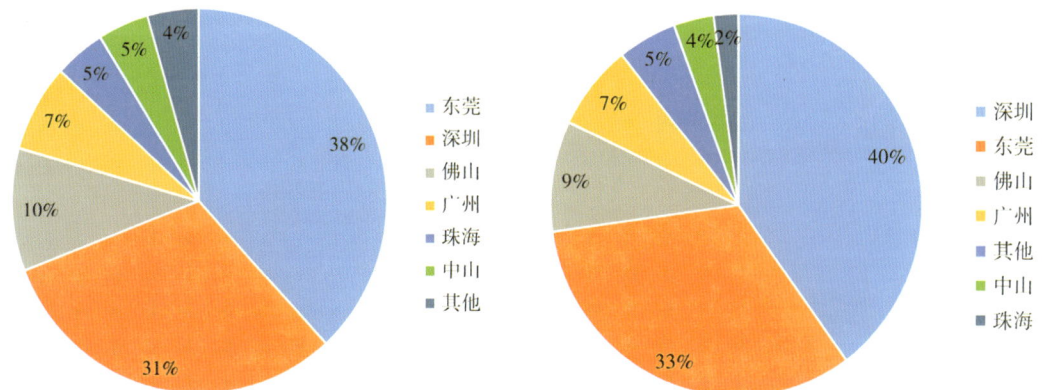

（a）2014年省内各城市塑胶模具发明专利分布　（b）2014年省内各城市塑胶模具实用新型专利分布

图6-13　2014年广东省内各城市塑胶模具专利分布

### 3. 2015年塑胶模具专利情况

通过检索，2015年广东省塑胶模具专利共449件，其中发明专利88件，实用新型专利361件。2015年广东省内各城市塑胶模具专利分布如图6-14所示。其中，深圳市塑胶模具的发明专利占比为25%，位列第一；而实用新型专利方面，东莞市的专利最多，占比达到32%。

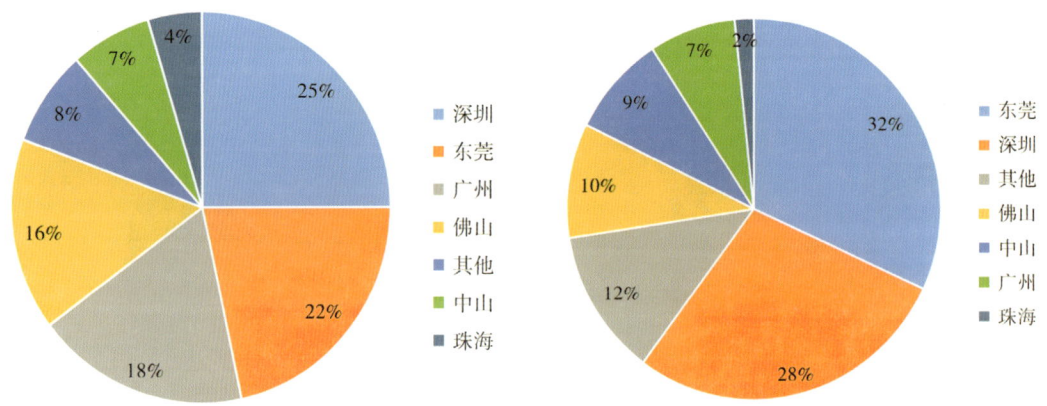

（a）2015年省内各城市塑胶模具发明专利分布　（b）2015年省内各城市塑胶模具实用新型专利分布

图6-14　2015年广东省内各城市塑胶模具专利分布

### 4. 2016年塑胶模具专利情况

通过检索，2016年广东省塑胶模具专利共272件，其中发明专利95件，实用新型专利177件。2016年广东省内各城市塑胶模具专利分布如图6-15所示。其中，深圳市、东莞市的塑胶模具发明专利比例均为26%，并列第一；而实用新型专利方面，东莞市的专利最多，占比达到35%。

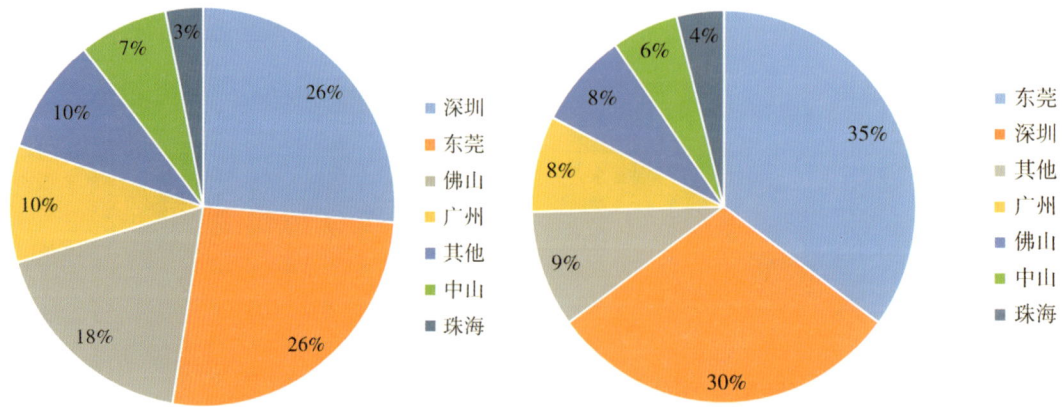

（a）2016年省内各城市塑胶模具发明专利分布　（b）2016年省内各城市塑胶模具实用新型专利分布

图6-15　2016年广东省内各城市塑胶模具专利分布

### 5. 2017年塑胶模具专利情况

通过检索，2017年广东省塑胶模具专利共1024件，其中发明专利329件，实用新型专利695件。2017年广东省内各城市塑胶模具专利分布如图6-16所示。其中，东莞市的发明专利和实用新型专利占比最多，分别为41%和53%，均位列省内各城市第一，且其实用新型专利占比超过了全省的一半。

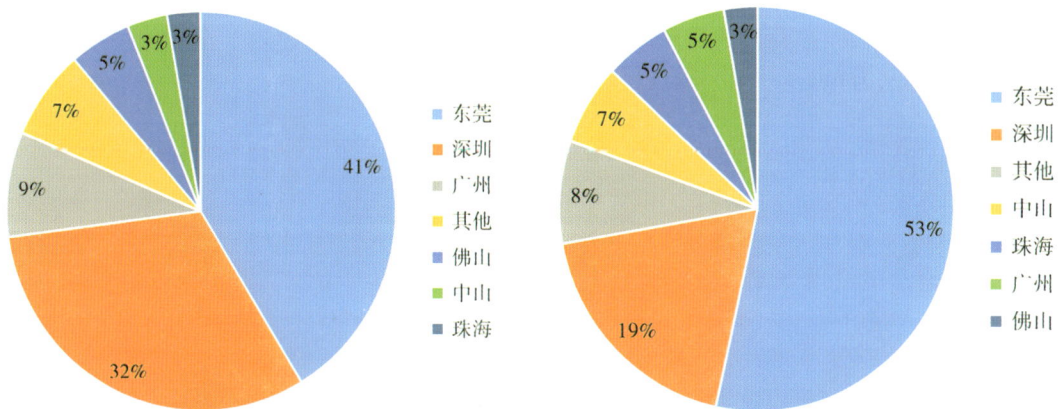

（a）2017年省内各城市塑胶模具发明专利分布　（b）2017年省内各城市塑胶模具实用新型专利分布

图6-16　2017年广东省内各城市塑胶模具专利分布

### 6. 2018年上半年塑胶模具专利情况（截至2018年6月30日）

通过检索，2018年上半年广东省塑胶模具专利共756件，其中发明专利205件，实用新型专利551件。2018年上半年广东省内各城市塑胶模具专利分布如图6-17所示，其中，东莞市的发明专利和实用新型专利占比最多，均为45%，仍位列省内各城市第一。

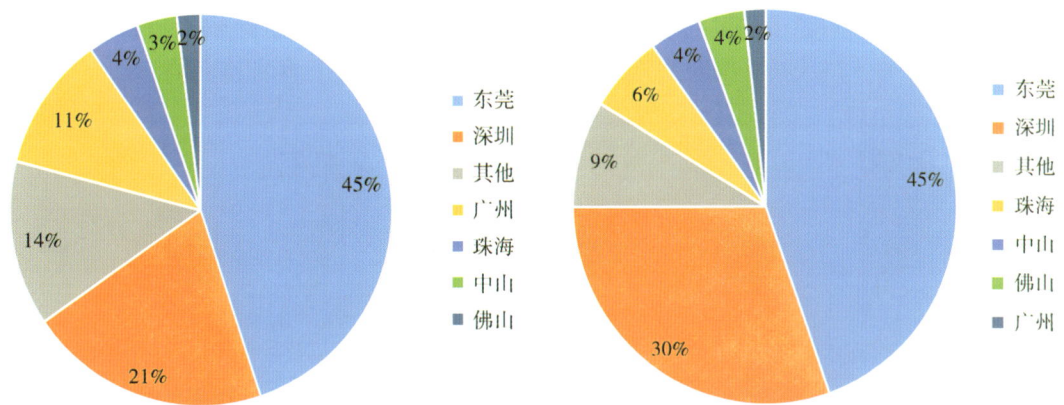

（a）省内各城市塑胶模具发明专利分布　　（b）省内各城市塑胶模具实用新型专利分布

图6-17　2018年上半年广东省内各城市塑胶模具专利分布

#### 6.1.2.2　压铸模具专利情况

通过初步检索，发现省内压铸模具、五金模具的专利数量也远少于塑胶模具的专利数量，所以，下面以2013—2018年（截至2018年6月30日）为时间段进行统计总数分布，更加具有代表性。

通过检索，2013—2018年广东省内压铸模具专利共471件，其中发明专利110件，实用新型专利361件。2013—2018年广东省内各城市压铸模具专利分布如图6-18所示。从图6-18中可以看出，东莞市的压铸模具发明专利占比最大，为39%；深圳市的占比为15%，居各城市第二名；而广州、中山、佛山和珠海等四个城市的发明专利占比接近。而从实用新型专利占比来看，东莞市的实用新型专利占比最大，为52%，超过了全省的一半；其次是深圳市，占比为19%。

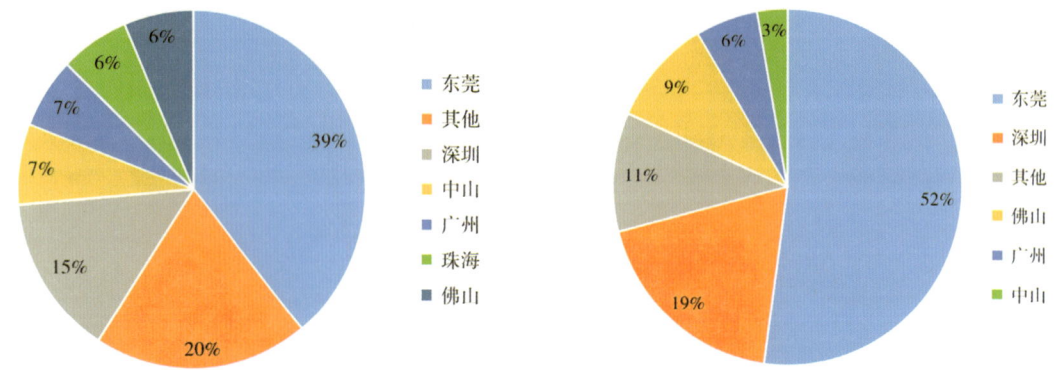

（a）省内各城市压铸模具发明专利分布　　（b）省内各城市压铸模具实用新型专利分布

图6-18　2013—2018年广东省内各城市压铸模具专利分布

### 6.1.2.3　五金模具专利情况

通过检索，2013—2018年广东省内五金模具专利共1734件，其中发明专利219件，实用新型专利1515件。2013—2018年广东省内各城市五金模具专利分布如图6-19所示。从图6-19中可以看出，东莞市的发明专利和实用新型专利占比最多，分别为34%和52%，均位列省内各城市第一，且其实用新型专利占比超过了全省的一半；深圳排名第二，占比分别为19%和21%。

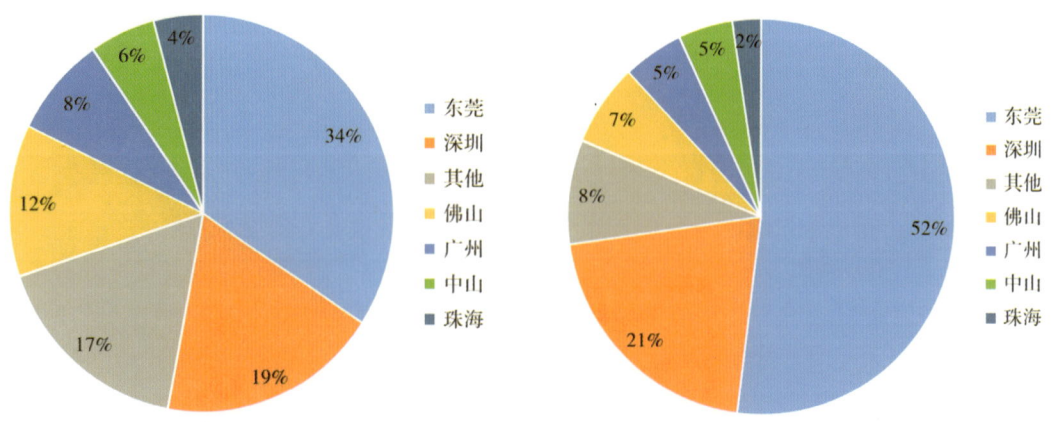

（a）省内各城市五金模具发明专利分布　　（b）省内各城市五金模具实用新型专利分布

图6-19　2013—2018广东省内各城市五金模具专利分布

#### 6.1.2.4 其他（玻璃、石膏、硅胶等）专利情况

通过检索，2013—2018年广东省内其他模具专利共271件，其中发明专利149件，实用新型专利122件。2013—2018年广东省内各城市其他模具专利分布如图6-20所示。从图6-20中可以看出，佛山市的发明专利占比最大，为31%；其次是东莞市，占比为23%。而从实用新型专利分布来看，深圳市的占比最大，为33%；其次是东莞市，占比为26%；广州市的占比为14%，排第三名。

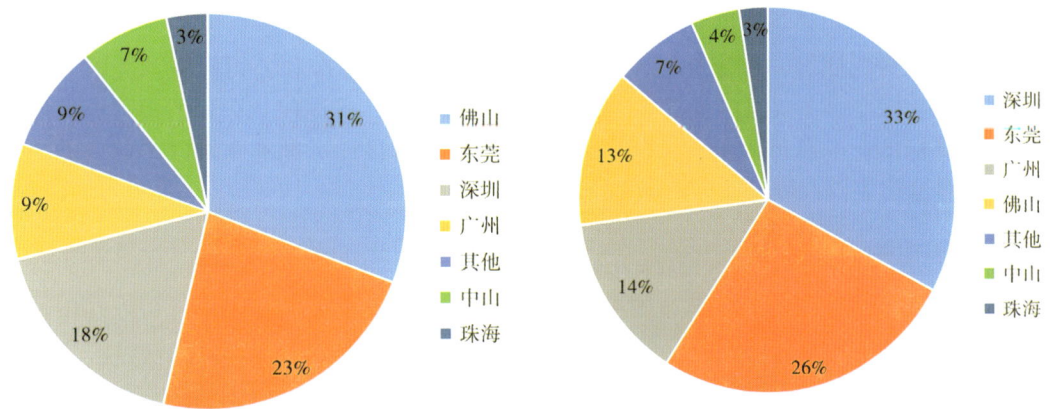

（a）省内各城市其他模具发明专利分布　　（b）省内各城市其他模具实用新型专利分布

图6-20　2013—2018年广东省内各城市其他模具专利分布

## 6.2 模具产业标准分析

### 6.2.1 国外标准状况

#### 6.2.1.1 国际标准

国际标准是指国际标准化组织（ISO）、国际电工委员会（IEC）和国际电信联盟（ITU）制定的标准，以及国际标准化组织确认并公布的其他国际组织制定的标准。国际标准在世界范围内统一使用。

国际标准化组织宗旨是：在世界范围内促进标准化工作的开展，以利于国际物资交流和互助，并扩大知识、科学、技术和经济方面的合作。主要任务是：制定国际标准，协调世界范围内的标准化工作，与其他国际性组织合作研究有关标准化问题。

现行国际ISO模具标准数量有48项，主要涉及冲模、成型模（塑料模、压铸模）等。其中，冲模标准有29项，塑料模和压铸模标准有19项。

#### 6.2.1.2 其他国外先进标准

其他国外先进标准，一般是指除国际标准之外的其他国际组织的标准、发达国家的国家标准、区域性组织的标准和国际上有权威的团体标准与企业（公司）标准中的先进标准。

### 1. 欧洲标准化委员会（CEN）

CEN（法语缩写）是欧洲最主要的标准制定机构。欧洲标准（European Norm，简称EN）由该机构负责组织制定。目前，CEN制定的与模具相关的EN标准仅有12项，主要涉及锻模、压铸模、锻模件要求、锻件材质、塑料模材质、成型制件尺寸公差术语、模具应力变形试验、金属压铸装置的安全性要求等类标准。

### 2. 美国相关标准（DME、GM）

美国标准分为四级：国家标准ANSI、政府标准、专业标准和公司标准。美国目前还没有制定专业标准以上层级的模具标准。就公司标准而言，美国DME公司的模具标准代表了美国模具标准化的总体水平，美国GM公司的汽车模具设计标准准则是以产业分类的模具标准的典型代表，在同行业中具有全球影响力。

### 3. 德国相关标准（DIN）

德国国家标准的组织制定由德国标准化学会（简称DIN）负责。目前，与模具相关的DIN有99项，涉及冲模、塑料模（含塑封模）、压铸模、硬质合金拉制模和锻模，其中，等同采用ISO标准作为DIN标准的有30项，采用VDE规程的有3项。

### 4. 英国相关标准（BS）

由英国标准学会（Britain Standard Institute，简称BSI）制定的英国国家标准。现行BS模具标准有66项，主要涉及冲模、成型模（塑料模、压铸模）、硬质合金拉制模和锻模等，其中，等同采用ISO标准作为BS标准的有39项。

### 5. 日本工业标准（JIS）

日本工业标准（Japanese Industrial Standards，简称JIS）是由日本工业标准调查会（JISC）负责组织制定和审议的日本国家标准中最重要、最具权威性的标准，内容涉及基础标准、产品标准和方法标准。目前与模具直接相关的JIS标准有35项，主要涉及冲模、成型模（塑料模、压铸模）和锻模等，没有等同采用ISO的标准，大部分是在ISO标准基础上修改采用的，尺寸体系与ISO基本一致。

现行ISO模具标准和各国模具标准统计如表6-1所示。

表6-1 现行ISO模具标准和各国模具标准

| 模具标准分类 | 模具标准数量对比 | | | | | |
|---|---|---|---|---|---|---|
| | 国际ISO模具标准数量 | 中国GB模具标准数量 | 中国JB模具标准数量 | 德国DIN模具标准数量 | 英国BS模具标准数量 | 日本JIS模具标准数量 |
| 冲模 | 29 | 44 | 92 | 53 | 37 | 8 |
| 塑料模 | 19 | 31 | 27 | 30 | 22 | 21 |

续表6-1

| 模具标准分类 | 模具标准数量对比 | | | | | |
|---|---|---|---|---|---|---|
| | 国际ISO模具标准数量 | 中国GB模具标准数量 | 中国JB模具标准数量 | 德国DIN模具标准数量 | 英国BS模具标准数量 | 日本JIS模具标准数量 |
| 压铸模 | 19 | 24 | — | 30 | 22 | 21 |
| 锻模 | — | 2 | 59 | — | 1 | 5 |
| 拉制模 | — | 1 | 3 | 12 | 4 | — |
| 铸造模 | — | — | 1 | 1 | — | — |
| 螺纹滚丝模 | — | — | — | — | — | 1 |
| 其他 | — | — | 7 | 3 | 2 | — |
| 总计 | 48 | 102 | 189 | 99 | 66 | 35 |

从表6-1中可以看出，目前我国制定的模具标准数量已远超国际上其他模具制造大国。

### 6.2.1.3 世界模具行业三大标准

国外模具发达国家，如日本、美国、德国等，模具标准化工作已有近100年的历史。自1936年美国组织模具专家制定成功世界上第一部冲模零部件标准以来，国际上已形成美国DME、德国HASCO和日本MISUMI三家世界著名的模具标准件生产和销售供应体系。模具标准的制定、模具标准件的生产与供应已形成了完善的体系。

#### 1. 美国的DME标准

DME标准是目前世界模具行业制造模具标准件的标准之一，与HASCO、MISUMI标准齐名，是世界模具行业三大标准之一。DME标准是由美国D-M-E公司创立，主要生产供应模具标准配件及热流道，随着生产与销售的不断扩大，成为世界模具行业的最大模具标准配件生产商。该公司的模具标准件产品销售网络遍及全球70多个国家。

DME标准的产品有：热流道系统注塑系列、智能式温度控制器和模具温度控制系统、美国标准模架（注塑及压铸）、MUD快速更换模架系统、精密顶针及司筒、标准模具零件、制模设备和工具等五万多种模具标准配件。其中，模具配件（标准件）有：推杆、带肩推杆、扁推杆、芯针、推管、导柱、导套、斜导柱、支撑柱、定位套、管销、管钉、吊环、定位圈、浇口套、弹簧等。

#### 2. 德国的HASCO标准

HASCO标准是世界三大模具配件生产标准之一，以其互配性强、设计简洁、容易安装、可换性好、操作可靠、性能稳定、兼容各国家工业标准等优点屹立于世界各模具标准之中，是世界上覆盖范围最广的模具配件生产标准。

HASCO标准的产品有：模具日期章、顶针、热流道系统、定位零件、注塑机配件、多喷嘴系统、注塑模具配件等。其中，注塑模具配件（标准件）有：导柱、导套、导管、管位导套、定位锁块、导块、管位组件、管位销钉、弹簧定位螺丝、弹簧滚珠螺丝、弹簧、日期章、吊环、码模装置、脱牙装置、行位装置、浇口套、定位圈、热流道配件等。

### 3. 日本的MISUMI标准

MISUMI标准是日本MISUMI株式会社提供模具用零件、工厂自动化用零件等各种模具配件的制造标准。MISUMI标准的产品有：FA机械标准零件、冲压模具配件和塑胶模具配件，其中，模具配件（标准件）如表6-2所示。

表6-2　MISUMI模具标准件

| | |
|---|---|
| 冲压模具标准件 | 导正销、凸模导套、硬质合金导正销、误送料检测相关零件、固定块、材料导向及顶出相关零件、汽车模具用定位零件、斜楔相关零件、吊环、卸料板导柱&导套、钢球衬套、模架用导柱&导套、独立导柱组件、汽车模具用导向零件、螺旋弹簧、氮气弹簧、聚氨酯弹簧等 |
| 塑胶模具标准件 | 直推杆、台阶推杆、中肩推杆、扁推杆、推管、直中心销、台阶中心销、无锥度中心销、日期章、排气元件、斜导柱、楔紧块、浇口套、定位环、导柱、导套、螺旋弹簧、精定位组件 |

## 6.2.2　国内标准状况

### 6.2.2.1　模具技术标准分类

#### 1. 产品标准

产品标准是可用于模具标准件企业直接进行专业化批量生产的模具标准，包括：通用模架和通用零件与组合件标准，通用功能元件、组合件标准，模具结构标准等。

#### 2. 质量标准

质量标准是用于模具设计与制造过程精度、质量和使用性能控制与管理的标准，包括：模具设计与制造技术条件与要求，模具零部件制造技术条件，模具验收技术条件，模具材料、材料性能及其热处理、表面强化处理技术要求。

#### 3. 基础标准

基础标准是进行模具设计、制定模具标准或相关技术文件时，须遵循、执行的标准，包括：名词术语、尺寸与尺寸系列标准、公差与配合标准、绘图标准等。

#### 4. 相关标准

相关标准是用于模具设计、制造与安装使用的相关的技术标准，包括：制件精度与质量技术条件，压力机技术性能参数，塑料注射机、压铸机等成型机床的技术性能参数等。

#### 6.2.2.2 模具标准件生产与销售供应企业体系

模具标准件指组成模具的通用、系列化构件,包括模架、模板等基础件,凸模、型芯、凹模及其镶、拼件等成型件,以及定位、导向件和各种通用机构等。由此可见,标准件生产供应须重视以下两方面:

(1)模具标准件的精度、质量和技术含量将直接影响模具的装配精度、质量和模具的使用性能。因此,提供互换性高、优质的标准件,对模具的安全生产具有重要意义。

(2)扩大模具标准件品种、规格,使品种、规格齐全,是满足模具安全生产之必要条件。

#### 6.2.2.3 我国模具标准体系与目录介绍

我国虽然很早就开始制造模具和使用模具,但长期未形成产业。直到20世纪80年代后期,中国模具工业才驶入发展的快车道。1983年4月,全国模具标准化技术委员会(SAC/TC 33)成立。该技术委员会是国家标准化管理委员会直属的标准化技术委员会,负责组织我国模具国家与行业标准的制修订工作,其工作职责是:模具国家与行业标准的体系研究与规划、标准化项目的立项评估与建议、标准制修订工作的组织与协调、标准技术内容及编写格式的审查与报批、标准的宣传贯彻与咨询服务。

2009—2012年,全国模具标准化技术委员会组织专家深入开展模具标准体系研究,构建了完整的"十二五"标准体系建设方案。近年来,在此方案的指导下,我国制修订了一大批模具相关标准,现行模具标准达到281项,在数量上已超过美国、日本及欧洲的发达国家,基本形成了较为完善的模具标准体系,为模具工业的快速发展提供了技术支持。

2016年,全国模具标准化技术委员会在"十二五"标准体系建设方案的基础上,重新编制了"十三五"模具标准体系建设方案。截至2016年3月,全国模具标准化技术的国内技术对口工作委员会已制(修)定现行模具国家标准102项,行业标准179项。这些标准的制定和宣传贯彻,提高了我国模具标准化程度和水平。

在我国现行的281项模具标准中,有推荐性国家标准102项、推荐性行业标准179项,基本涵盖了冲模、塑料模、压铸模、锻模、拉制模、挤压模、辊压模、玻璃模、橡胶模、铸造模等所有模具类别,但主要集中在冲模、塑料模、压铸模、锻模4个技术领域。其中,冲模标准136项(国标44项,行标92项),占模具标准总数的48.4%;锻模标准61项(国标2项,行标59项),占模具标准总数的21.7%;塑料模标准49项(国标31项,行标18项),占模具标准总数的17.4%;压铸模标准23项(全部为国标),占模具标准总数的8.2%;其余拉制模、挤压模、辊压模、玻璃模、橡胶模、铸造模及通用类的标准共12项,占模具标准总数的4.3%。

预计到2020年,全国模具标准化技术委员会将努力完成一大批关于产业发展的模具国家标准、行业标准制修订工作,模具标准化水平将进一步提升,平均标龄控制在5年以内,国际标准转化率超过90%,标准整体技术水平将达到国内先进水平并与国外标准保持同步;模具数字化、智能化、3D打印制造技术方面的标准将作为今后几年模具标准化的重点。同时,产业模具标准将进一步加强,新制定的标准将与产业发展重点领域高度贴合,并达到国内先进水平,满足行业发展的需求。

#### 6.2.2.4 三大模具的技术标准

**1. 注塑模具国家标准**

由全国模具标准化技术委员会归口，桂林电器科学研究所、龙记集团、浙江亚轮塑料模架有限公司、昆山市中大模架有限公司等修订的28项塑料模国家标准已于2007年4月正式出版发行，并于2007年4月1日起实施。

注塑模模架标准为GB/T 12555—2006。注塑模模架大体分为直浇口模架和点浇口模架，其中，直浇口模架又有：A型（定模二模板，动模二模板）、B型（定模二模板，动模二模板，加装推件板）、C型（定模二模板，动模一模板）和D型（定模二模板，动模一模板，加装推件板）；点浇口模架有：DA型、DB型、DC型和DD型。

注塑模标准件的国家标准号分别为GB/T 4169.1—2006、GB/T 4169.23—2006和GB/T 4170—2006。符合国标的注塑模具标准件有：圆头推杆、扁推杆、带肩推杆、推管、推板、复位杆、弹簧、带头导柱、带肩导柱、推板导柱、拉杆导柱、斜导柱、直导套、带头导套、推板导套、圆形定位元件、矩形定位元件、定位销、定位圈、限位钉、垫块、支承柱、浇口套、圆形拉模扣、矩形拉模扣、吊环等。

**2. 冷冲模具国家标准**

冷冲模具国家标准为GB/T 2851～2875—1981。符合国标的冲压模具的标准模架有：冷冲模导板模模架（对角导柱弹压模架、中间导柱弹压模架）和冷冲模通用模座（带柄圆形上模座、带柄矩形上模座、钢板模座、模座、A型下模座、B型下模座、C型下模座、弯曲模下模座）。

标准件有：矩形凹模板、圆形凹模板、矩形模板、圆形模板、矩形垫板、圆形垫板、单凸模固定板、单凸模垫板、压圈固定导柱、压圈固定导套、压圈、压入式模柄、旋入式模柄、通用模柄、槽形模柄、A型凸缘式模柄、B型圆凸模、镶入式圆凹模、带台肩凹模、侧刃、弹簧弹顶挡料销、固定挡料销、带肩推杆、A型顶板、圆柱头卸料螺钉、导正销、始用挡料装置等。

**3. 压铸模具国家标准**

压铸模具国家标准为GB/T 4678.1～4678.19—2003和GB/T 4647—2003，符合该标准的压铸模具标准件有：A型导柱、B型导柱、A型导套、B型导套、推板导柱、推板导套、推杆、复位杆、推板垫圈、限位钉、模板、推板、垫板等。压铸模具的模架没有形成国家标准，只有一些企业标准，如龙记标准模架。2016年，全国模具标准化技术委员会对《压铸模 技术条件》等11项国家标准进行了组织修订。

### 6.2.3 省内标准状况

经广东省质量技术监督局（现广东省市场监督管理局）粤质监便字〔2016〕601号文件批准，广东省模具标准化技术委员会于2016年11月24日在佛山成立，依托单位是佛山市模具行业协会和广东省佛山市质量技术监督标准与编码所。成立大会上，通过了《广东省模具标准化技术委员会章程》，听取了《广东省模具标准化技术委员会工作计划》，并颁发了委员证书。近年来，该委员会主要完成了佛山模具企业的联盟标准和小家电模具行业标准，省内模具类标准的申报和制定正在积极推进中。

我省的模具企业基本上是按照国际主流标准和我国国家标准来生产和使用模具标准件；另外，一些生产模架和配件的企业也常常采用企业的内部标准。企业标准是对企业范围内需要协调、统一的技术要求、管理要求和工作要求所制定的标准。

#### 1. 龙记标准

龙记集团参与了2007年4月出版的28项塑料模国家标准的修订，是世界四大模架制造商之一，主要生产标准模架、定制模架、高精度互换板模架及与之配套的模架零配件。龙记标准主要是用于生产标准模架及与模架配套的一些标准件。

#### 2. 米高热流道标准

深圳市米高科技有限公司是一家集研发、生产、销售于一体的专业从事注射模塑工业热流道系统的企业。该公司于2014年制定了热流道系统术语、型式和尺寸的机械行业标准（JB/T 11905—2014）。本标准界定了塑料注射模热流道系统的术语，规定了结构型式、尺寸规格及标记，适用于塑料注射模热流道系统的设计、选型和制造。

### 6.2.4 模具行业标准分析

经上分析，目前，我国模具产业五大版块领域的技术标准现状、待制定的技术规范和标准，现整理如表6-3所示。

表6-3 模具产业五大版块领域的技术标准现状、待制定的技术规范和标准

| 模具领域 | 已有技术标准 | 待制定技术规范和标准 |
| --- | --- | --- |
| 模具材料（工模具钢） | （1）国外：ISO14284、DIN ENISO4957 ISO4967、NADCA#207—2008 SEP1921/ASTMA388 ASTME45/DIN50602—K4等<br>（2）国内：GB/T6408—2003、GB/T2970—2004<br>GB/T224—2008、GB/T24594—2009<br>GB/T1299—2014等 | （1）模具材料及热处理、表面强化性能与工艺的规范化和标准化<br>（2）模具材料生产流程的标准化<br>（3）建立统一的材料检测标准<br>（4）3D打印模具材料的标准化<br>（5）3D打印模具材料的制备工艺规范化和标准化 |
| 模具设计 | （1）美国DME标准<br>（2）德国HASCO标准<br>（3）日本MISUMI标准<br>（4）注塑模模架标准GB/T 12555—2006<br>（5）冷冲模国家标准GB/T 2851～2875—1981 | （1）小众类模具的标准化<br>（2）热流道设计标准<br>（3）3D打印模具设计标准<br>（4）随形冷却水道设计规范和标准<br>（5）模具设计流程标准化 |

续表6-3

| 模具领域 | 已有技术标准 | 待制定技术规范和标准 |
|---|---|---|
| 模具设计 | （6）压铸模具标准GB/T 4678.1～4678.19—2003和GB/T 4647—2003，等等 | （6）模拟优化设计评判标准 |
| 模具制造 | （1）加工装备的标准<br>（2）数控系统的标准<br>（3）夹具的企业标准化设计与制造<br>（4）企业信息化建设的数据交换标准 | （1）模具零部件加工工艺流程规范化和标准化<br>（2）夹具的标准化（国标）<br>（3）企业信息单元数据交换标准 |
| 模具检测 | — | （1）检测夹具标准化<br>（2）检测流程规范化<br>（3）检测报告的规范化 |
| 模具修复 | — | — |

## 6.3 模具产业技术壁垒分析

通过对模具材料、模具设计、模具制造、模具检测与模具修复等板块的标准情况、专利情况和专利技术构成分析，找到了各板块目前的技术水平、存在的技术问题和差距，进而得到了各板块的技术壁垒要素。将初步的技术壁垒要素按照德尔菲法制成调查问卷，然后通过专家研讨会，结合专家意见和打分值形成各板块的技术壁垒要素和排序；最后，分析产业目标要素与技术壁垒要素之间的关系，得到实现模具产业目标需要重点突破的技术难点。

### 6.3.1 模具材料技术壁垒

根据广东省模具产业情况列出的模具材料板块的18个技术壁垒要素如表6-4所示。

表6-4 模具材料的技术壁垒要素

| 序号 | 技术壁垒要素 |
|---|---|
| 1 | 模具钢材料的生产、冶炼工艺 |
| 2 | 模具钢材料的生产设备和技术运用上的长期稳定性控制 |
| 3 | 模具材料的成分设计、合金化原理以及冶炼技术 |
| 4 | 电炉加钢包精炼、真空处理和电渣重熔等冶炼技术 |
| 5 | 高温均匀化退火、多向轧制等热处理技术 |
| 6 | 模具钢的失效形式、失效机理、失效规律与材料组织、性能之间的定性和定量关系 |
| 7 | 先进的热处理技术 |

续表6-4

| 序号 | 技术壁垒要素 |
|---|---|
| 8 | 模具新材料与热处理新技术新工艺的作用机理 |
| 9 | 如何通过引进国外优秀钢种进行国产化设计 |
| 10 | 对国内已有模具钢钢种的优化与补充 |
| 11 | 模具钢种的市场培育 |
| 12 | 国内不同企业的同类产品质量参差不齐。模具钢市场相对混乱，不同钢企没有统一的产品标准，也没有标准化的生产流程 |
| 13 | 品牌意识较差，缺乏完善的服务体系。对客户端的需求关注较少，亦缺乏模具加工、使用、维护等方面的系统的专业知识 |
| 14 | 国产模具钢材，欠缺的是售后服务、配套加工及品牌效应等 |
| 15 | 材料的失效机理与寿命 |
| 16 | 3D打印模具钢材料（如金属粉末、丝状材料等）的制备与批量生产技术 |
| 17 | 3D打印模具材料的检测技术 |
| 18 | 材料制备与检测的标准制定 |

模具材料是模具产业的基础。专家研讨会上，专家对上述技术壁垒要素进行充分讨论、分析和打分，找出了6个最重要的技术壁垒要素，其评价值、技术壁垒可能原因和可能解决方案如表6-5所示。

表6-5 模具材料的技术壁垒要素、可能原因及解决方案

| 序号 | 技术壁垒要素 | 分值 | 技术壁垒可能原因 | 技术壁垒可能解决方案 |
|---|---|---|---|---|
| 1 | 模具材料的成分设计、合金化原理以及冶炼技术 | 10.00 | （1）成分设计不合理<br>（2）核心冶炼工艺没掌握<br>（3）测控手段欠缺 | （1）成分设计采用优化技术<br>（2）掌握先进的核心冶炼工艺<br>（3）研制先进的测控技术 |
| 2 | 电炉加钢包精炼、真空处理和电渣重熔等冶炼技术 | 9.79 | （1）冶炼设备参数达不到<br>（2）核心冶炼工艺没掌握<br>（3）测控手段欠缺 | （1）研制高性能的冶炼设备<br>（2）掌握先进的核心冶炼工艺<br>（3）研制先进的测控技术 |
| 3 | 模具钢材料的生产设备和技术运用上的长期稳定性控制 | 9.68 | （1）生产设备的质量不过关<br>（2）生产设备长期运行及保障机制不稳定<br>（3）测控手段欠佳 | （1）提高生产设备的质量<br>（2）提高生产设备的可靠性和保障机制<br>（3）研制先进的测控技术 |

续表6-5

| 序号 | 技术壁垒 | | 技术壁垒可能原因 | 技术壁垒可能解决方案 |
|---|---|---|---|---|
| | 技术壁垒要素 | 分值 | | |
| 4 | 模具新材料与热处理新技术新工艺的作用机理 | 9.47 | （1）没掌握新材料的热处理作用机理<br>（2）没掌握最优热处理工艺<br>（3）新的热处理工艺待研发 | （1）掌握新材料的热处理作用机理<br>（2）掌握最优热处理工艺<br>（3）研发新的热处理工艺 |
| 5 | 模具钢的失效形式、失效机理、失效规律与材料组织、性能之间的定性和定量关系 | 9.05 | （1）没彻底掌握模具材料的失效与材料本身的关系<br>（2）没掌握快速检测模具失效的方法和手段<br>（3）欠缺精确预测模具失效的方法 | （1）彻底研究和掌握模具材料的失效与材料本身的关系<br>（2）掌握快速检测模具失效的方法和手段<br>（3）研制精确预测模具失效的方法和检测手段 |
| 6 | 3D打印模具钢材料的制备与批量生产技术 | 8.95 | （1）没掌握最优成分比例<br>（2）批量制备工艺尚待开发<br>（3）批量制备质量控制欠佳 | （1）掌握最优成分比例<br>（2）开发批量制备工艺及设备<br>（3）开发批量制备控制技术 |

### 6.3.2 模具设计技术壁垒

根据广东省模具产业情况列出的模具设计板块的12个技术壁垒要素如表6-6所示。

表6-6 模具设计的技术壁垒要素

| 序号 | 技术壁垒要素 |
|---|---|
| 1 | 具有自主知识产权的CAD/CAE核心模块及源代码设计技术 |
| 2 | CAD/CAE工程数据库管理技术 |
| 3 | 曲面造型与管理技术 |
| 4 | 模具零配件标准的建立与实施 |
| 5 | 现有经验知识的表达积累总结与创新技术 |
| 6 | 复杂制件的自动分模技术 |
| 7 | 热流道的优化设计技术 |
| 8 | CAE分析模型的建立与数值求解技术 |
| 9 | 模具产品数据管理技术 |
| 10 | 模具产品全生命周期管理技术 |

续表6-6

| 序号 | 技术壁垒要素 |
|---|---|
| 11 | 型腔模具随形冷却水道的设计原则与方法 |
| 12 | 模具的智能化设计技术 |

专家研讨会上，专家对上述技术壁垒要素进行充分讨论、分析和打分，找出了10个最重要的技术壁垒要素，其评价值、技术壁垒可能原因和可能解决方案如表6-7所示。

表6-7　模具设计的技术壁垒要素、可能原因及解决方案

| 序号 | 技术壁垒要素 | 分值 | 技术壁垒可能原因 | 技术壁垒可能解决方案 |
|---|---|---|---|---|
| 1 | 具有自主知识产权的CAD/CAE核心模块及源代码设计技术 | 10.00 | （1）没掌握核心模块算法<br>（2）算法运算速度和可靠性<br>（3）真实数学物理模型的建立与求解器算法的快速稳定 | （1）深入研究核心模块算法<br>（2）掌握先进的编程技术<br>（3）开发实用、快速、稳定的数据处理算法和核心模块软件 |
| 2 | CAD/CAE工程数据库管理技术 | 9.85 | （1）数据结构与存储管理<br>（2）工程数据库核心技术没有完全掌握 | （1）掌握工程数据的描述与管理<br>（2）掌握工程数据库核心技术与应用 |
| 3 | 曲面造型与管理技术 | 9.68 | （1）曲面的数学描述<br>（2）曲面的编辑管理<br>（3）曲面算法的稳定性 | （1）掌握曲面的数学描述与编辑管理技术<br>（2）开发具有曲面造型功能的核心模块，数据处理快速、稳定 |
| 4 | 模具产品数据管理技术 | 9.57 | （1）模具产品数据的科学描述与数据结构<br>（2）合理的数据管理 | （1）掌握模具产品数据的科学描述方法，寻找合理的数据结构<br>（2）掌握先进的数据管理技术 |
| 5 | 模具产品全生命周期管理技术 | 9.51 | （1）统一的数据库技术<br>（2）数据的兼容性与互换性 | （1）选择并采用统一的数据库<br>（2）掌握数据库核心管理技术 |
| 6 | CAE分析模型的建立与数值求解技术 | 9.44 | （1）数学物理模型的建立<br>（2）求解器算法的快速稳定 | （1）掌握数学物理模型的建立方法和描述手段<br>（2）开发先进的求解器算法 |
| 7 | 现有经验知识的表达积累总结与创新技术 | 9.30 | （1）没掌握经验的知识描述与使用方法<br>（2）没掌握知识与创新的演绎关系 | （1）总结经验，掌握经验的知识描述与使用方法<br>（2）掌握知识与创新的演绎关系 |

续表6-7

| 序号 | 技术壁垒 | | 技术壁垒可能原因 | 技术壁垒可能解决方案 |
|---|---|---|---|---|
| | 技术壁垒要素 | 分值 | | |
| 8 | 复杂制件的自动分模技术 | 8.97 | （1）没掌握自动分模的科学规则和方法<br>（2）自动分模核心算法欠缺 | （1）掌握自动分模的科学规则和方法<br>（2）研究自动分模的核心算法，开发核心数据处理模块 |
| 9 | 模具零配件标准的建立与实施 | 8.84 | （1）没有统一的零配件标准<br>（2）没有统一的零配件标准数据库<br>（3）企业利益，山头多 | （1）政府制定统一的零配件标准<br>（2）建立统一的零配件标准数据库<br>（3）引导企业执行国家标准 |
| 10 | 型腔模具随形冷却水道的设计原则与方法 | 8.39 | （1）没有掌握随形冷却水道的设计规则<br>（2）没有科学的优化设计准则与方法 | （1）科学总结，掌握随形冷却水道的设计规则<br>（2）建立科学的优化设计准则与方法 |

## 6.3.3 模具制造技术壁垒

根据广东省模具产业情况列出的模具制造板块的17个技术壁垒要素如表6-8所示。

表6-8 模具制造的技术壁垒要素

| 序号 | 技术壁垒要素 |
|---|---|
| 1 | 机床核心关键功能部件的设计与制造技术 |
| 2 | 用于制造机床核心关键零部件的材料及性能 |
| 3 | 国产设备的精度和可靠性保证体系 |
| 4 | 金属3D打印设备的工艺参数优化及参数库的建立 |
| 5 | 数控系统核心关键算法及处理技术 |
| 6 | 数控系统设计开发规范 |
| 7 | 开放式体系结构数控系统规范 |
| 8 | 新的国际CNC系统标准的建立 |
| 9 | 数控系统的开放接口与互联技术 |
| 10 | 模具数控加工软件核心关键算法 |
| 11 | 夹具的标准制定与实施 |

续表6-8

| 序号 | 技术壁垒要素 |
|---|---|
| 12 | 夹具的专利许可 |
| 13 | 夹具质量与精度保证 |
| 14 | 夹具的自动检测技术 |
| 15 | 模具制造过程中各类信息的集成应用 |
| 16 | 先进的模具生产管理模式 |
| 17 | 模具设计与制造的标准化 |

专家研讨会上,专家对上述技术壁垒要素进行充分讨论、分析和打分,找出了9个最重要的技术壁垒要素,其评价值、技术壁垒可能原因和可能解决方案如表6-9所示。

表6-9 模具制造的技术壁垒要素、可能原因及解决方案

| 序号 | 技术壁垒要素 | 分值 | 技术壁垒可能原因 | 技术壁垒可能解决方案 |
|---|---|---|---|---|
| 1 | 机床核心关键功能部件的设计与制造技术 | 10.00 | (1)没掌握关键功能部件如主轴、伺服电机、导轨等的设计制造技术<br>(2)上述部件的安装调试诀窍欠缺 | (1)掌握关键功能部件如主轴、伺服电机、导轨等的设计制造技术<br>(2)采取重点研究、各个击破的原则,必须掌握核心科技 |
| 2 | 用于制造机床核心关键零部件的材料及性能 | 9.87 | (1)未掌握核心关键零部件所使用的关键材料,尤其是这些零部件材料的热处理工艺<br>(2)上述关键材料的性能欠了解 | (1)掌握核心关键零部件所使用的关键材料,尤其是这些零部件材料的热处理工艺<br>(2)了解并掌握上述关键材料的性能 |
| 3 | 数控系统核心关键算法及处理技术 | 9.72 | (1)未全掌握核心加工插补算法<br>(2)核心加工算法处理的速度、精度和稳定性 | (1)开发研究和掌握所有核心加工插补算法<br>(2)提高核心加工算法的处理速度、精度和稳定性 |
| 4 | 开放式体系结构数控系统规范 | 9.58 | (1)未全掌握数控系统的硬件技术<br>(2)数控系统的硬件可靠性和稳定性欠佳<br>(3)数控系统开放式体系结构欠掌握 | (1)全面掌握数控系统的硬件技术<br>(2)提高数控系统的硬件可靠性和稳定性<br>(3)全面掌握数控系统开放式体系结构 |

续表6-9

| 序号 | 技术壁垒 | | 技术壁垒可能原因 | 技术壁垒可能解决方案 |
|---|---|---|---|---|
| | 技术壁垒要素 | 分值 | | |
| 5 | 模具数控加工软件核心关键算法 | 9.47 | （1）未全掌握多轴联动的曲面加工技术<br>（2）EDM电极自动提取技术<br>（3）未全掌握加工核心数据处理算法 | （1）研究并全面掌握多轴联动的曲面加工技术<br>（2）掌握EDM电极自动提取技术<br>（3）开发加工核心数据处理软件模块 |
| 6 | 国产设备的精度和可靠性保证体系 | 9.39 | （1）缺乏核心零部件，使用材料的性能与制造精度欠佳<br>（2）没掌握核心零部件的制造技术<br>（3）安装调试过于粗犷 | （1）掌握核心零部件的设计制造技术<br>（2）掌握安装调试诀窍，精心维护<br>（3）建立可靠性保证体系 |
| 7 | 夹具的自动检测技术 | 9.28 | （1）夹具的标准化设计不到位<br>（2）缺乏成熟、方便快捷、精确的自动检测手段 | （1）进行夹具的标准化设计与制造<br>（2）重视夹具的自动检测 |
| 8 | 模具制造过程中各类信息的集成应用 | 8.98 | （1）各类信息的表征与数据结构不完整、不兼容<br>（2）信息的无缝交换欠佳 | （1）建立完整、兼容的各类信息表征与数据结构<br>（2）掌握信息的无缝交换技术 |
| 9 | 金属3D打印设备的工艺参数优化及参数库的建立 | 8.55 | （1）没掌握打印工艺参数与打印制品性能的关系<br>（2）没建立打印制品性能的评判准则 | （1）研究并掌握打印工艺参数与打印制品性能的关系<br>（2）建立打印制品性能的科学评判准则 |

### 6.3.4 模具检测技术壁垒

根据广东省模具产业情况凝练出了模具检测板块的8个技术壁垒要素。专家研讨会上，专家对技术壁垒要素进行充分讨论、分析和打分，其评价值、技术壁垒可能原因和可能解决方案如表6-10所示。

表6-10 模具检测的技术壁垒要素、可能原因及解决方案

| 序号 | 技术壁垒要素 | 分值 | 技术壁垒可能原因 | 技术壁垒可能解决方案 |
|---|---|---|---|---|
| 1 | 新的传感器有待突破 | 10.00 | （1）新传感器的工作原理有待研究<br>（2）新传感器的制造与使用方法不了解 | （1）研究新传感器的工作原理<br>（2）掌握新传感器的制造与使用方法 |
| 2 | 复合式多传感器技术 | 9.83 | （1）复合式多传感器的工作原理有待掌握<br>（2）复合式多传感器的信号处理技术没掌握 | （1）研究并掌握复合式多传感器的工作原理<br>（2）掌握复合式多传感器的信号处理技术 |
| 3 | 非接触式测量的精度提升问题 | 9.79 | （1）现有非接触式测量的误差数据分析欠掌握<br>（2）现有非接触式测量的数据处理算法有待优化提高 | （1）掌握现有非接触式测量的误差数据分析技术<br>（2）优化提高现有非接触式测量的数据处理算法<br>（3）寻找精度更高的非接触式测量技术 |
| 4 | 新式声学、光学探头等在机测量硬件 | 9.56 | （1）新式声学、光学探头的工作原理及制造技术有待掌握<br>（2）在机测量的软硬件技术有待掌握 | （1）研究并掌握新式声学、光学探头的工作原理及制造技术<br>（2）掌握在机测量的软硬件技术 |
| 5 | 无线电机床测头、红外线机床测头及在机刀具测量设备对刀仪等在机测量硬件 | 9.41 | （1）在机测量硬件技术有待掌握<br>（2）在机测量硬件的制造技术有待掌握 | （1）掌握在机测量硬件技术，提高可靠性、处理速度和精度<br>（2）掌握在机测量硬件的设计与制造技术 |
| 6 | 在机测量数据处理的关键算法 | 9.31 | （1）传感器信号处理技术有待掌握<br>（2）测量数据关键处理算法有待优化 | （1）掌握传感器信号处理技术<br>（2）优化测量数据关键处理算法，提高处理速度和精度 |
| 7 | 精密模具破损检测方法及算法 | 9.07 | （1）快速检测模具破损的原理与方法有待掌握<br>（2）快速检测模具破损的处理算法有待优化 | （1）掌握快速检测模具破损的原理与方法<br>（2）优化快速检测模具破损的处理算法，提高处理速度和精度 |

续表6-10

| 序号 | 技术壁垒 | | 技术壁垒可能原因 | 技术壁垒可能解决方案 |
|---|---|---|---|---|
| | 技术壁垒要素 | 分值 | | |
| 8 | 在机全面质量检测技术 | 8.94 | （1）在机检测的硬件构成方案有待掌握<br>（2）在机检测的数据处理技术有待优化 | （1）熟悉并掌握在机检测的硬件构成方案<br>（2）优化在机检测的数据处理技术，提高处理速度和精度 |

### 6.3.5 模具修复技术壁垒

根据广东省模具产业情况凝练出了模具修复板块的6个技术壁垒要素。专家研讨会上，专家对技术壁垒要素进行充分讨论、分析和打分，其评价值、技术壁垒可能原因和可能解决方案如表6-11所示。

表6-11 模具修复的技术壁垒要素、可能原因及解决方案

| 序号 | 技术壁垒 | | 技术壁垒可能原因 | 技术壁垒可能解决方案 |
|---|---|---|---|---|
| | 技术壁垒要素 | 分值 | | |
| 1 | 大功率焊接电源及控制技术 | 10.00 | （1）大功率焊接电源的工作原理与制造技术有待掌握<br>（2）电源的控制技术及稳定性和可靠性有待提高 | （1）掌握大功率焊接电源的工作原理与制造技术<br>（2）改进大功率焊接电源的控制技术，提高电源的稳定性和可靠性 |
| 2 | 大功率激光器及控制技术 | 9.81 | （1）大功率激光器的工作原理与制造技术有待掌握<br>（2）激光器的控制技术及稳定性和可靠性有待提高 | （1）掌握大功率激光器的工作原理与制造技术<br>（2）改进大功率激光器的控制技术，提高激光器的稳定性和可靠性 |
| 3 | 激光修复机理与微观形态控制技术 | 9.66 | （1）激光修复机理有待掌握<br>（2）微观形态控制技术有待掌握 | （1）研究和掌握激光修复机理<br>（2）掌握微观形态的检测与控制技术 |
| 4 | 如何提高所获取的失效模具缺损区域的精度及其提取效率 | 9.43 | （1）失效模具缺损区域的获取原理有待掌握<br>（2）针对获取精度与提取效率的手段和方法有待探索 | （1）研究和掌握失效模具缺损区域的获取原理<br>（2）探索并掌握获取精度与提取效率的手段和方法 |

续表6-11

| 序号 | 技术壁垒 | | 技术壁垒可能原因 | 技术壁垒可能解决方案 |
|---|---|---|---|---|
| | 技术壁垒要素 | 分值 | | |
| 5 | 模具失效缺损区域修复的数字化模拟 | 8.98 | （1）模具失效缺损区域数学模型的快速建立有待掌握<br>（2）数字化模拟的求解过程及结果有待研究和验证 | （1）研究和掌握模具失效缺损区域数学模型的快速建立方法<br>（2）开发数字化模拟的求解算法，制定结果验证的评判准则 |
| 6 | 基于金属3D打印的模具修复机理与工艺控制 | 8.83 | （1）基于增材制造的模具修复原理有待掌握<br>（2）修复工艺控制没掌握，修复效果有待验证 | （1）研究并掌握基于增材制造的模具修复原理<br>（2）掌握修复工艺控制技术，制定修复效果的评判准则 |

## 6.4 产业目标和技术壁垒关联度分析

产业目标要素和技术壁垒要素的关联度，体现了为达到产业目标需要突破的技术难题。关联度值的排序来自工作组调研和专家打分，体现了突破技术难题的优先性。这里按照模具材料、模具设计、模具制造、模具检测和模具修复五个板块进行分析。

### 6.4.1 模具材料

将模具材料领域的技术壁垒要素与产业目标要素进行关联分析，如表6-12所示。关联度值的计算方法如前所述。由表6-12可知，广东省对模具材料领域产业目标"普通模具钢的质量和产能满足模具行业的需求、高性能高端模具钢赶超国外同类产品质量，替代进口模具钢材料"等的实现最为看重；而技术上需要对"模具材料的成分设计、合金化原理以及冶炼技术；电炉加钢包精炼、真空处理和电渣重熔等冶炼技术；模具钢材料的生产设备和技术运用上的长期稳定性控制"等技术难题进行攻关，提高自主开发能力，突破模具材料领域实现产业目标的技术障碍。

### 6.4.2 模具设计

将模具设计领域的技术壁垒要素与产业目标要素进行关联分析，如表6-13所示。

由表6-13可知，广东省对模具设计领域产业目标"提高模具设计质量，缩短模具设计周期；模具零配件的标准化及标准件库的建立与共享；利用三维CAD软件进行模具设计"等的实现最为看重；而技术上需要对"具有自主知识产权的CAD/CAE核心模块及源代码设计技术；CAD/CAE工程数据库管理技术；曲面造型与管理技术"等技术难题进行攻关，提高自主开发能力，突破模具设计领域实现产业目标的技术障碍。

### 6.4.3 模具制造

将模具制造领域的技术壁垒要素与产业目标要素进行关联分析，如表6-14所示。

由表6-14可知，广东省对模具制造领域产业目标"模具加工自动化和智能化；使用具有智能化、自动化、高效化、精密化的机床；国产数控系统性能赶超进口，并逐步替代进口"等的实现最为看重；而技术上需要对"机床核心关键功能部件的设计与制造技术；用于制造机床核心关键零部件的材料及性能；数控系统核心关键算法及处理技术"等技术难题进行攻关，提高自主开发能力，突破模具制造领域实现产业目标的技术障碍。

### 6.4.4 模具检测

将模具检测领域的技术壁垒要素与产业目标要素进行关联分析，如表6-15所示。

由表6-15可知，广东省对模具检测领域产业目标"检测速度快、精度高、检测全面、可靠性强；检测流程规范化；自动化在线测量"等的实现最为看重；而技术上需要对"新的传感器有待突破；复合式多传感器技术；非接触式测量的精度提升问题"等技术难题进行攻关，提高自主开发能力，突破模具检测领域实现产业目标的技术障碍。

### 6.4.5 模具修复

将模具修复领域的技术壁垒要素与产业目标要素进行关联分析，如表6-16所示。

由表6-16可知，广东省对模具修复领域产业目标"传统修复技术的熟练推广使用；模具修复区性能与基体一致；激光修复技术广泛应用于精密复杂模具的修复"等的实现最为看重；而技术上需要对"大功率焊接电源及控制技术；大功率激光器及控制技术；激光修复机理与微观形态控制技术"等技术难题进行攻关，提高自主开发能力，突破模具修复领域实现产业目标的技术障碍。

表6-12 模具材料的技术壁垒要素与产业目标要素关联分析

| 产业目标要素及统计值 | 普通模具钢的质量和产能满足模具行业的需求 | 高性能高端模具钢赶超国外同类产品质量，替代进口模具钢材料 | 模具材料及其表面热处理、强化性能与工艺规范化和标准化 | 模具钢品种实现完全系列化 | 规范国内模具钢市场，完善模具钢应用体系 | 提升和规范售后服务体系质量 | 高性能高端模具钢材料的冶炼生产，赶超国外，且质量稳定 | 提高高性能高端模具钢的产能，成为高端模具钢的强国 | 金属3D打印在模具行业的规模化与实用化 | 关联评价值 | 优先排序 |
|---|---|---|---|---|---|---|---|---|---|---|---|
| 统计值 | 10.00 | 9.69 | 9.18 | 8.98 | 8.67 | 8.47 | 8.37 | 8.26 | 8.16 | | |
| 技术壁垒要素及专家关联度判断值 | | | | | | | | | | | |
| 模具材料的成分设计、合金化原理以及冶炼技术 | 15 | 18 | 15 | 10 | 9 | 10 | 18 | 17 | 5 | 1046.53 | 1 |
| 电炉加钢包精炼、真空处理和电渣重熔等冶炼技术 | 14 | 19 | 13 | 10 | 9 | 6 | 18 | 18 | 4 | 994.08 | 2 |
| 模具钢材料的生产设备和技术运用上的长期稳定性控制 | 13 | 17 | 12 | 10 | 9 | 8 | 17 | 17 | 8 | 988.47 | 3 |

续表6-12

| 产业目标要素及统计值 | 普通模具钢的质量和产能满足模具行业的需求 | 高性能高端模具钢赶超国外同类产品质量，替代进口模具钢材料 | 模具材料及其热处理、表面强化性能与工艺规范化和标准化 | 模具钢品种实现完全系列化 | 规范国内模具钢市场，完善模具钢应用体系 | 提升和规范售后服务体系质量 | 高性能高端模具钢材的生产、冶炼工艺赶超国外，且质量稳定 | 提高高性能高端模具钢的产能，成为高端模具钢的强国 | 金属3D打印在模具行业的规模化与实用化 | 关联评价值 | 优先排序 |
|---|---|---|---|---|---|---|---|---|---|---|---|
| 统计值 | 10.00 | 9.69 | 9.18 | 8.98 | 8.67 | 8.47 | 8.37 | 8.26 | 8.16 | | |
| 技术壁垒要素及专家关联度判断值：模具新材料与热处理新技术新工艺的作用机理 | 13 | 18 | 18 | 9 | 8 | 6 | 12 | 13 | 5 | 919.28 | 4 |
| 模具钢的失效形式、失效机理、失效规律与模具钢材料组织、性能之间的定性和定量关系 | 18 | 15 | 14 | 9 | 6 | 7 | 11 | 12 | 8 | 902.47 | 5 |
| 3D打印模具钢材料的制备与批量生产技术 | 4 | 15 | 5 | 6 | 6 | 8 | 4 | 7 | 20 | 659.41 | 6 |

表6-13 模具设计的技术壁垒要素与产业目标要素关联分析

| 产业目标要素及统计值 | 提高模具设计质量,缩短模具设计周期 | 模具零配件的标准化及标准件库的建立与共享 | 利用三维CAD软件进行模具设计 | 建立模具设计标准化流程 | 模具产品全生命周期管理 | 运用CAE软件验证和优化制品设计、模具结构和成型工艺流程 | 模具软件的功能集成化 | 模具的智能化设计 | 模具设计的自动化 | 模具的网络化协同设计 | 关联评价值 | 优先排序 |
|---|---|---|---|---|---|---|---|---|---|---|---|---|
|  | 10.00 | 9.75 | 9.71 | 9.49 | 9.30 | 9.16 | 8.92 | 8.58 | 8.52 | 8.44 |  |  |
| 具有自主知识产权的CAD/CAE核心模块及源代码设计技术 | 17 | 18 | 19 | 9 | 18 | 14 | 8 | 12 | 13 | 5 | 1238.32 | 1 |
| CAD/CAE工程数据库管理技术 | 16 | 17 | 18 | 9 | 17 | 12 | 9 | 11 | 14 | 8 | 1215.42 | 2 |
| 曲面造型与管理技术 | 18 | 14 | 19 | 8 | 17 | 12 | 9 | 11 | 14 | 8 | 1206.39 | 3 |
| 模具产品数据管理技术 | 13 | 17 | 14 | 7 | 19 | 10 | 9 | 13 | 12 | 7 | 1119.56 | 4 |
| 模具产品全生命周期管理技术 | 13 | 12 | 14 | 9 | 19 | 13 | 8 | 12 | 11 | 9 | 1108.13 | 5 |

续表6-13

| 产业目标要素及统计值 | 提高模具设计质量、缩短模具设计周期 | 模具零配件的标准化及标准件库的建立与共享 | 利用三维CAD软件进行模具设计 | 建立模具设计标准化流程 | 模具产品全生命周期管理 | 运用CAE软件验证和优化模具制品设计、模具结构和成型工艺流程 | 模具软件的功能集成化 | 模具的智能化设计 | 模具设计的自动化 | 模具的网络化协同设计 | 关联评价值 | 优先排序 |
|---|---|---|---|---|---|---|---|---|---|---|---|---|
| | 10.00 | 9.75 | 9.71 | 9.49 | 9.30 | 9.16 | 8.92 | 8.58 | 8.52 | 8.44 | | |
| 技术壁垒要素及专家关联度判断值 | | | | | | | | | | | | |
| CAE分析模型的建立与数值求解技术 | 11 | 7 | 12 | 7 | 12 | 19 | 5 | 12 | 13 | 6 | 955.8 | 6 |
| 现有经验知识的表达积累总结与创新技术 | 12 | 11 | 12 | 9 | 7 | 12 | 8 | 17 | 11 | 4 | 948.9 | 7 |
| 复杂制件的自动分模技术 | 12 | 8 | 14 | 8 | 6 | 4 | 8 | 17 | 16 | 6 | 906.48 | 8 |
| 模具零配件标准的建立与实施 | 11 | 18 | 12 | 7 | 5 | 7 | 7 | 12 | 12 | 6 | 897.35 | 9 |
| 型腔模具随形冷却水道的设计原则与方法 | 9 | 8 | 10 | 7 | 6 | 12 | 6 | 17 | 15 | 5 | 866.63 | 10 |

表6-14 模具制造的技术壁垒要素与产业目标要素关联分析

| 产业目标要素及统计值 | 模具加工自动化和智能化 | 使用具有智能化、自动化、高效化、精密化的机床 | 国产数控系统性能赶超进口,并逐步替代进口 | 使用具有多种功能的模具柔性制造单元系统 | 夹具的标准化设计与制造 | 模具加工流程规范化 | 企业内部的各类单元信息技术的集成和协同应用 | 基于互联网的模具行业规模化生产 | 提高使用国产机床品牌的市场占有率 | 金属3D打印直接制造复杂形冷却随形的模具型芯型腔等关键零部件 | 关联评价值 | 优先排序 |
|---|---|---|---|---|---|---|---|---|---|---|---|---|
| | 10.00 | 9.72 | 9.59 | 9.43 | 9.35 | 9.20 | 9.01 | 8.96 | 8.78 | 8.64 | | |
| 技术壁垒要素及专家关联度判断值: 机床核心关键功能部件的设计与制造技术 | 19 | 19 | 17 | 14 | 9 | 6 | 8 | 6 | 18 | 5 | 1136.16 | 1 |
| 用于制造机床核心关键零部件的材料及性能 | 14 | 19 | 18 | 13 | 8 | 5 | 6 | 7 | 18 | 4 | 1050.07 | 2 |
| 数控系统核心关键算法及处理技术 | 17 | 18 | 19 | 13 | 7 | 6 | 8 | 6 | 12 | 4 | 1036.17 | 3 |
| 开放式体系结构数控系统规范 | 13 | 14 | 19 | 17 | 5 | 4 | 10 | 8 | 11 | 3 | 976.43 | 4 |

续表6-14

| 产业目标要素及统计值 | 模具加工自动化和智能化 | 使用具有智能化、自动化、高效化、精密化的机床 | 国产数控系统性能赶超进口，并逐步替代进口 | 使用具有多种功能的模具柔性制造单元系统 | 夹具的标准化设计与制造 | 模具加工流程规范化 | 企业内部的各类单元信息技术的集成和协同应用 | 基于互联网的模具行业规模化生产 | 提高使用国产机床品牌的市场占有率 | 金属3D打印直接制造复杂随形冷却模具的型芯型腔等关键零部件 | 关联评价值 | 优先排序 |
|---|---|---|---|---|---|---|---|---|---|---|---|---|
| | 10.00 | 9.72 | 9.59 | 9.43 | 9.35 | 9.20 | 9.01 | 8.96 | 8.78 | 8.64 | | |
| 技术壁垒要素及专家关联度判断值 — 模具数控加工软件核心关键算法 | 12 | 14 | 18 | 17 | 7 | 5 | 8 | 7 | 13 | 2 | 966.68 | 5 |
| 国产设备的精度和可靠性保证体系 | 12 | 13 | 18 | 14 | 5 | 4 | 7 | 8 | 17 | 4 | 953.12 | 6 |
| 夹具的自动检测技术 | 11 | 12 | 11 | 12 | 18 | 7 | 7 | 10 | 6 | 3 | 909.26 | 7 |
| 模具制造过程中各类信息的集成应用 | 12 | 12 | 10 | 12 | 5 | 6 | 18 | 12 | 5 | 4 | 895.81 | 8 |
| 金属3D打印设备的工艺参数优化及参数库的建立 | 2 | 3 | 2 | 2 | 3 | 4 | 13 | 13 | 6 | 20 | 611.14 | 9 |

表6-15 模具检测的技术壁垒要素与产业目标要素关联分析

| 产业目标要素及统计值 | 检测速度快、精度高、检测全面、可靠性强 | 检测流程规范化 | 自动化在线测量 | 国产检测设备替代进口设备 | 常态化的检测管理与数据分析 | 以结果为目的的转变为过程控制 | 自动化在机测量 | 非接触式检测 | 从抽样到全面测量分析 | 规范的检测报告及其自动生成 | 关联评价值 | 优先排序 |
|---|---|---|---|---|---|---|---|---|---|---|---|---|
| 技术壁垒要素及专家关联度判断值 | 10.00 | 9.88 | 9.81 | 9.74 | 9.59 | 9.52 | 9.36 | 9.29 | 9.14 | 9.01 | | |
| 新的传感器有待突破 | 18 | 5 | 18 | 19 | 4 | 4 | 11 | 12 | 6 | 5 | 981.81 | 1 |
| 复合式多传感器技术 | 14 | 4 | 17 | 18 | 3 | 4 | 17 | 12 | 5 | 5 | 949.81 | 2 |
| 非接触式测量的精度提升问题 | 16 | 5 | 17 | 16 | 3 | 3 | 11 | 19 | 5 | 3 | 941.54 | 3 |
| 新式声学、光学等探头在机测量硬件 | 11 | 5 | 14 | 17 | 4 | 4 | 16 | 11 | 4 | 4 | 863.31 | 4 |

续表6-15

| 产业目标要素及专家关联度评判值 | 检测速度快、精度高、检测全面、可靠性强 | 检测流程规范化 | 自动化在线测量 | 国产检测设备替代进口设备 | 常态化的检测管理与数据分析 | 以结果为目的转变为过程控制 | 自动化在机测量 | 非接触式检测 | 从抽样到全面测量分析 | 规范的检测报告及其自动生成 | 关联评价值 | 优先排序 |
|---|---|---|---|---|---|---|---|---|---|---|---|---|
| 统计值 | 10.00 | 9.88 | 9.81 | 9.74 | 9.59 | 9.52 | 9.36 | 9.29 | 9.14 | 9.01 | | |
| 技术壁垒要素 无线电机床测头、红外线机床在机测头及对刀仪等在机测量硬件 | 12 | 4 | 13 | 18 | 3 | 3 | 17 | 12 | 3 | 4 | 853.76 | 5 |
| 在机测量数据处理的关键算法 | 11 | 3 | 18 | 11 | 11 | 3 | 17 | 7 | 4 | 3 | 845.15 | 6 |
| 精密模具破损检测方法及算法 | 9 | 3 | 10 | 11 | 11 | 10 | 15 | 14 | 3 | 2 | 841.47 | 7 |
| 在机全面质量检测技术 | 11 | 5 | 18 | 8 | 4 | 5 | 15 | 15 | 3 | 3 | 834.06 | 8 |

表6-16 模具修复的技术壁垒要素与产业目标要素关联分析

| 产业目标要素及统计值 | 传统修复技术的熟练推广使用 | 模具修复区性能与基体一致 | 激光修复技术广泛应用于精密复杂模具的修复 | 热喷涂技术的推广应用 | 焊接修复后无须再进行热处理 | 广泛采用无须后续热处理焊接修复焊道回火焊接技术 | 数字化技术在模具修复中的应用 | 广泛采用基于金属3D打印的模具修复技术 | 关联评价值 | 优先排序 |
|---|---|---|---|---|---|---|---|---|---|---|
| 技术壁垒要素及专家关联度判断值 | 10.00 | 9.75 | 9.73 | 9.55 | 9.51 | 9.27 | 9.15 | 8.98 | | |
| 大功率焊接电源及控制技术 | 18 | 18 | 13 | 10 | 16 | 12 | 11 | 6 | 995.42 | 1 |
| 大功率激光器及控制技术 | 17 | 17 | 14 | 8 | 15 | 12 | 11 | 8 | 974.75 | 2 |
| 激光修复机理与微观形态控制技术 | 12 | 17 | 16 | 7 | 12 | 11 | 15 | 12 | 969.38 | 3 |
| 如何提高所获取的失效模具缺损区域的精度及其提取效率 | 12 | 16 | 14 | 12 | 11 | 11 | 17 | 8 | 960.79 | 4 |
| 模具失效缺损区域修复的数字化模拟 | 10 | 10 | 14 | 14 | 8 | 14 | 18 | 13 | 954.72 | 5 |
| 基于金属3D打印的模具修复机理与工艺控制 | 6 | 13 | 12 | 5 | 7 | 5 | 18 | 20 | 808.48 | 6 |

## 6.5 本章小结

本章从模具的国内专利分布、国内外技术标准入手，对模具产业的技术壁垒进行分析。通过综合调研和专家研讨会，分别对模具产业中的模具材料、模具设计、模具制造、模具检测、模具修复五个板块中的技术壁垒要素进行了凝练和优先排序，并加以详细分析。对各板块的产业目标要素和技术壁垒要素进行了关联度分析，找出其产业目标要素与技术壁垒要素之间的关联关系。本章中确定的技术壁垒要素为后续研发需求要素的获取与凝练，提供了良好的科学依据和基础。

# 第 7 章

# 模具产业研发需求分析和关键共性技术

本章分别从模具材料、模具设计、模具制造、模具检测和模具修复五个板块介绍模具产业的技术研发需求、顶级研发需求项目及其风险，列出模具产业的关键共性技术，其中，研发需求项目情况均经过调研和专家讨论。本章详细分析确定突破模具产业技术壁垒和关键技术难点的研发需求，找出现实与目标的差距，确定研发需求和组织研发主体之间的关系，确定技术发展模式，目的在于通过确定研发需求后，突破技术壁垒，促进整个模具产业的持续健康发展。

## 7.1 模具材料研发需求分析

为了突破广东省模具材料的技术壁垒和关键技术难点，实现广东省模具材料的远景和产业目标，经过专家们深入研讨和问卷调研，凝练出21个广东省模具材料板块的研发需求项目。研发需求项目的优先级由专家评定，最终达成共识。路线图工作组进行统计后，将项目按顶级、高级和中级的顺序对这些研发需求项目进行了排序，如表7-1所示，为政府在项目立项和相关政策制定方面提供可靠的依据。

表7-1 模具材料板块的研发需求项目及其优先级别

| 序号 | 模具材料板块的研发需求项目名称 | 优先级 |
| --- | --- | --- |
| 1 | 模具钢生产设备和冶炼技术稳定性控制研究及产业化，保证不同冶炼批次材料的质量一致性 | 顶级 |
| 2 | 研究基于材料成分、工艺、组织与服役性能的关系 | 顶级 |
| 3 | 提高模具钢材纯净度和组织均匀性的关键技术研究 | 顶级 |
| 4 | 电炉加钢包精炼、真空处理和电渣重熔等冶炼技术的研究与产业化 | 顶级 |
| 5 | 研究模具钢新材料与热处理新工艺的机理 | 顶级 |
| 6 | 根据钢的合金化成分设计原理，并结合我国资源与冶金技术的实情，研制高性能、低成本的新钢种 | 顶级 |
| 7 | 模具材料及其热处理、表面强化性能与工艺规范和标准化研究 | 顶级 |
| 8 | 用于金属3D打印的、满足特殊性能要求的模具钢材料的研究开发与产业化 | 顶级 |
| 9 | 高温均匀化退火、多向轧制等热处理技术，优化模具钢材的性能 | 高级 |
| 10 | 研究模具钢的失效形式及失效机理等问题，掌握模具失效规律与组织、性能之间定性和定量的关系，提高模具的使用寿命 | 高级 |
| 11 | 引进国外一些性能优良的模具钢种，进行国产化研制 | 高级 |
| 12 | 研究开发和应用新的更高质量和性能的专用模具钢系列 | 高级 |

续表7-1

| 序号 | 模具材料板块的研发需求项目名称 | 优先级 |
|---|---|---|
| 13 | 制定钢企统一的产品标准,建立标准化的生产流程,建立模具钢材料性能数据库,建立统一的检测标准,并形成系列,使我国模具钢的生产达到标准化和精细化 | 高级 |
| 14 | 扩大金属3D打印材料的品种类型,满足更多模具的3D打印 | 高级 |
| 15 | 研究模具再制造、激光熔覆等技术,生产出抗高温性能的高端模具钢 | 中级 |
| 16 | 研发更加先进的生产技术,提升模具钢的质量及其稳定性 | 中级 |
| 17 | 研究先进的热处理技术,实现热处理工艺的可控化、清洁化和高效化 | 中级 |
| 18 | 除模仿复制国外成熟钢种外,加强新钢种开发的创新能力 | 中级 |
| 19 | 加强模具钢材料品牌意识的培养,建立完善的服务体系 | 中级 |
| 20 | 提升和规范模具钢材料售后服务体系质量 | 中级 |
| 21 | 降低金属3D打印材料制备的复杂性,提高产量 | 中级 |

## 7.1.1 研发需求项目的时间节点

研发需求项目的时间节点分为近期(<3年)、中期(3~8年)和远期(8~10年),通过头脑风暴法研讨并最终经专家评定,研发需求项目的时间节点安排如表7-2所示。

表7-2 研发需求项目实施的时间节点

| 时间节点 | 模具材料板块的研发需求项目名称 | 优先级 |
|---|---|---|
| 近期<br>(<3年) | 模具钢生产设备和冶炼技术稳定性控制研究及产业化,保证不同冶炼批次材料的质量一致性 | 顶级 |
| | 研究基于材料成分、工艺、组织与服役性能的关系 | 顶级 |
| | 提高模具钢材纯净度和组织均匀性的关键技术研究 | 顶级 |
| | 电炉加钢包精炼、真空处理和电渣重熔等冶炼技术的研究与产业化 | 顶级 |
| | 高温均匀化退火、多向轧制等热处理技术,优化模具钢材的性能 | 高级 |
| | 研究模具钢的失效形式及失效机理等问题,掌握模具失效规律与组织、性能之间定性和定量的关系,提高模具的使用寿命 | 高级 |
| | 引进国外一些性能优良的模具钢种,进行国产化研制 | 高级 |
| | 研究模具再制造、激光熔覆等技术,生产出抗高温性能的高端模具钢 | 中级 |
| | 研发更加先进的生产技术,提升模具钢的质量及其稳定性 | 中级 |

续表7-2

| 时间节点 | 模具材料板块的研发需求项目名称 | 优先级 |
|---|---|---|
| 中期<br>（3～8年） | 研究模具钢新材料与热处理新工艺的机理 | 顶级 |
| | 根据钢的合金化成分设计原理，并结合我国资源与冶金技术的实情，研制高性能、低成本的新钢种 | 顶级 |
| | 研究先进的热处理技术，实现热处理工艺的可控化、清洁化和高效化 | 中级 |
| | 除模仿复制国外成熟钢种外，加强新钢种开发的创新能力 | 中级 |
| 远期<br>（8～10年） | 模具材料及其热处理、表面强化性能与工艺规范和标准化研究 | 顶级 |
| | 用于金属3D打印的、满足特殊性能要求的模具钢材料的研究开发与产业化 | 顶级 |
| | 研究开发和应用新的更高质量和性能的专用模具钢系列 | 高级 |
| | 制定钢企统一的产品标准，建立标准化的生产流程，建立模具钢材料性能数据库，建立统一的检测标准，并形成系列，使我国模具钢的生产达到标准化和精细化 | 高级 |
| | 扩大金属3D打印材料的品种类型，满足更多模具的3D打印 | 高级 |
| | 加强模具钢材料品牌意识的培养，建立完善的服务体系 | 中级 |
| | 提升和规范模具钢材料售后服务体系质量 | 中级 |
| | 降低金属3D打印材料制备的复杂性，提高产量 | 中级 |

## 7.1.2 顶级研发需求项目分析

表7-3列出了模具材料板块的所有顶级研发需求项目，并根据专家研讨和打分判定值进行排序。

表7-3 模具材料的顶级研发需求项目及分值

| 序号 | 模具材料的顶级研发需求项目名称 | 分值 |
|---|---|---|
| 1 | 提高模具钢材纯净度和组织均匀性的关键技术研究 | 10.00 |
| 2 | 模具钢生产设备和冶炼技术稳定性控制研究及产业化，保证不同冶炼批次材料的质量一致性 | 9.59 |
| 3 | 电炉加钢包精炼、真空处理和电渣重熔等冶炼技术的研究与产业化 | 9.48 |
| 4 | 根据钢的合金化成分设计原理，并结合我国资源与冶金技术的实情，研制高性能、低成本的新钢种 | 9.28 |
| 5 | 模具材料及其热处理、表面强化性能与工艺规范和标准化研究 | 9.07 |

续表7-3

| 序号 | 模具材料的顶级研发需求项目名称 | 分值 |
|---|---|---|
| 6 | 研究基于材料成分、工艺、组织与服役性能的关系 | 8.76 |
| 7 | 研究模具钢新材料与热处理新工艺的机理 | 8.45 |
| 8 | 用于金属3D打印的、满足特殊性能要求的模具钢材料的研究开发与产业化 | 8.25 |

## 7.1.3 顶级研发需求项目风险分析

以专家筛选出的8个顶级研发需求项目为基础，通过调研和专家讨论，确定了这些研发需求项目的风险等级和可能原因，其结果如表7-4所示。

表7-4 顶级研发需求项目的风险分析

| 模具材料的顶级研发需求项目名称 | 风险等级 | 原因 |
|---|---|---|
| 提高模具钢材纯净度和组织均匀性的关键技术研究 | 高级 | 对冶炼工艺及生产设备要求高，国内设备参数稳定性不够 |
| 模具钢生产设备和冶炼技术稳定性控制研究及产业化，保证不同冶炼批次材料的质量一致性 | 高级 | 对冶炼工艺及生产设备要求高，国内设备参数稳定性不够 |
| 电炉加钢包精炼、真空处理和电渣重熔等冶炼技术的研究与产业化 | 中级 | 技术具备，但对冶炼工艺及生产设备要求高 |
| 根据钢的合金化成分设计原理，并结合我国资源与冶金技术的实情，研制高性能、低成本的新钢种 | 低级 | 技术具备，但对冶炼工艺及生产设备要求高，国内设备参数稳定性不够 |
| 模具材料及其热处理、表面强化性能与工艺规范和标准化研究 | 中级 | 技术具备，但对处理设备要求高，标准化推广投入时间长 |
| 研究基于材料成分、工艺、组织与服役性能的关系 | 低级 | 技术成熟，但对实验测试设备要求高 |
| 研究模具钢新材料与热处理新工艺的机理 | 中级 | 技术具备，但对实验测试设备要求高 |
| 用于金属3D打印的、满足特殊性能要求的模具钢材料的研究开发与产业化 | 中级 | 技术具备，工艺较复杂，对生产设备要求高 |

## 7.1.4 顶级项目研发主体与研发模式分析

研发主体即组织项目实施的主体，分为政府组织、高校、科研院所和企业产学研合作共同实施，高校和科研院所联合实施，以及由企业独立完成等三种方式。通过调研和对调查问卷的整理分析，得到顶级研发需求项目实施主体和研发模式分析结果如表7-5所示。

表7-5 顶级研发需求项目实施主体和研发模式分析

| 模具材料的顶级研发需求项目名称 | 研发主体 | 研发模式 |
|---|---|---|
| 提高模具钢材纯净度和组织均匀性的关键技术研究 | 学研 | 技术合作或引进 |
| 模具钢生产设备和冶炼技术稳定性控制研究及产业化，保证不同冶炼批次材料的质量一致性 | 产学研 | 技术合作或引进 |
| 电炉加钢包精炼、真空处理和电渣重熔等冶炼技术的研究与产业化 | 产学研 | 技术合作或引进 |
| 根据钢的合金化成分设计原理，并结合我国资源与冶金技术的实情，研制高性能、低成本的新钢种 | 产学研 | 技术合作 |
| 模具材料及其热处理、表面强化性能与工艺规范和标准化研究 | 学研 | 技术合作 |
| 研究基于材料成分、工艺、组织与服役性能的关系 | 学研 | 自主研发 |
| 研究模具钢新材料与热处理新工艺的机理 | 学研 | 技术合作 |
| 用于金属3D打印的、满足特殊性能要求的模具钢材料的研究开发与产业化 | 产学研 | 技术合作 |

## 7.2 模具设计研发需求分析

为了突破广东省模具设计的技术壁垒和关键技术难点，实现广东省模具设计的远景和产业目标，经过专家们深入研讨和问卷调研，凝练出10个广东省模具设计板块的研发需求项目。研发需求项目的优先级由专家评定，最终达成共识。路线图工作组进行统计后，将项目按顶级、高级和中级的顺序对这些研发需求项目进行了排序，如表7-6所示。

表7-6 模具设计板块的研发需求项目及其优先级别

| 序号 | 模具设计板块的研发需求项目名称 | 优先级 |
|---|---|---|
| 1 | 开发具有自主知识产权的CAD/CAE核心设计模块 | 顶级 |
| 2 | 模具三维设计软件的自主开发与商品化<br>（1）基于人工智能技术与CAD技术相结合的模具智能化设计研究<br>（2）模具型面构造设计，研究其加工工艺和成型工艺要求与条件、型面的合理分型、出件条件和要求等要素<br>（3）专家系统在模具CAD中的应用，包括成型材料选择、模具总体方案设计、成型工艺参数选择和模具费用评估等方面<br>（4）研究开发完整的模架及模具零配件的标准件库<br>（5）复杂制件的自动快速分模技术研究与模块开发<br>（6）具有专业化的自动电极设计和热流道系统模块 | 顶级 |

续表7-6

| 序号 | 模具设计板块的研发需求项目名称 | 优先级 |
|---|---|---|
| 3 | 模具CAE软件的自主开发与商品化 | 顶级 |
| 4 | 模具的智能化和多集成化设计研究 | 顶级 |
| 5 | 模具的CAD/CAE/CAM一体化技术研究<br>（1）模具软件的功能集成化研究与开发。实现信息的综合管理与共享，支持模具设计、制造、装配、检验、测试及生产管理的全过程<br>（2）模具设计、分析、制造的三维化技术研究。要求新一代模具软件以立体的、直观的感觉来设计模具，三维数字化模型能方便地用于产品结构的CAE分析、模具可制造性评价和数控加工、成型过程模拟及信息的管理与共享 | 顶级 |
| 6 | 模具设计产品数据管理的研究与实施 | 高级 |
| 7 | 模具设计产品全生命周期管理的研究与实施 | 高级 |
| 8 | 模具的网络化设计研究 | 高级 |
| 9 | 热流道的优化设计技术研究 | 中级 |
| 10 | 型腔模具随形冷却水道的设计原则与方法研究 | 中级 |

## 7.2.1 研发需求项目的时间节点

研发需求项目的时间节点分为近期（<3年）、中期（3~8年）和远期（8~10年），通过头脑风暴法研讨并最终经专家评定，研发需求项目的时间节点安排如表7-7所示。

表7-7 研发需求项目实施的时间节点

| 时间节点 | 顶级研发需求项目名称 | 优先级 |
|---|---|---|
| 近期<br>（<3年） | 开发具有自主知识产权的CAD/CAE核心设计模块 | 顶级 |
| | 模具三维设计软件的自主开发与商品化 | 顶级 |
| | 热流道的优化设计技术研究 | 中级 |
| 中期<br>（3~8年） | 模具CAE软件的自主开发与商品化 | 顶级 |
| | 模具设计产品数据管理的研究与实施 | 高级 |
| | 模具设计产品全生命周期管理的研究与实施 | 高级 |
| 远期<br>（8~10年） | 模具的智能化和多集成化设计研究 | 顶级 |
| | 模具的CAD/CAE/CAM一体化技术研究 | 顶级 |
| | 模具的网络化设计研究 | 高级 |
| | 型腔模具随形冷却水道的设计原则与方法研究 | 中级 |

## 7.2.2 顶级研发需求项目分析

表7-8列出了模具设计板块的所有顶级研发需求项目，并根据专家研讨和打分判定值进行排序。

表7-8 模具设计板块的顶级研发需求项目

| 序号 | 模具设计板块的顶级研发需求项目名称 | 专家评分 |
| --- | --- | --- |
| 1 | 开发具有自主知识产权的CAD/CAE核心设计模块 | 10.00 |
| 2 | 模具三维设计软件的自主开发与商品化 | 9.90 |
| 3 | 模具CAE软件的自主开发与商品化 | 9.73 |
| 4 | 模具的CAD/CAE/CAM一体化技术研究 | 9.64 |
| 5 | 模具的智能化和多集成化设计研究 | 9.38 |

## 7.2.3 顶级研发需求项目风险分析

以专家筛选出的5个顶级研发需求项目为基础，通过调研和专家讨论，确定了这些研发需求项目的风险等级和可能原因，其结果如表7-9所示。

表7-9 模具设计板块的顶级研发需求项目的风险分析

| 模具设计板块的顶级研发需求项目名称 | 风险等级 | 原因 |
| --- | --- | --- |
| 开发具有自主知识产权的CAD/CAE核心设计模块 | 高级 | 核心算法没有完全掌握，核心模块的处理速度和可靠性存在问题 |
| 模具三维设计软件的自主开发与商品化 | 中级 | 已有一定的研究基础，具有二次开发能力 |
| 模具CAE软件的自主开发与商品化 | 高级 | 核心算法没有完全掌握，核心模块的处理速度和可靠性存在问题 |
| 模具的CAD/CAE/CAM一体化技术研究 | 中级 | 已有一定研究基础和开发能力 |
| 模具的智能化和多集成化设计研究 | 中级 | 已有一定研究基础和开发能力 |

## 7.2.4 顶级项目研发主体与研发模式分析

通过调研和对调查问卷的整理分析，得到模具设计板块的顶级研发需求项目实施主体和研发模式分析结果如表7-10所示。

表7-10　顶级研发需求项目实施主体和研发模式分析

| 模具设计板块的顶级研发需求项目名称 | 研发主体 | 研发模式 |
|---|---|---|
| 开发具有自主知识产权的CAD/CAE核心设计模块 | 学研 | 技术合作或引进 |
| 模具三维设计软件的自主开发与商品化 | 产学研 | 技术合作 |
| 模具CAE软件的自主开发与商品化 | 学研 | 技术合作或引进 |
| 模具的CAD/CAE/CAM一体化技术研究 | 产学研 | 技术合作 |
| 模具的智能化和多集成化设计研究 | 产学研 | 技术合作 |

## 7.3　模具制造研发需求分析

为了突破广东省模具制造的技术壁垒和关键技术难点，实现广东省模具制造的远景和产业目标，经过专家们深入研讨和问卷调研，凝练出29个广东省模具制造板块的研发需求项目。研发需求项目的优先级由专家评定，最终达成共识。路线图工作组进行统计后，将项目按顶级、高级和中级的顺序对这些研发需求项目进行了排序，如表7-11所示。

表7-11　模具制造板块的研发需求项目及其优先级别

| 技术领域 | 序号 | 模具制造板块的研发需求项目名称 | 优先级 |
|---|---|---|---|
| 机床设备与加工技术 | 1 | 机床核心关键功能部件的设计与制造技术研究 | 顶级 |
| | 2 | 用于制造机床核心关键零部件的材料及性能研究 | 顶级 |
| | 3 | 多轴联动机床和复合加工机床的研制 | 顶级 |
| | 4 | 国产设备的精度和可靠性保证体系研究 | 顶级 |
| | 5 | 多轴自动编程技术的研究 | 顶级 |
| | 6 | 具有多种功能的柔性制造单元及系统的研发 | 顶级 |
| | 7 | 高精度高速度特种加工设备的研发 | 高级 |
| | 8 | 模具加工自动化和智能化关键技术研究 | 高级 |
| | 9 | 金属3D打印设备的工艺参数优化及参数库的建立 | 高级 |
| | 10 | 适于模具的快速制模设备的研发 | 中级 |
| | 11 | 大型复杂型腔火花纹的一致性研究 | 中级 |
| | 12 | 模具的自动抛光技术及设备研制。抛大面积的不规则面、形状、位置、边界等 | 中级 |
| | 13 | 模具加工工艺规范和标准制定研究 | 中级 |

续表7-11

| 技术领域 | 序号 | 模具制造板块的研发需求项目名称 | 优先级 |
|---|---|---|---|
| 数控系统与CAM | 1 | 高端数控系统核心关键算法及硬件处理技术研究 | 顶级 |
| | 2 | 智能化、开放式、网络化数控系统的研究与产业化 | 顶级 |
| | 3 | 开放式体系结构数控系统规范的研究和制定 | 高级 |
| | 4 | 中国ONC数控系统的规范框架的研究和制定 | 高级 |
| | 5 | 模具CAM软件功能的集成化研究。要求软件的功能模块比较齐全，各功能模块采用同一数据模型，以实现信息的综合与共享，支持模具设计、制造、装配、检验、测试及生产的全过程 | 高级 |
| | 6 | 模具设计、分析、制作的三维化、无纸化与网络化研究。新的模具软件以立体的、直观的感觉来设计模具，所采用的三维数字化模型能方便地用于产品结构的CAE分析、模具制作性能评价和数控加工、成型过程模拟及信息的共享。软件具备参数化、基于特征、全相关等特点，从而使模具制作实现并行工程 | 高级 |
| | 7 | 具有面向制造、基于知识的智能化功能的模具软件开发及产业化 | 高级 |
| | 8 | 高端数控系统的二次开发技术研究 | 中级 |
| | 9 | 参与新的国际CNC系统标准的建立实施 | 中级 |
| 夹具 | 1 | 夹具的标准化制定与实施研究 | 中级 |
| | 2 | 夹具的自动化安装与检测技术研究 | 中级 |
| 信息化 | 1 | 模具企业各类单元信息技术的集成研究与应用 | 顶级 |
| | 2 | 模具制造生产管理软件开发与市场应用 | 高级 |
| | 3 | 模具企业ERP系统的研究与应用 | 高级 |
| | 4 | 模具企业内部信息的集成和协同 | 高级 |
| | 5 | 基于互联网的模具行业规模化生产模式研究 | 中级 |

## 7.3.1 研发需求项目的时间节点

研发需求项目的时间节点分为近期（<3年）、中期（3~8年）和远期（8~10年），通过头脑风暴法研讨并最终经专家评定，研发需求项目的时间节点安排如表7-12所示。

表7-12 研发需求项目实施的时间节点

| 时间节点 | 研发需求项目名称 | 优先级 |
|---|---|---|
| 近期<br>（<3年） | 机床核心关键功能部件的设计与制造技术研究 | 顶级 |
| | 用于制造机床核心关键零部件的材料及性能研究 | 顶级 |
| | 多轴联动机床和复合加工机床的研制 | 顶级 |
| | 高精度高速度特种加工设备的研发 | 高级 |
| | 适于模具的快速制模设备的研发 | 中级 |
| | 大型复杂型腔火花纹的一致性研究 | 中级 |
| | 模具的自动抛光技术及设备研制。抛大面积的不规则面、形状、位置、边界等 | 中级 |
| | 高端数控系统核心关键算法及硬件处理技术研究 | 顶级 |
| | 高端数控系统的二次开发技术研究 | 中级 |
| | 夹具的标准化制定与实施研究 | 中级 |
| 中期<br>（3~8年） | 国产设备的精度和可靠性保证体系研究 | 顶级 |
| | 多轴自动编程技术的研究 | 顶级 |
| | 具有多种功能的柔性制造单元及系统的研发 | 顶级 |
| | 智能化、开放式、网络化数控系统的研究与产业化 | 顶级 |
| | 开放式体系结构数控系统规范的研究和制定 | 高级 |
| | 中国ONC数控系统的规范框架的研究和制定 | 高级 |
| | 参与新的国际CNC系统标准的建立实施 | 中级 |
| | 夹具的自动化安装与检测技术研究 | 中级 |
| | 模具制造生产管理软件开发与市场应用 | 高级 |
| | 模具企业ERP系统的研究与应用 | 高级 |
| | 模具企业内部信息的集成和协同 | 高级 |
| 远期<br>（8~10年） | 模具加工自动化和智能化关键技术研究 | 高级 |
| | 金属3D打印设备的工艺参数优化及参数库的建立 | 高级 |
| | 模具加工工艺规范和标准制定研究 | 中级 |
| | 模具CAM软件功能的集成化研究 | 高级 |
| | 模具设计、分析、制作的三维化、无纸化与网络化研究 | 高级 |

续表7-12

| 时间节点 | 研发需求项目名称 | 优先级 |
|---|---|---|
| 远期<br>（8~10年） | 具有面向制造、基于知识的智能化功能的模具软件开发及产业化 | 高级 |
| | 模具企业各类单元信息技术的集成研究与应用 | 顶级 |
| | 基于互联网的模具行业规模化生产模式研究 | 中级 |

## 7.3.2 顶级研发需求项目分析

表7-13列出了模具制造板块的所有顶级研发需求项目，并根据专家研讨和打分判定值进行排序。

表7-13 模具制造的顶级研发需求项目

| 序号 | 模具制造的顶级研发需求项目名称 | 分值 |
|---|---|---|
| 1 | 用于制造机床核心关键零部件的材料及性能研究 | 10.00 |
| 2 | 机床核心关键功能部件的设计与制造技术研究 | 9.66 |
| 3 | 高端数控系统核心关键算法及硬件处理技术研究 | 9.49 |
| 4 | 智能化、开放式、网络化数控系统的研究与产业化 | 9.44 |
| 5 | 多轴联动机床和复合加工机床的研制 | 9.27 |
| 6 | 多轴自动编程技术的研究 | 9.21 |
| 7 | 具有多种功能的柔性制造单元及系统的研发 | 9.08 |
| 8 | 国产设备的精度和可靠性保证体系研究 | 8.97 |
| 9 | 模具企业各类单元信息技术的集成研究与应用 | 8.52 |

## 7.3.3 顶级研发需求项目风险分析

以专家筛选出的9个顶级研发需求项目为基础，通过调研和专家讨论，确定了这些研发需求项目的风险等级和可能原因，其结果如表7-14所示。

表7-14 顶级研发需求项目的风险分析

| 模具制造的顶级研发需求项目名称 | 风险等级 | 原因 |
|---|---|---|
| 用于制造机床核心关键零部件的材料及性能研究 | 高级 | 核心关键技术没有完全掌握 |
| 机床核心关键功能部件的设计与制造技术研究 | 高级 | 核心关键技术没有完全掌握 |
| 高端数控系统核心关键算法及硬件处理技术研究 | 高级 | 核心算法没有完全掌握，核心模块的处理速度和可靠性存在问题 |

续表7-14

| 模具制造的顶级研发需求项目名称 | 风险等级 | 原因 |
|---|---|---|
| 智能化、开放式、网络化数控系统的研究与产业化 | 中级 | 有一定的研究开发基础 |
| 多轴联动机床和复合加工机床的研制 | 低级 | 有一定的研究开发和应用实践基础 |
| 多轴自动编程技术的研究 | 中级 | 有一定的研究开发基础 |
| 具有多种功能的柔性制造单元及系统的研发 | 低级 | 有一定的研究开发和应用实践基础 |
| 国产设备的精度和可靠性保证体系研究 | 低级 | 有一定的研究开发和应用实践基础 |
| 模具企业各类单元信息技术的集成研究与应用 | 低级 | 有一定的研究开发和应用实践基础 |

## 7.3.4 顶级项目研发主体与研发模式分析

通过调研和对调查问卷的整理分析，得到模具制造板块的顶级研发需求项目实施主体和研发模式分析结果如表7-15所示。

表7-15 顶级研发需求项目实施主体和研发模式分析

| 模具制造板块的顶级研发需求项目名称 | 研发主体 | 研发模式 |
|---|---|---|
| 用于制造机床核心关键零部件的材料及性能研究 | 学研 | 技术合作或引进 |
| 机床核心关键功能部件的设计与制造技术研究 | 学研 | 技术合作或引进 |
| 高端数控系统核心关键算法及硬件处理技术研究 | 学研 | 技术合作或引进 |
| 智能化、开放式、网络化数控系统的研究与产业化 | 产学研 | 技术合作 |
| 多轴联动机床和复合加工机床的研制 | 产学研 | 技术合作或引进 |
| 多轴自动编程技术的研究 | 学研 | 技术合作 |
| 具有多种功能的柔性制造单元及系统的研发 | 产学研 | 技术合作 |
| 国产设备的精度和可靠性保证体系研究 | 产学研 | 自主研发 |
| 模具企业各类单元信息技术的集成研究与应用 | 产学研 | 自主研发 |

## 7.4 模具检测研发需求分析

为了突破广东省模具检测的技术壁垒和关键技术难点，实现广东省模具检测的远景和产业目标，经过专家们深入研讨和问卷调研，凝练出13个广东省模具检测板块的研发需求项目。研发需求项目的优先级由专家评定，最终达成共识。路线图工作组进行统计后，将项目按顶级、高级和中级的顺序对这些研发需求项目进行了排序，如表7-16所示。

表7-16 模具检测板块的研发需求项目及其优先级别

| 序号 | 模具检测板块的研发需求项目名称 | 优先级 |
|---|---|---|
| 1 | 复合式影像测量仪的研制。利用复合传感器技术，任意选择适合的测量方法，包括白光影像、蓝光、激光等非接触式测量，必要时还可配置多轴转台，完美实现复杂曲线曲面的一次性装夹测量 | 顶级 |
| 2 | 如何提高非接触式测量的检测精度 | 顶级 |
| 3 | 模具制造的在线测量技术研究 | 顶级 |
| 4 | 在机测量硬件的研制与开发 | 顶级 |
| 5 | 基于全面质量检测的在机测量技术研究 | 顶级 |
| 6 | 便携式关节臂测量技术的研究及产业化 | 高级 |
| 7 | 模具材料的微观分析与检测技术研究 | 高级 |
| 8 | 基于机器人的模具检测技术研究 | 高级 |
| 9 | 精密模具破损检测方法及算法研究 | 中级 |
| 10 | 在机测量数据处理的关键算法研究 | 中级 |
| 11 | 车间现场环境对精密测量系统的影响研究与系统解决方案 | 中级 |
| 12 | 在机加工坐标系精度补偿、工装状态监测和关键特征工序控制测量 | 中级 |
| 13 | 专业在机测量软件的开发与应用 | 中级 |

### 7.4.1 研发需求项目的时间节点

研发需求项目的时间节点分为近期（<3年）、中期（3~8年）和远期（8~10年），通过头脑风暴法研讨并最终经专家评定，研发需求项目的时间节点安排如表7-17所示。

表7-17　研发需求项目实施的时间节点

| 时间节点 | 模具检测板块的研发需求项目名称 | 优先级 |
|---|---|---|
| 近期<br>（<3年） | 复合式影像测量仪的研制 | 顶级 |
| | 如何提高非接触式测量的检测精度 | 顶级 |
| | 模具制造的在线测量技术研究 | 顶级 |
| | 便携式关节臂测量技术的研究及产业化 | 高级 |
| | 模具材料的微观分析与检测技术研究 | 高级 |
| | 基于机器人的模具检测技术研究 | 高级 |
| | 精密模具破损检测方法及算法研究 | 中级 |
| 中期<br>（3~8年） | 在机测量硬件的研制与开发 | 顶级 |
| | 在机测量数据处理的关键算法研究 | 中级 |
| | 车间现场环境对精密测量系统的影响研究与系统解决方案 | 中级 |
| | 在机加工坐标系精度补偿、工装状态监测和关键特征工序控制测量 | 中级 |
| | 专业在机测量软件的开发与应用 | 中级 |
| 远期<br>（8~10年） | 基于全面质量检测的在机测量技术研究 | 顶级 |

## 7.4.2　顶级研发需求项目分析

表7-18列出了模具检测板块的所有顶级研发需求项目，并根据专家研讨和打分判定值进行排序。

表7-18　模具检测板块的顶级研发需求项目

| 优先顺序 | 模具检测板块的顶级研发需求项目名称 | 专家评分 |
|---|---|---|
| 1 | 基于全面质量检测的在机测量技术研究 | 10.00 |
| 2 | 在机测量硬件的研制与开发 | 9.77 |
| 3 | 模具制造的在线测量技术研究 | 9.53 |
| 4 | 如何提高非接触式测量的检测精度 | 9.47 |
| 5 | 复合式影像测量仪的研制 | 9.33 |

## 7.4.3　顶级研发需求项目风险分析

以专家筛选出的5个顶级研发需求项目为基础，通过调研和专家讨论，确定了这些研发需求项目的风险等级和可能原因，其结果如表7-19所示。

表7-19　模具检测板块的顶级研发需求项目的风险分析

| 模具检测板块的顶级研发需求项目名称 | 风险等级 | 原因 |
| --- | --- | --- |
| 基于全面质量检测的在机测量技术研究 | 高级 | 难于在机检测的硬件，如研发检测精度高、检测速度快的传感器等 |
| 在机测量硬件的研制与开发 | 高级 | 难于在机检测的硬件，如研发检测精度高、检测速度快的传感器等 |
| 模具制造的在线测量技术研究 | 中级 | 技术比较成熟，在于检测精度和速度的提高 |
| 如何提高非接触式测量的检测精度 | 中级 | 高精度非接触式测量传感器有待开发 |
| 复合式影像测量仪的研制 | 低级 | 技术比较成熟，在于优化组合和数据处理技术 |

### 7.4.4　顶级项目研发主体与研发模式分析

通过调研和对调查问卷的整理分析，得到模具检测板块的顶级研发需求项目实施主体和研发模式分析结果如表7-20所示。

表7-20　顶级研发需求项目实施主体和研发模式分析

| 模具检测板块的顶级研发需求项目名称 | 研发主体 | 研发模式 |
| --- | --- | --- |
| 基于全面质量检测的在机测量技术研究 | 产学研 | 技术合作或引进 |
| 在机测量硬件的研制与开发 | 学研 | 技术合作或引进 |
| 模具制造的在线测量技术研究 | 产学研 | 技术合作 |
| 如何提高非接触式测量的检测精度 | 学研 | 技术合作 |
| 复合式影像测量仪的研制 | 产学研 | 技术合作 |

## 7.5　模具修复研发需求分析

为了突破广东省模具修复的技术壁垒和关键技术难点，实现广东省模具修复的远景和产业目标，经过专家们深入研讨和问卷调研，凝练出9个广东省模具修复板块的研发需求项目。研发需求项目的优先级由专家评定，最终达成共识。路线图工作组进行统计后，将项目按顶级、高级和中级的顺序对这些研发需求项目进行了排序，如表7-21所示。

表7-21 模具修复板块的研发需求项目及其优先级别

| 序号 | 模具修复版块的研发需求项目名称 | 优先级 |
|---|---|---|
| 1 | 大功率焊接电源及控制技术研究 | 顶级 |
| 2 | 大功率激光器及控制技术研究 | 顶级 |
| 3 | 高质量的烧焊工艺及过程控制研究。与机体性能无差别、要求性能很好吻合 | 顶级 |
| 4 | 基于金属3D打印的模具修复技术研究 | 顶级 |
| 5 | 激光修复机理与微观形态控制技术研究 | 高级 |
| 6 | 激光精准修复技术的研究。包括：激光表面熔凝、激光熔覆、激光填料焊接和选择性激光熔化技术等，具有热输入和热变形小、稀释率低、自动化操作、定位控制准确、功率和修复速率控制方便等特点，广泛应用于精密复杂模具的修复 | 高级 |
| 7 | 模具失效缺损区域修复的数字化模拟研究。从逆向工程角度出发对模具失效缺损区域的获取和模具修复再制造进行研究，为获得具有精确尺寸和形状的焊接修复模具，可以运用有限元分析软件对模具沉积层形成过程，以及在冷却过程中的温度变化及所产生的残余应力、变形进行模拟，优化焊接工艺，减少焊接对工件产生热变形的影响 | 高级 |
| 8 | 基于"基材+中间过渡层+表面耐磨层"的复合堆焊修复方法研究 | 中级 |
| 9 | 新型超塑性固态焊接方法研究。对于高碳高铬模具钢，采用超塑性固态焊接可达到良好的焊接修复效果 | 中级 |

## 7.5.1 研发需求项目的时间节点

研发需求项目的时间节点分为近期（<3年）、中期（3~8年）和远期（8~10年），通过头脑风暴法研讨并最终经专家评定，研发需求项目的时间节点安排如表7-22所示。

表7-22 研发需求项目实施的时间节点

| 时间节点 | 模具修复板块的研发需求项目名称 | 优先级 |
|---|---|---|
| 近期<br>（<3年） | 大功率焊接电源及控制技术研究 | 顶级 |
| | 大功率激光器及控制技术研究 | 顶级 |
| | 高质量的烧焊工艺及过程控制研究 | 顶级 |
| | 基于"基材+中间过渡层+表面耐磨层"的复合堆焊修复方法研究 | 中级 |
| | 新型超塑性固态焊接方法研究 | 中级 |
| 中期<br>（3~8年） | 激光修复机理与微观形态控制技术研究 | 高级 |
| | 激光精准修复技术的研究 | 高级 |

续表7-22

| 时间节点 | 模具修复板块的研发需求项目名称 | 优先级 |
|---|---|---|
| 远期<br>（8~10年） | 基于金属3D打印的模具修复技术研究 | 顶级 |
| | 模具失效缺损区域修复的数字化模拟研究 | 高级 |

### 7.5.2 顶级研发需求项目分析

表7-23列出了模具修复板块的所有顶级研发需求项目，并根据专家研讨和打分判定值进行排序。

表7-23　模具修复板块的顶级研发需求项目

| 优先顺序 | 模具修复板块的顶级研发需求项目名称 | 专家评分 |
|---|---|---|
| 1 | 大功率焊接电源及控制技术研究 | 10.00 |
| 2 | 大功率激光器及控制技术研究 | 9.77 |
| 3 | 高质量的烧焊工艺及过程控制研究 | 9.56 |
| 4 | 基于金属3D打印的模具修复技术研究 | 9.29 |

### 7.5.3 顶级研发需求项目风险分析

以专家筛选出的4个顶级研发需求项目为基础，通过调研和专家讨论，确定了这些研发需求项目的风险等级和可能原因，其结果如表7-24所示。

表7-24　模具修复板块的顶级研发需求项目的风险分析

| 模具修复板块的顶级研发需求项目名称 | 风险等级 | 原因 |
|---|---|---|
| 大功率焊接电源及控制技术研究 | 中级 | 技术比较成熟，但设备参数的稳定性和可靠性有待提高 |
| 大功率激光器及控制技术研究 | 中级 | 技术比较成熟，但设备参数的稳定性和可靠性有待提高 |
| 高质量的烧焊工艺及过程控制研究 | 低级 | 过程控制参数的稳定性待提高 |
| 基于金属3D打印的模具修复技术研究 | 中级 | 基于增材制造原理，修复机理尚未完全掌握 |

### 7.5.4 顶级项目研发主体与研发模式分析

通过调研和对调查问卷的整理分析，得到模具修复板块的顶级研发需求项目实施主体和研发模式分析结果如表7-25所示。

表7-25　顶级研发需求项目实施主体和研发模式分析

| 模具修复板块的顶级研发需求项目名称 | 研发主体 | 原因 |
|---|---|---|
| 大功率焊接电源及控制技术研究 | 学研 | 技术合作或引进 |
| 大功率激光器及控制技术研究 | 学研 | 技术合作或引进 |
| 高质量的烧焊工艺及过程控制研究 | 产学研 | 技术合作 |
| 基于金属3D打印的模具修复技术研究 | 产学研 | 技术合作 |

## 7.6　模具产业中的关键共性技术及评价

在模具产业的五个板块中，模具设计和模具制造是其中技术含量最丰富、最活跃的板块，里面涉及的各种先进技术较多。下面重点介绍其中的几个关键共性技术，并加以技术评价。

### 7.6.1　模具标准化技术

模具标准化技术主要是指采用标准模架及标准件来提高模具的设计及制造效率，其中，标准模架和标准件的设计及制造均按照一定的标准。常见的模具标准有日本的MISUMI标准、美国的DME标准、德国的HASCO标准、我国的GB国家标准等。如：我国的注塑模具国家标准GB/T 12555—2006、GB/T 4169.1—2006、GB/T 4169.23—2006和GB/T 4170—2006；冷冲模具国家标准GB/T 2851～2875—1981；压铸模具国家标准GB/T 4678.1～4678.19—2003和GB/T 4647—2003等。

### 7.6.2　模具CAD/CAE/CAM/CAPP技术

模具CAD/CAE/CAM/CAPP技术是建立在CAD/CAE/CAM/CAPP平台上的先进模具技术。结合CAD技术和CAE技术进行模具设计，可提高模具设计的现代化、信息化、智能化和标准化水平；结合CAM技术和CAPP技术进行模具制造，可提高模具加工的自动化水平与生产效率。

**1. 模具CAD技术**

模具CAD技术就是计算机辅助设计技术在模具设计过程中的应用。以注塑模具CAD为例，主要包括：根据产品模型进行模具分型面设计、确定型腔和型芯设计、模具结构的详细设计等几个方面，许多注塑模具标准件如导柱、导套、推杆等，都可以采用基于数据库管理的参数化特征造型设计方法进行设计或建立标准件库，实现数据共享，随时修改设计参数，使得设计快速、准确、高效。

**2. 模具CAE技术**

模具CAE技术就是计算机辅助工程技术在模具设计过程中的应用。以注塑模具CAE为例，利用MoldFlow等模具CAE软件，可以进行塑料产品的成型过程分析，来检查模具结构的合理性、流动状态的合理性、产品质量问题等。借助MoldFlow软件数据库，可以动态仿真分析塑料熔体在模腔内的流动情况、温度压力分布情况和注塑件残余应力等。通过CAE模拟分析，可以将模具设计错误消除在设计阶段，从而提高模具的试模成功率。

### 3. 模具CAM技术

模具CAM技术就是计算机辅助制造技术在模具制造过程中的应用，特别是在复杂模具的型腔、型芯及电极的数控铣削加工、线切割加工、电火花加工等方面的应用。此外，模具加工过程的仿真能直观反映加工的结果、直接评估加工后零件的质量，以及检查出加工的错误。在检查加工后零件的质量时，可在计算机上对加工后的实体模型进行任意的剖切，直接测量其尺寸和精度。能消除加工工艺编程设计的错误，减少加工后的修补和返工，大大提高模具制造的效率和质量。

### 4. 模具CAPP技术

模具CAPP技术就是计算机辅助工艺规划技术在模具制造过程中的应用。模具CAPP面向模具生产的全过程，将CAD数据转换成各种加工和管理信息，为模具制造进行工艺决策、工艺参数计算和生成工艺文件，实现从模具产品设计CAD向产品制造CAM的过渡。同时，CAPP系统的输出结果也是管理信息系统的重要信息来源和生产计划调度部门的重要依据，是现代集成制造系统中信息流和物料流的重要交汇点。

## 7.6.3 模具生产企业的信息化管理技术

模具生产企业的信息化管理技术有：产品数据管理、企业资源规划、管理信息系统（management information system，MIS）等。

### 1. 模具PDM技术

PDM是一门管理所有与产品相关的信息和所有与产品相关的过程的技术，它是一门集数据库的数据管理能力、网络通信能力与过程控制能力于一体的工程数据管理综合技术。模具PDM技术包括：模具产品配置管理；PDM系统与CAD/CAE/CAM的集成；并行工程的实现等。

### 2. 模具ERP技术

ERP是一个集合企业内部的所有资源进行有效地计划和控制，以达到最大效益的集成化管理信息系统。模具企业ERP中的工作流管理系统在功能上：①应对模具企业一人多职采用合理工作流；②满足模具企业设计制造变更频繁和作业计划动态多变的特点；③根据订单性质采用适当的工作流；④工作流的保密性管理；⑤实现企业的无纸化、自动化管理等。

### 3. 模具MIS技术

MIS是一个由人、计算机软硬件、通信网络及其他办公设备等组成的、能进行管理信息收集、传递、存储、加工、维护和使用的系统。模具MIS技术能实测模具企业的各种运行情况，利用过去的数据预测未来，从全局出发辅助企业进行决策，利用信息控制企业的行为，帮助企业实现其规划目标。

### 7.6.4 先进制造技术

**1. 数控加工技术**

数控加工是利用数控机床根据一定的程序指令来加工零件的一种工艺方法，具有自动化程度高、生产效率高、加工精度高、产品质量稳定、适应性强等特点。

数控加工的方式很多，包括数控铣削加工、数控电火花加工、数控电火花线切割、数控车削加工、数控磨削加工以及其他一些数控加工方式，这些加工方式为模具制造提供了丰富的加工手段。

根据模具零件的特点，可以将模具零件分为许多类，每一类模具零件都有其最合适的加工方式。如：对于旋转类模具零件，可以采用数控车削加工，如车外圆、车孔、车端面、车锥面等；对于复杂的外形轮廓或带曲面的模具零件，以及电火花成型加工电极，可以采用数控铣削加工；对于微细复杂形状、特殊材料的模具零件、塑料镶拼型腔及嵌件、带异形槽的模具零件等，可以采用数控电火花、线切割加工；对精度要求较高的解析几何曲面，可以采用多轴数控铣削和磨削加工等。

**2. 特种加工技术**

常见的特种加工方法有电火花加工、激光加工、电子束加工等，如图7-1所示。

（a）电火花加工　　　　　　　　　　（b）激光加工

（c）电子束加工

图7-1　特种加工技术

电火花加工是利用浸在工作液中的两极间脉冲放电时产生的电蚀作用，蚀除导电材料的特种加工方法，又称放电加工或电蚀加工。

激光加工是利用能量密度很高的激光束照射工件的被加工部位，使工件材料瞬间熔化或蒸发，并在冲击波作用下，将熔融的物质喷射出去，从而对工件进行去除加工，或采用能量密度较小的激光束，使加工部位材料熔融黏合，对工件进行焊接的方法。

电子束加工是在真空条件下，利用电子枪中产生的电子经加速、聚焦，形成高能量大密度的细电子束以轰击工件被加工部位，使该部位的材料熔化和蒸发，从而进行加工，或利用电子束照射引起的化学变化而进行加工的方法。

### 3. 高速、高精的模具加工技术

高速、高精的模具加工技术，是指用高速高效的加工方式，在缩短模具制造周期、降低成本的同时，得到比以往更高质量、更高精度的工件。用这种加工技术进行加工，即使进行长时间的高速加工，也不会影响主轴的运转精度。同时，由于采用了辅助控制技术，机床在进行高速进给时，床身也不会产生变形。采用此技术，可使刀具的能力得到高效率的发挥。该加工技术具有以下特点：①小切削量，大进给速度；②迅速从切削点清除切屑，防止卡刀；③切削负荷保持一定。

高速、高精的模具加工技术包括超精冲压模具制造技术、精密塑料模和压铸模具制造技术等。

### 4. 柔性制造技术

柔性制造技术是数控机床与自动物料传输装置相结合，由计算机控制的加工综合体，能自主地同时完成多品种、中小批量的生产任务。它包括三个主要的组成部分：①多工位的数控加工系统；②自动化的物料输送和存储系统；③计算机控制信息系统。

在柔性制造技术中，最具代表性的应用是柔性制造系统（FMS），它是集数控技术、计算机技术、机器人技术以及现代生产管理技术为一体的现代制造技术。FMS的工艺基础是成组技术，它按照成组的加工对象确定工艺过程，选择相适应的数控加工设备和工件、工具等物料的储运系统，并由计算机进行控制，故能自动调整并实现一定范围的、多种工件的成批高效生产，即具有"柔性"。

FMS按规模大小可分为：柔性制造单元（FMC）、柔性制造系统（FMS）、柔性制造生产线（FMPC）和柔性制造工厂（FMW）等四类。其优点是：机床利用率高、柔性大、辅助时间短；有利于提高市场的响应能力、可缩短生产周期、减少库存量；有利于提高产品质量、降低劳动强度、改善生产、明显降低生产成本，适应市场需求。

## 7.6.5　快速经济制模技术

快速经济制模技术与传统的机械加工相比，具有制模周期短、成本低、精度与寿命又能满足生产上的使用要求，是综合经济效益比较显著的一类制造模具的技术。概括起来，有以下几种类型。

1. **快速原型制造技术（又称3D打印技术）**

快速原型制造技术（rapid prototyping & manufacturing，RPM），是集计算机、数控、激光、新材料、CAD、CAM、分层制造等现代先进制造技术于一体的高新技术。它摒弃了传统的机械加工方法，采用增材制造原理，通过利用CAD数据将一层层的材料叠加形成三维实体，它对制造业的变革是一个重大的突破，被称为自数控技术以来的又一次技术革命。利用RPM技术可以直接或间接地快速制模，该技术已被汽车、航空、家电、船舶、医疗、模具等行业广泛应用。

3D打印技术在模具行业中的应用主要有：

（1）直接制作手板，这是目前3D打印技术最常见的应用方式。

（2）间接制造模具，即利用3D打印技术成型的原型件，通过不同的工艺方法翻制模具，如硅橡胶模具、石膏模具、环氧树脂模具、砂型模具等。

（3）直接制造模具，即利用SLS、DMLS、SLM等技术直接制造软质模具或硬质模具。

（4）制造金属模具的随形冷却水路，这也是近几年来3D打印技术在模具行业中较为常见的应用。

3D打印技术在模具行业中的应用实例如图7-2所示。

（a）3D打印制作手板

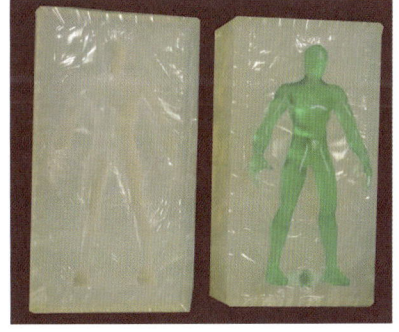
（b）3D打印间接制造硅胶模具

（c）3D打印直接制造模具

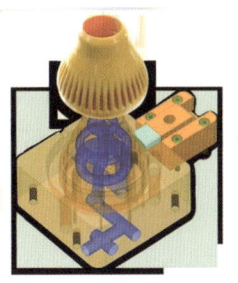

（d）3D打印具有随形冷却水路的模具

图7-2　3D打印在模具行业中的应用实例

2. **表面成型制模技术**

表面成型制模技术，主要是利用喷涂、电铸、化学腐蚀等新的工艺方法，形成型腔表面及精细花纹的一种新技术。实际应用中包括：电弧喷涂成型制模技术、电铸成型技术、型腔表面精细花纹成型蚀刻技术等。

### 3. 浇铸成型制模技术

浇铸成型制模技术的共同特点是以样件为基准，浇铸出凸、凹模，型腔表面不需要机械加工。实际制模中主要包括：铬锡合金制模技术、锌基合金制模技术、树脂复合成型制模技术、硅橡胶制模技术等。

### 4. 挤压成型制模技术

挤压成型制模技术主要包括冷挤压成型制模技术和超塑成型制模技术。冷挤压成型制模技术是指利用铍铜合金良好的导热性和稳定性，经固熔时效处理后，采用冷挤压制造模具凹模型腔。超塑成型制模技术是指利用金属材料在细化晶粒、一定成型温度、低变形速率的条件下，材料具有最佳超塑性时，将事先制作好的凸模，用较小的力便可挤压出凹模。

### 5. 无模多点快速成型技术

无模多点快速成型技术是以CAD/CAM/CAT技术为主要手段，利用计算机控制高度可调的基本体群形成上下成型面，代替传统模具对板料进行三维曲面成型的先进制造技术。此项技术可以随意改变变形路径与受力状态，提高材料的成型极限，可反复成型，以消除材料内部的残余应力，实现无回弹成型。

### 6. 模具毛坯的快速制造技术——实型铸造

实型铸造就是利用泡沫塑料模型代替传统的木模或金属模，造型后不需取出模型，便可以浇铸。泡沫塑料模型在高温金属液体作用下，迅速燃烧气化而消失，金属液取代原来泡沫塑料模型所占有的位置，冷凝后形成铸件。实型铸造在实际应用中包括：干砂实型铸造、负压实型铸造、树脂砂实型铸造等。

## 7.6.6 热流道技术

热流道技术是应用于塑料注塑模浇注流道系统的一种先进技术，是塑料注塑成型工艺发展的一个热点方向。热流道是通过加热的办法来保证流道和浇口内的塑料保持熔融状态。由于在流道附近或中心设有加热棒和加热圈，从注塑机喷嘴出口到浇口的整个流道都处于高温状态，从而使流道中的塑料一直保持熔融状态，停机后一般不需要打开流道取出凝料，再开机时只需加热流道到所需温度即可。

热流道技术与常规的冷流道相比，有以下优点：①节约原材料，降低成本；②缩短成型周期，提高机器效率；③改善制品表面质量和力学性能；④不必用三板式模具即可使用点浇口；⑤可经济的以侧浇口成型单个制品；⑥提高自动化程度；⑦可用针阀式浇口控制浇口封冻；⑧可使多模腔模具的注塑件质量一致；⑨提高注塑制品表面美观度。

其缺点是：①模具结构复杂，造价高，维护费用高；②开机需要一段时间后工艺才会稳定，造成废品较多；③出现熔体泄漏、加热元件故障时，对产品质量和生产进度影响较大。

### 7.6.7 大型及精密冲压模具设计制造技术

模具大型化和精密化一直是重要发展趋势，高强度板和不等厚激光焊接板的冲压成型技术应用已越来越普遍，高强度钢板热冲压成型和大型铝合金板冲压成型技术在汽车生产中的应用也日益增多。由于高速冲床的运行速度越来越高，集成电路脚距越来越细密，接插件精度越来越高且体积越来越小，因此，超精密加工在进一步发展。

该项技术所包含的主要关键技术有：汽车大型覆盖件模具生产技术；汽车零部件大型多工位级进模生产技术；高强度板及不等厚焊接板冷冲压模具生产技术；高强度板热压成型及模具生产技术；厚板精冲模具生产技术；精度达到0.001mm的模具生产技术等。

### 7.6.8 大型及精密塑料模具设计制造技术

该项技术包含的主要关键技术有：热流道技术及其在精密注塑模具上的合理应用；多注射头塑料封装模具生产技术；为1000吨锁模力以上注塑机和200吨以上热压压力机配套的大型塑料模具以及精度达到0.01mm以上的精密注塑模具生产技术；多色多材质模具生产技术；金属与塑料零件组合模生产技术；不同塑料零件叠层模具生产技术；高光无痕不需再进行塑料件表面加工的注塑模具生产技术；塑料模具内装配及装饰技术和热压快速无痕成型技术；新型塑料和多层复合材料的成型技术及模具技术；气液等辅助注塑技术及模具技术；塑料异型材共挤及高速挤出模具生产技术等。

### 7.6.9 大型精密铸造模具设计制造技术

该项技术所包含的主要关键技术有：镁合金压铸模具及为2000吨以上锁模力压铸机配套的大型压铸模和精度达0.03mm以上的精密压铸模生产技术；制品重量大于10千克、精度达到0.05mm的低压铸造模具和精度达到0.07mm的重力铸造模具制造技术；为自动造型线配套的无箱挤压造型铸造模具生产技术等。

## 7.7 广东省模具产业研发需求项目汇总

研发需求要素往往是制约产业发展最关键的技术壁垒。本次确定的研发需求要素和统计的分析结果汇聚了众多相关领域的学者、专家、政府人员以及模具企业管理和技术人员的集体智慧。专家对研发需求要素进行了充分的研讨，最终筛选出与模具产业目标相对应的不同时间节点（近期、中期和远期）的82个研发需求要素。

本节按照研发需求项目实施的时间节点对近期（<3年）、中期（3~8年）和远期（8~10年）进行了汇总，其中，近期研发需求项目有34个，中期研发需求项目有25个，远期研发需求项目有23个。对得到的研发需求要素按技术领域进行优先排序，并划分优先等级为顶级、高级和中级，其中，顶级研发需求要素31个，高级研发需求要素26个，中级研发需求要素25个。

## 7.7.1 近期研发需求项目

广东省模具产业五个板块近期（<3年）的34个研发需求项目汇总如表7-26所示。

表7-26 近期（<3年）研发需求项目汇总

| 技术领域 | 序号 | 近期（<3年）研发需求项目名称 | 优先级 |
|---|---|---|---|
| 模具材料 | 1 | 模具钢生产设备和冶炼技术稳定性控制研究及产业化，保证不同冶炼批次材料的质量一致性 | 顶级 |
| | 2 | 研究基于材料成分、工艺、组织与服役性能的关系 | 顶级 |
| | 3 | 提高模具钢材纯净度和组织均匀性的关键技术研究 | 顶级 |
| | 4 | 电炉加钢包精炼、真空处理和电渣重熔等冶炼技术的研究与产业化 | 顶级 |
| | 5 | 高温均匀化退火、多向轧制等热处理技术，优化模具钢材的性能 | 高级 |
| | 6 | 研究模具钢的失效形式及失效机理等问题，掌握模具失效规律与组织、性能之间定性和定量的关系，提高模具的使用寿命 | 高级 |
| | 7 | 引进国外一些性能优良的模具钢种，进行国产化研制 | 高级 |
| | 8 | 研究模具再制造、激光熔覆等技术，生产出抗高温性能的高端模具钢 | 中级 |
| | 9 | 研发更加先进的生产技术，提升模具钢的质量及其稳定性 | 中级 |
| 模具设计 | 10 | 开发具有自主知识产权的CAD/CAE核心设计模块 | 顶级 |
| | 11 | 模具三维设计软件的自主开发与商品化 | 顶级 |
| | 12 | 热流道的优化设计技术研究 | 中级 |
| 模具制造 | 13 | 机床核心关键功能部件的设计与制造技术研究 | 顶级 |
| | 14 | 用于制造机床核心关键零部件的材料及性能研究 | 顶级 |
| | 15 | 多轴联动机床和复合加工机床的研制 | 顶级 |
| | 16 | 高精度高速度特种加工设备的研发 | 高级 |
| | 17 | 适于模具的快速制模设备的研发 | 中级 |
| | 18 | 大型复杂型腔火花纹的一致性研究 | 中级 |
| | 19 | 模具的自动抛光技术及设备研制。抛大面积的不规则面、形状、位置、边界等 | 中级 |
| | 20 | 高端数控系统核心关键算法及硬件处理技术研究 | 顶级 |
| | 21 | 高端数控系统的二次开发技术研究 | 中级 |
| | 22 | 夹具的标准化制定与实施研究 | 中级 |

续表7-26

| 技术领域 | 序号 | 近期（<3年）研发需求项目名称 | 优先级 |
|---|---|---|---|
| 模具检测 | 23 | 复合式影像测量仪的研制 | 顶级 |
| | 24 | 如何提高非接触式测量的检测精度 | 顶级 |
| | 25 | 模具制造的在线测量技术研究 | 顶级 |
| | 26 | 便携式关节臂测量技术的研究及产业化 | 高级 |
| | 27 | 模具材料的微观分析与检测技术研究 | 高级 |
| | 28 | 基于机器人的模具检测技术研究 | 高级 |
| | 29 | 精密模具破损检测方法及算法研究 | 中级 |
| 模具修复 | 30 | 大功率焊接电源及控制技术研究 | 顶级 |
| | 31 | 大功率激光器及控制技术研究 | 顶级 |
| | 32 | 高质量的烧焊工艺及过程控制研究 | 顶级 |
| | 33 | 基于"基材+中间过渡层+表面耐磨层"的复合堆焊修复方法研究 | 中级 |
| | 34 | 新型超塑性固态焊接方法研究 | 中级 |

## 7.7.2 中期研发需求项目

广东省模具产业五个板块中期（3~8年）的25个研发需求项目汇总如表7-27所示。

表7-27 中期（3~8年）研发需求项目汇总

| 技术领域 | 序号 | 中期（3~8年）研发需求项目名称 | 优先级 |
|---|---|---|---|
| 模具材料 | 1 | 研究模具钢新材料与热处理新工艺的机理 | 顶级 |
| | 2 | 根据钢的合金化成分设计原理，并结合我国资源与冶金技术的实情，研制高性能、低成本的新钢种 | 顶级 |
| | 3 | 研究先进的热处理技术，实现热处理工艺的可控化、清洁化和高效化 | 中级 |
| | 4 | 除模仿复制国外成熟钢种外，加强新钢种开发的创新能力 | 中级 |
| 模具设计 | 5 | 模具CAE软件的自主开发与商品化 | 顶级 |
| | 6 | 模具设计产品数据管理的研究与实施 | 高级 |
| | 7 | 模具设计产品全生命周期管理的研究与实施 | 高级 |
| 模具制造 | 8 | 国产设备的精度和可靠性保证体系研究 | 顶级 |
| | 9 | 多轴自动编程技术的研究 | 顶级 |

续表7-27

| 技术领域 | 序号 | 中期（3～8年）研发需求项目名称 | 优先级 |
|---|---|---|---|
| 模具制造 | 10 | 具有多种功能的柔性制造单元及系统的研发 | 顶级 |
| | 11 | 智能化、开放式、网络化数控系统的研究与产业化 | 顶级 |
| | 12 | 开放式体系结构数控系统规范的研究和制定 | 高级 |
| | 13 | 中国ONC数控系统的规范框架的研究和制定 | 高级 |
| | 14 | 参与新的国际CNC系统标准的建立实施 | 中级 |
| | 15 | 夹具的自动化安装与检测技术研究 | 中级 |
| | 16 | 模具制造生产管理软件开发与市场应用 | 高级 |
| | 17 | 模具企业ERP系统的研究与应用 | 高级 |
| | 18 | 模具企业内部信息的集成和协同 | 高级 |
| 模具检测 | 19 | 在机测量硬件的研制与开发 | 顶级 |
| | 20 | 在机测量数据处理的关键算法研究 | 中级 |
| | 21 | 车间现场环境对精密测量系统的影响研究与系统解决方案 | 中级 |
| | 22 | 在机加工坐标系精度补偿、工装状态监测和关键特征工序控制测量 | 中级 |
| | 23 | 专业在机测量软件的开发与应用 | 中级 |
| 模具修复 | 24 | 激光修复机理与微观形态控制技术研究 | 高级 |
| | 25 | 激光精准修复技术的研究 | 高级 |

## 7.7.3 远期研发需求项目

广东省模具产业五个板块远期（8～10年）的23个研发需求项目汇总如表7-28所示。

表7-28 远期（8～10年）研发需求项目汇总

| 技术领域 | 序号 | 远期（8～10年）研发需求项目名称 | 优先级 |
|---|---|---|---|
| 模具材料 | 1 | 模具材料及其热处理、表面强化性能与工艺规范和标准化研究 | 顶级 |
| | 2 | 用于金属3D打印的、满足特殊性能要求的模具钢材料的研究开发与产业化 | 顶级 |
| | 3 | 研究开发和应用新的更高质量和性能的专用模具钢系列 | 高级 |
| | 4 | 制定钢企统一的产品标准，建立标准化的生产流程，建立模具钢材料性能数据库，建立统一的检测标准，并形成系列，使我国模具钢的生产达到标准化和精细化 | 高级 |

续表7-28

| 技术领域 | 序号 | 远期（8~10年）研发需求项目名称 | 优先级 |
|---|---|---|---|
| 模具材料 | 5 | 扩大金属3D打印材料的品种类型，满足更多模具的3D打印 | 高级 |
| | 6 | 加强模具钢材料品牌意识的培养，建立完善的服务体系 | 中级 |
| | 7 | 提升和规范模具钢材料售后服务体系质量 | 中级 |
| | 8 | 降低金属3D打印材料制备的复杂性，提高产量 | 中级 |
| 模具设计 | 9 | 模具的智能化和多集成化设计研究 | 顶级 |
| | 10 | 模具的CAD/CAE/CAM一体化技术研究 | 顶级 |
| | 11 | 模具的网络化设计研究 | 高级 |
| | 12 | 型腔模具随形冷却水道的设计原则与方法研究 | 中级 |
| 模具制造 | 13 | 模具加工自动化和智能化关键技术研究 | 高级 |
| | 14 | 金属3D打印设备的工艺参数优化及参数库的建立 | 高级 |
| | 15 | 模具加工工艺规范和标准制定研究 | 中级 |
| | 16 | 模具CAM软件功能的集成化研究 | 高级 |
| | 17 | 模具设计、分析、制作的三维化、无纸化与网络化研究 | 高级 |
| | 18 | 具有面向制造、基于知识的智能化功能的模具软件开发及产业化 | 高级 |
| | 19 | 模具企业各类单元信息技术的集成研究与应用 | 顶级 |
| | 20 | 基于互联网的模具行业规模化生产模式研究 | 中级 |
| 模具检测 | 21 | 基于全面质量检测的在机测量技术研究 | 顶级 |
| 模具修复 | 22 | 基于金属3D打印的模具修复技术研究 | 顶级 |
| | 23 | 模具失效缺损区域修复的数字化模拟研究 | 高级 |

## 7.8　本章小结

本章主要对模具产业的研发需求进行分析。通过调查问卷及头脑风暴会议，确定突破模具产业技术壁垒和关键技术难点的研发需求要素，找出顶级研发需求要素的排序及优先研发需求要素，从而建立广东省模具产业的研发需求项目汇总库，为广东省模具产业技术路线图的绘制提供了良好的科学依据，以便更有效地指导模具产业的发展。

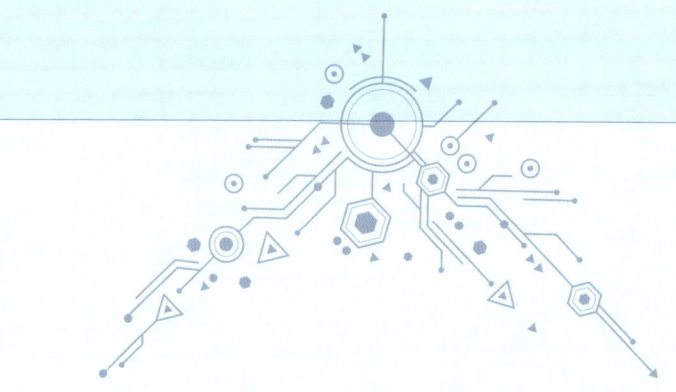

# 第 8 章

# 模具产业两化融合和管理

> 模具制造业在我国的经济发展中起着十分重要的作用。模具制造业两化（工业化和信息化）融合的途径是：发展智能化生产工具，精益制造，智能制造，节能减排绿色制造，远程监控安全生产，构建现代产业体系，发展电子信息产业。选择正确的途径成为模具制造业两化融合的关键，而模具产业中的标准化又是模具制造业两化融合的前提基础。
>
> 目前，信息化技术在设计、生产、管理上的应用进一步普及、提高，CAD/CAM技术已得到普及，CAE/CAPP/PLM/ERP等数字化技术已被不少企业采用，高速加工、并行工程、逆向工程、敏捷制造、虚拟制造和自动化生产已在一些重点骨干企业实施，热流道技术和模内温控技术以及具有智能控制功能的模具技术得到较快发展和应用。国内模具重点骨干企业50%以上基本实现了模具全三维CAD、CAD/CAE/CAM/PDM设计制造和ERP等经营管理手段，并积极推进模具自动化制造和智能化制造技术的开发和应用。

## 8.1 模具产业中的标准化

标准是制造业技术基础的核心要素，也是当前行业管理的重要手段。标准化是现代科学体系的重要组成部分。2006年发布的《国家中长期科学和技术发展规划纲要（2006—2020）》中，就把实施技术标准战略作为科技发展的两大战略（知识产权战略、技术标准战略）之一。

我国模具标准化工作起步较晚，提升模具标准化是我国模具产业面临的一项重要任务。

1983年全国模具标准化技术委员会成立之后，在组织模具国家标准和行业标准的制修订方面做了大量工作，形成了模具国家标准与行业标准的基本体系，在国家对标准化工作日益重视的大环境下，我国模具标准化工作发展势头良好，但我国模具标准化仍存在问题。据初步估计，"模具标准化程度"国际上一般在70%以上，其中中小模具在80%以上；而我国目前这一比例仅在30%~35%。我国模具标准化存在的问题有：模具标准体系有待完善、模具标准件市场比较混乱、模具标准宣传力度不足、模具标准滞后于实际生产。

### 8.1.1 模具标准化的内容

模具标准化的内容是：模具设计的标准化、模具制造的标准化、经营管理的标准化。需要提升三个方面：扩大模具标准件的品种、采用先进技术改造和提升模具技术水平以及提高标准件的精度和互换性生产技术水平，使模具标准件能形成经济的大批量生产。贯彻落实：提高模具的加工质量、缩短模具的加工周期，提高生产效率。有关统计资料表明：采用模具标准件可使企业的模具加工工时节约20%~45%，能缩短模具生产周期30%~40%。

模具标准化工作主要包括模具技术标准的制定和执行、模具标准件的生产和应用以及有关标准的宣传、贯彻和推广等工作。具体内容如下：

（1）研究制造业产品零件结构类型、材料及其性能和所用模具结构特征，以确定模具类别。

（2）研究各类模具结构形式、构成及组合。以设计、制定模具产品及其设计与制造的技术条件与要求规范、标准。

（3）研究各类模具结构的设计参数。以试验、制定模具结构参数的规范、标准。

（4）研究模具材料及其热处理工艺。以归纳、验证、制定模具材料及其热处理、表面强化性能与工艺规范和标准。

（5）研究模具的加工方式和工艺。以归纳、验证并制定成型加工的工艺条件或工艺规范、标准。

## 8.1.2 模具标准化的目的

标准化、专业化、通用化是提高整个模具产业技术水平和经济效益的重要手段，是机械制造业向深层次发展的必由之路。在现代工业迅速发展过程中，各行业的产品品种数量不断增加，换型加快，对产品质量外观也不断提出新要求，对模具质量的要求越来越高，模具技术直接影响制造业的发展和产品更新换代的能力。模具产业采用标准化的目的，就是进行模具通用化的目的，将模具主体（模架）固定下来，使更换少量

图8-1 常用的模具标准件实例

零件（标准件）即可组成新模具，既减少了重复加工，又便于维修时更换零件。常见的模具标准件实例如图8-1所示。

## 8.1.3 模具标准化的意义

模具是专用成型工具，虽然个性化强，但也是工业产品，所以标准化工作十分重要。贯彻模具标准，采用模具标准件，不仅能有效提高模具质量，而且能降低模具生产成本，大大缩短模具生产周期。随着工业产品多品种、小批量、个性化、快周期生产的发展，为了提高模具企业在市场经济中的快速应变能力和竞争能力，在模具生产周期显得愈来愈重要的今天，模具标准化的意义更为重大。

总的来说，模具标准化的意义表现在以下几个方面：

（1）实现模具专业化生产，以提高模具质量，降低成本。

（2）实现模具零件商品化，以缩短制模周期。

（3）适应模具CAD/CAM的开发应用需要。

（4）有利于加强模具产业的国际贸易和区域贸易，提高竞争力。

### 8.1.4 模具标准件的前景

通常，采用专业化生产的标准件，比自制标准件其配合精度和位置精度将至少提高一个数量级，并可保证互换性，提高模具的使用寿命，进而促进模具产业内部经济体制、经营机制、产业结构和生产管理方面的改革，实现专业化和规模化生产，并带动模具标准件商品市场的形成与发展。可以说，没有模具标准件的专业化和商品化，就没有模具产业的现代化。

近年来，随着我国模具产业的迅猛发展，模具零件的标准化、专业化和商品化工作已具有较高的水平，取得了长足的进步。自1983年全国模具标准化技术委员会成立以来，组织专家对模具标准进行制定、修订和审查，截至2016年3月，已制（修）定现行模具国家标准102项，行业标准179项。这些标准的制定和宣传贯彻，提高了我国模具标准化程度和水平，推动了我国模具产业的技术进步和发展，产生了很大的社会效益和经济效益。

模具标准件的研究、开发和生产正在全面深入展开，无论是产品类型、品种、规格，还是产品的技术性能和质量水平都有明显的提高。目前，我国模具的标准化程度和应用水平还比较低，乐观地估计不足50%，与国外模具工业发达国家相比，尚有较大的差距。虽然生产销售厂家逐年增加，但大多数是规模小、工艺落后、成本高、效益低。只有普通中小型标准冲模模架和塑料模模架、导柱、导套、推杆、模具弹簧、气动元件等产品的商品化程度较高，可基本满足国内市场的需求，并有部分出口。而那些技术含量高、结构先进、性能优异、质量上乘、更换便捷、具有个性化的产品，如高档塑料模具标准件和氮气弹簧等的商品化程度较低。

## 8.2 模具产业中的自动化

随着计算机技术的发展及应用到模具领域，模具产业的自动化建设成为发展趋势，各种先进技术包括CAD、CAE、CAM以及CNC都被应用到模具的设计、制造、检测和修复中。当前，模具产业的自动化发展趋势主要可以概括为以下几个主要方面：

#### 1. 模具产品发展将大型化、精密化

随着模具自动化技术的不断发展与进步，模具产品也出现了两个十分重要的发展方向，也就是模具的大型化发展与精密化发展。所谓大型化发展，并不是指单个模具的尺寸逐渐变大，而是指将多个零件的模具集中到一个模具上进行生产，也就是一个模具往往会有多个型腔，这样就可以提高零件的生产效率。模具的精密化与模具的大型化并不是冲突的，它与零件的微型化有着一定的关系，模具的精密化主要是为了提高产品的生产质量。

#### 2. 在模具设计制造中将全面推广CAD/CAE/CAM技术

目前，许多计算机辅助设计软件在模具设计过程中可以直接对模具的加工过程生成完整且可靠的数控加工程序，不仅提高了模具的加工效率，而且提高了模具的加工质量。随着计算机技术的不断发展，CAD/CAE/CAM等相关领域的应用软件成本也开始逐年降低，

从而降低了许多中小型企业的使用门槛，这几项技术作为模具自动化发展的里程碑，推动了模具产业发展质的飞跃。

### 3. 模具加工趋向模块化

目前，模具加工方式普遍是通过使用CAE进行模拟分析、以CAD进行设计、以CAM进行编程、以CNC来加工以至配件标准化的加工方式。近几年来，由于标准化夹具的日益普及，大量的模具电极加工方式得以实现标准化加工，模具加工向模块化方向发展。

### 4. 模具加工自动化

由于人力成本的提高、原材料价格上涨、模具价格下降等原因，模具加工企业必须改用新技术来提高模具的生产效率。随着机器人技术的高速发展，模具加工自动化出现在人们的眼前。自动化技术综合了多台CNC、EDM、CMM、机器人等设备，大大提高了生产效率。凭可识别芯片能精确、可靠地识别任何一个工件和电极。模具制造企业可以量身定做建立单工序的柔性制造单元，也可以建立多工序的柔性制造系统，由任务管理系统协调加工过程。

当前，我国模具产业经营模式的日益凸显，在数据库建设、标准制定的前提下，企业在软件平台的基础上，二次开发适宜本企业的制造管理系统。随着设备自动化、单元自动化的实现，在解决了夹具优化、加工机械群组自动化、加工件的数据跟踪及实现流程自动化后，排产自动化、装配自动化将最终实现。流水线生产模具的企业即将出现，模具制造正式进入标准化、自动化和信息化的时代。

## 8.3 模具产业中的信息化

对于模具企业而言，其竞争力的外在表现形式是质量、成本、时间和服务。一个企业如果能够以较低的成本，在规定的交货期内为客户提供符合质量要求的模具和优质的服务，就能够在激烈的市场竞争中处于有利地位。目前，行业内比较成熟的模具企业都已经开始把企业信息化管理作为降低成本、控制交货期、提升质量和优质服务的手段。

我国的模具企业大都是中小型企业，在模具交货期、成本和质量控制方面的问题层出不穷。面对激烈的市场竞争，落后的管理手段和水平使模具企业中的管理和技术人员疲于奔命。模具制造企业要提高管理水平，通过应用互联网、ERP等信息化技术，把模具企业上下游业务过程、技术沟通过程，以及模具企业内部管理过程，以IT形式固定下来，将有助于提高模具企业的经营管理水平，提升模具企业的运转效率。

### 8.3.1 模具企业信息化成为CAD/CAM技术深化应用的主题

模具制造企业要提高管理水平，具备快速反应和及时调整的能力，没有一套先进的管理系统实现管理的信息化是很难做到的。

目前，CAD/CAM技术的推广已由"甩图板"阶段跨入到了深化应用阶段。CAPP技术的应用，可以大大提高企业工艺编制的效率和准确性；PDM系统的应用，可以对产品开发数据进行有效的管理；MIS/ERP系统的应用，则可以从根本上降低企业的成本，提高生产和管理效率。这些系统之间实现信息的集成和功能上的配合，并逐步实现企业的全面信息化，已成为CAD/CAM技术深化应用的主题，是模具产业发展的第二次变革。

企业网络的建立，总的来讲是基于互联网技术和计算机管理技术，并融合了ERP、CRM、SCM、PDM等技术，以及一些行业标准化的规范。通过互联网技术，模具企业可以跟国内外客户建立联系，开拓更广阔的市场；进行企业与国内外客户业务、技术的沟通；建立企业和客户之间的接口。ERP技术帮助企业规范和管理内部业务流程，提升模具企业的管理水平，极大地优化和缩短企业内部的流程，提高竞争力。把互联网技术和ERP技术结合起来，可以实现远程异地办公，提高企业的快速反应能力，有效地管理企业。CRM技术可以帮助模具企业加强管理客户关系，对客户的需求做出快速反应和处理。SCM技术帮助模具企业加强供应商的管理，进一步降低采购成本和开拓更多的供应渠道，等等。

### 8.3.2 两化融合使模具制造企业步入新型工业化道路

模具是典型的按订单单件生产的行业，每一个订单都要与客户进行详细的业务和技术方面的沟通，否则将会产生严重的后果。在与客户及企业内部的信息沟通方面即便是一个小小纰漏，都会对企业造成巨大损失。信息化的管理系统将能够帮助模具企业更好地与客户进行信息沟通。在与客户信息沟通方面通过利用计算机网络平台和网络会议系统实行与客户的无国界的实时协同，通过会议中心强大功能来实现远程协同工作，大大提高了工作效率。在信息化系统中，通过提供的详细的模具技术沟通模板，方便与客户进行详细的技术沟通，减少模具的修改工作。客户非常关注模具的试模及交付日期，往往根据模具的试模时间安排生产计划，尤其是海外客户，因此，控制模具的生产制作工期是企业在市场竞争中取胜的一个重要指标。

信息化的管理系统将为企业提供共享的、一致的、忠实的进程监控平台。在信息化系统中，通过项目计划与进程控制，可以对模具的整个生命周期进行管理。生产一线管理人员直接在系统中反馈模具实际进度，系统忠实地监控项目进程的每一个任务。当某一控制点出现延期时，系统会自动发出报警邮件给相关人员，以便及早发现、及早解决。而且，对于一些关键任务，还可以让系统提前预警，以使有关人员及早准备和安排。

成本控制是模具企业管理上的一个难点，模具企业的成本控制能力越来越突出地体现了企业的核心竞争力。目前，模具产业面临着模具价格越来越低的沉重压力，模具增加几次修改，模具利润就消耗干净，甚至要赔本。企业如果不能从根本上解决这个问题，将面临淘汰出局的危险。信息化系统将在公司内部下达订单时，以报价的成本估算为基础，为模具制定计划成本；系统中设置成本预警，对模具生产中的成本要素进行监控，从而有效控制各项费用，确保利润目标的顺利达成。在模具材料下达时，比较设计物料总成本与计划材料成本的差异，决定是否下达。在采购材料收货时，比较交货价格与计划价格的差异，决定是否收货，从而有效控制采购成本。系统会记录和统计每一工件在每个加工工序中产生的加工工时，自动比较实际加工费用与计划费用的差异，监控制造费用。当实际费用超过计划费用时，系统会自动报警，通知相关管理人员。

信息化的实时车间监控系统可以帮助生产主管监控每台设备的生产情况及模具的加工

进程，提高设备的利用率，控制工件的生产进度。例如，当公司管理人员需要检查生产车间情况时，可通过生产管理系统查看各加工设备和工作组的实时生产情况，系统通过不同的颜色标记，清晰反映各设备及加工组正在加工的工件和待加工工件的状态，包括每台机床正在干什么，机床目前的负荷情况，正在加工的工件是否延期，待加工工件是否已移交本工序，上道工序是否延期，物料是否到位等，大大减轻了管理人员的工作强度。

当管理人员需要检查某套模具的生产情况时，可以查看以甘特图形式展示出来的模具加工进度，并通过各工序的计划时间和实际进程的对比，帮助管理人员跟踪模具的生产进度。而以往生产管理人员在检查模具进度时，要到车间一个工位一个工位去看，而且只能看到主要的部件，小零件的完成情况可能根本无法了解，甚至连车间的班组长也不知道小零件在哪里。或者召开生产会议，把各班组长全部召集起来，花费很长的时间一一汇报模具的进度。由于班组长不是第一线的加工人员，只能以自己的感觉和经验来判断模具的进度，具有很大误差。对于经验丰富的工人来说，可能判断得准确些，但一个工厂没有办法保证每个工人都很有经验、每时每刻都很有责任心。而只要一个订单中有一套模具不能按期完成，整个订单的交付就有问题，这也是许多模具厂在试模前经常要加班加点，甚至通宵加班赶制模具的一个主要原因。

### 8.3.3 模具设计、分析及制造三维化的广泛应用

模具的三维设计是数字化模具技术的重要内容，是实现模具设计、制造和检测一体化的基础。传统的二维模具结构设计已越来越不适应现代化生产和集成化技术要求。模具设计、分析、制造的三维化、无纸化，要求模具软件以立体的、直观的感觉来设计模具，所采用的三维数字化模型能方便地用于产品结构的CAE分析、模具可制造性评价和数控加工、成型过程模拟及信息的管理与共享。

使用三维设计技术，可方便地设计出符合要求的三维实体模型，并进行模型装配和干涉检查，避免存在结构性错误；同时，还可以采用CAE软件对重要零部件进行有限元分析和优化设计。例如，进行拉延成型模拟分析、压弯回弹模拟分析、修边展开尺寸模拟分析、斜楔机构运动模拟分析等；可以采用CAM软件进行数控加工；可以进行产品数据共享与CAD/CAE/CAPP/CAM系统集成等。

推广采用三维设计，利用计算机的优势，配合软件工具、标准件库等，使设计效率提高40%以上。同时，模具设计的准确性和设计质量等都有很大程度的提高，模具制造周期明显缩短。

模具三维设计的优势在于：能够直观反映设计的真实状态，通过运动模拟、干涉检查等数字化分析手段，在设计阶段就能避免以往在生产制造中才能发现的问题。标准件库可为模具结构设计提供可以直接装配的参数化、系列化的零件；成型设备库、典型结构库为结构设计提供了可参考的模型；而基础结构库使模具设计更加灵活、智能。

实现模具制造的CAD/CAE/CAM一体化，使模具生产越来越依赖于高科技手段，最大限度地降低工人的劳动强度，提高模具的制造精度，缩短模具的生产周期。

## 8.4 模具行业的信息化集成

我国模具制造行业目前普遍存在模具设计工艺与操作流程不规范、生产管理流程不规范、企业规模小、分散化经营和行业整体联系松散等问题。模具企业要提高生产效率、降低生产成本、准时交货、保证品质，可以从以下四个方面进行：①设计、制造技术的标准化；②生产经营和管理过程的规范化与信息化；③资源整合优化与全生命周期的协同；④知识共享与集成化管理。

利用信息化集成与协同制造的模式来改造模具企业，不仅可以提高各类模具制造企业的运作效率，而且可以加强企业之间的协作效率，模具行业信息化集成与协同手段是解决模具行业问题的有效途径。

### 8.4.1 模具行业信息化集成与协同平台总体结构

模具行业信息化集成与协同平台的总体结构和各分系统之间的相互关系如图8-2所示。其中，统一的、集成化的模具企业门户将作为模具制造企业在模具开发过程中与其他参与方的统一协同接口；而系统的集成数据中心则体现了平台的集成性，平台中的所有系统都建立在这一集成数据中心的基础之上。

#### 8.4.1.1 模具行业信息与过程交互协作平台

模具行业信息与过程交互协作平台基于资源共享、协同服务的思想和技术，目标是：通过互联网为模具企业、协作加工企业、模具机床工具企业和模具用户企业展示公司形象、发布商业机会、上传产品、参加永不闭幕的网上展览会；与客户的协同设计制造；与同行的交流、讨论技术等。

模具行业信息与过程交互协作平台主要功能：

（1）模具企业中心：为各类参与方提供分类信息，以便检索。

（2）模具服务中心：主要用以满足模具企业在制造活动过程中对信息服务需求，包括模具设计与制造、原材料购买、模具标准件、模具制造的辅件、模具人才交流及模具制造信息系统等全系列的相关信息。

（3）模具协同：为中小模具设计与生产的企业提供协作共享平台。

（4）模具信息发布中心：主要发布各类模具供求信息，以便企业获取模具订单。

（5）模具展会：主要为各类模具制造企业展示自身的模具制造实力。

（6）模具培训：主要为模具行业培训各类有用人才，属于行业技能培训的范畴。

（7）行业快讯：主要提供服务宗旨、新的方针政策、措施等信息。

#### 8.4.1.2 集成化的模具企业门户及客户关系管理系统

培养客户忠诚度是客户关系管理的核心内容，除了优惠的价格之外，交货期、质量和服务等都是影响客户满意的重要因素。不同类型的客户对于各要素的倾向性不同，通过建立集成化的模具企业门户及客户关系管理系统，可以帮助企业与客户、供应商和其他合作伙伴进行有效的交互，更好地管理好自己的客户，获得更多的订单。

模具企业门户及客户关系管理系统包括：

（1）客户交互门户：主要功能包括客户订货、设计方案确认、制作过程监视和验收

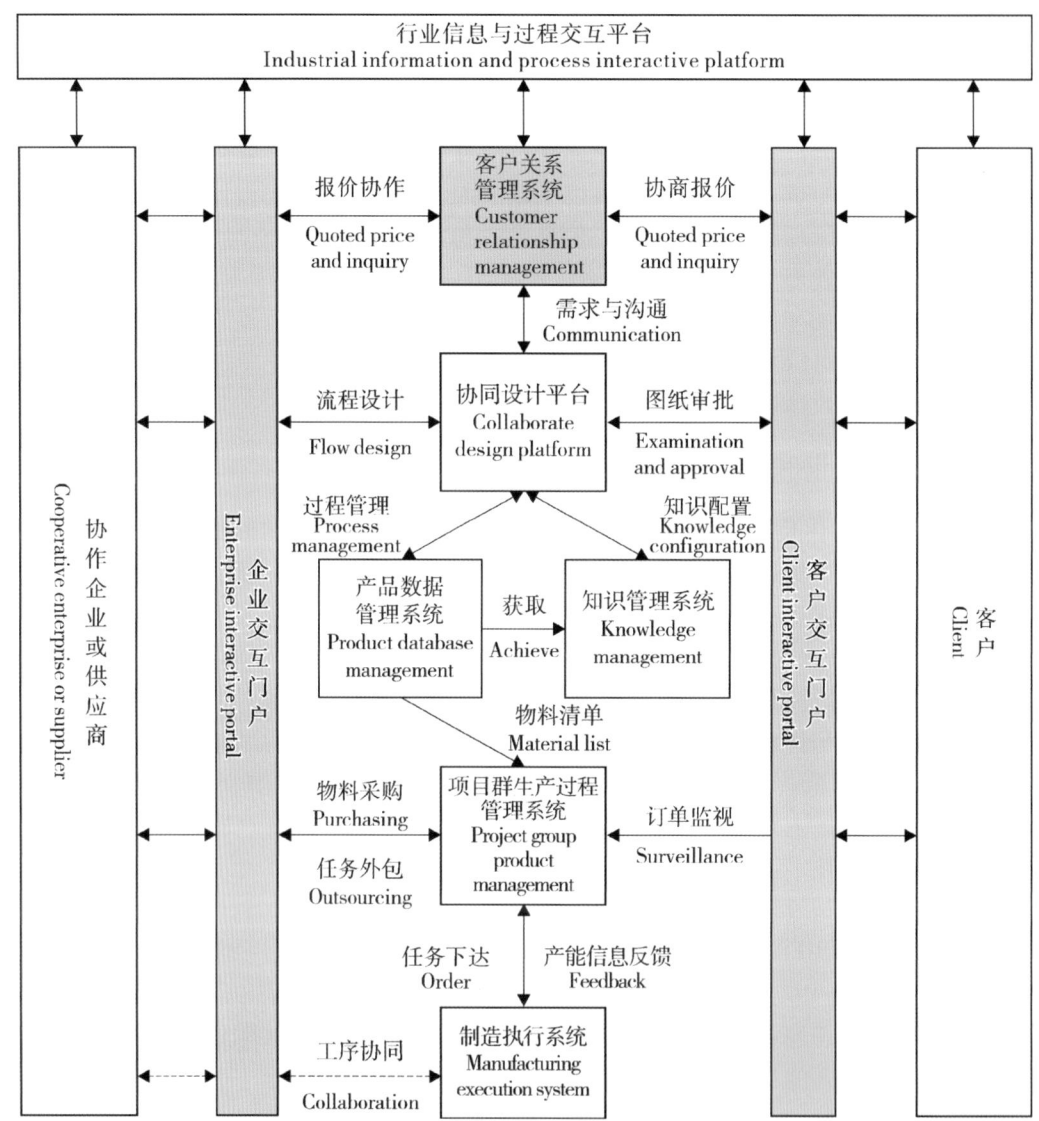

图8-2 集成化的模具行业与企业信息化平台结构

售后服务。

(2) 企业交互门户：主要功能包括订货确认、设计方案发布、制造过程信息、交货售后服务和采购与外包信息发布（包括发布标准件、加工刀具和订制模架等外购件的信息）等。此外，由于生产负荷往往分布不均，为了满足客户的交货期，企业可通过外协手段，利用其他企业的资源及时完成部分订单的生产任务。

(3) 行业交互门户：主要功能包括：①行业动态信息：企业可以通过此平台了解行业相关的动态信息，以此适当调节自身的定位、经营战略目标以及自身的经营策略；②合作伙伴意向：企业可以通过此平台，发现合适的合作伙伴、供应商和设备提供商，并据此建立短期或长期的合作意向；③客户信息：企业也可以通过此平台，发现潜在客户的信息，利用行业平台，向客户展示自身的实力。

#### 8.4.1.3 模具产品数据管理系统

基于模具全生命周期管理思想，针对模具设计制造与服务的特点和需求，开发模具产品数据管理系统。

**1. 文档管理**

实现模具设计制造相关技术文档的存储、属性、版本及权限管理和文档评审。在文档出入库方面，采用信息压缩技术对传输的工程图文档进行压缩，减少网络负载，节省存储空间，并使用检入/检出技术维护团队环境下产品数据的并发控制。利用文档生命周期管理技术，支持文档评审管理。提供强大的文档检索工具，支持文档重用。

**2. 模具管理**

以模具结构为核心组织相关产品数据，采用项目管理思想和管理工具支持模具设计开发与制造过程管理，建立协同的模具开发团队。通过与应用程序的集成、项目和文档流程等技术，实现对模具设计制造的数据和过程管理。

**3. 工作流管理**

以工作流引擎驱动模具设计制造过程管理，提供模具设计标准工作流模板、流程配置，实现工程更改管理。

**4. 零件分类管理**

模具标准件库及其供应商管理。

**5. 管理工具**

提供用户管理和权限管理功能，提供模具CAD/CAM、模具ERP、模具协同设计平台等系统与PDM集成的工具，CAD模型转化和可视化协作工具。可视化工具不依赖应用程序，方便团队共享、浏览、圈阅、标记各种形式的产品数据，可支持Pro/E、UG等三维CAD文件和AutoCAD等二维CAD文件。

#### 8.4.1.4 项目群生产过程管理系统

模具的生产组织方式是由来自工厂各个部门的人员，以模具为核心，按照项目组的形式进行生产组织，并且，许多并行的产品项目共享有限的关键生产资源；工厂对每个项目组进行一定程度上的自治，对关键资源进行总体协调。

由于订单的随机性和生产的一次性，主生产计划的宏观调控作用相对较弱；而生产信息的模糊性，即在零件加工过程中存在的工序工时定额的不准确性，会给相应的生产控制决策带来更大的困难。这种模具生产所特有的、因多项模具制造项目同时共享资源而产生的生产组织方式，需要在有限共享资源约束条件下不断地协调多个并行项目进程，建立起相应的协调机制。

模具生产系统对模具项目进度的监视是保证模具项目成功的主要手段。因此，一方面需要系统给出各项目当前的执行状态，另一方面需要系统预报其最可能的完工时间和可能误工的警告，以及相应的可能预算开销，这与传统制造系统中面向资源负荷的监视过程有着本质的不同。

#### 8.4.1.5 模具制造执行系统

模具制造执行系统（MES）在集成的信息系统中起着中间层的作用。它在ERP长期计划的指导下，根据底层控制系统中采集的与生产有关的实时数据，进行短期生产作业的计划调度、监控、资源配置和生产过程中的优化工作。系统主要功能包括：

（1）在制品管理：针对各种模具内模、镶件和电极的管理。

（2）文件与程序管理：管理与模具加工有关的各种设计文件、工艺文件和数控加工程序等。

（3）车间资源管理：设备的基本信息、维护信息、状态信息以及刀具信息的管理，车间内员工信息的管理。

（4）数据统计分析：对采集上来的数据进行各种统计分析。

（5）作业计划与调度：根据车间现场内部采集上来的数据统计分析结果进行调度。

（6）预警与监控：根据车间的现状要求，配置不同的预警参数，调度仿真后分别进行进度、成本、质量和资源的预警。

（7）辅助事务管理：主要车间的日常非生产性活动的管理以及各种辅助工具的使用管理。

（8）工序外协管理：对需要外协的工序和零件进行管理，跟踪其状况，并提出预警。

（9）调度决策支持：调度仿真，以及各种调度算法库维护管理。

### 8.4.2 模具行业信息化集成与协同平台的构建

在传统的二层C/S结构数据库应用中，客户端的机器执行应用程序，连接到后端的数据库服务器中存取应用系统所需资料。因为应用系统的企业逻辑都编写在客户端的应用程序中，造成客户端非常臃肿，当应用系统需求改变时，所有在客户端的应用程序都必须改变，使得维护成本太高。

为了解决这些问题，模具行业信息化集成与协同平台的构建采用多层结构应用体系，在传统的二层C/S模型中放入应用程序服务器。例如，模具行业信息与过程交互平台的开发系统基于PTC公司的Windchill ProjectLink协作平台软件，采用Java技术（Web-based架构），支持异地的客户、供应商、设计师和CAD技术人才之间的协作设计和基于网络会议的协作交流，如图8-3所示。

开发系统主要分以下两步实施：

#### 1. 构建资源共享平台

提供信息搜索与查询、用户交流的模具制造服务平台，以满足模具用户（企业）在制造活动过程中对信息服务的需求，包括：模具设计与制造、原材料采购、模具标准件、模具制造的辅件、模具人才交流和模具制造信息系统等全系列的信息需求。该平台是一个针对模具设计与制造用户的专业性平台，可为模具用户提供模具业务流程中所需

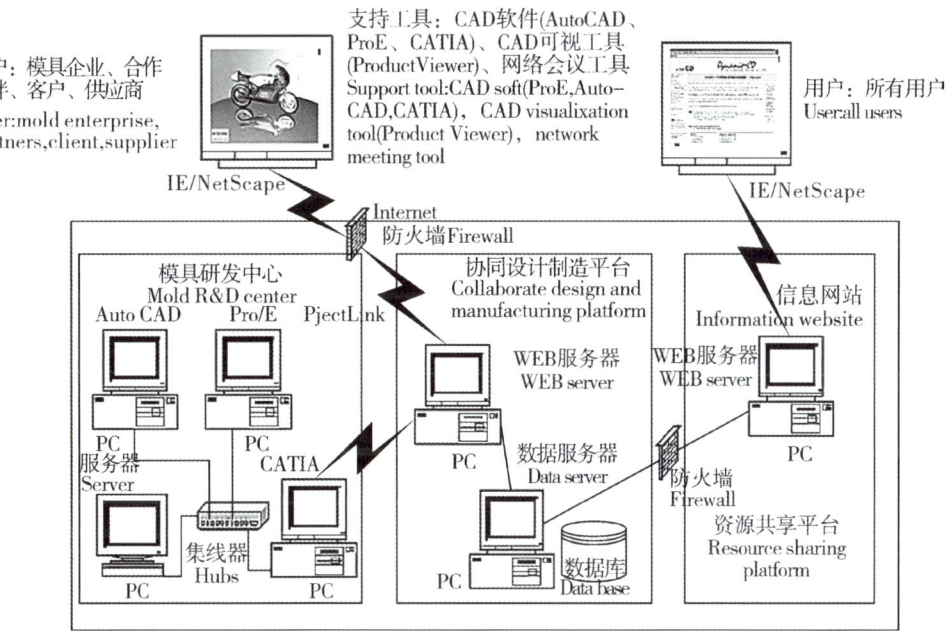

图8-3 模具行业信息与过程交互平台系统方案框架

的各种信息：从模具采购到物料供应、从设计到生产制造、从标准件到工具辅具的供应等业务信息。

**2. 构建协同设计制造平台**

为合作伙伴和核心联盟企业之间的设计制造流程提供协同管理机制，采用Windchill ProjectLink协做软件开发，建立国内外资讯数据库和国际设计师人才数据库，帮助模具设计中心沟通CAD专业技术人才、国内外设计师与厂家三方，开展网络化设计制造。

## 8.5 互联网+模具

近年来，随着移动互联网的不断发展，我国市场经济迎来了翻天覆地的改变。尤其在"互联网+"行动计划的促进下，我国模具产业身先士卒，创新开启O2O模式，快步实现产业转型与升级。为此，行业专家呼吁各大模具制造企业，应当加快与移动互联网的融合步伐，抢占市场先机，赢战未来发展。

据有关数据统计，在电子、汽车、电机、电气、仪器、仪表、家电和通信等产品中，60%～80%的零部件都要依靠模具成型。巨大的模具市场，使我国模具产业日益受到人们的重视和关注。但由于我国模具产业缺乏自主品牌而导致整体竞争力不强，十分不利于我国模具企业在全球经济市场中的发展。在此背景下，不断提升我国模具制造企业竞争力、构筑我国模具产业自主品牌成为模具产业目前所面临的主要问题。

为了解决这一问题，有的模具企业创新推出了模具移动客户端，并应用垂直搜索系统，开启了"互联网+模具"的正确方式。通过该平台，个人用户可随时随地查询模具制造行业信息，并可在该平台进行产品筛选，完成网上订单交易；同时，也为企业用户提供了销售和宣传，帮助其实现打通线上渠道。如此一来，借助该平台彻底实现了线上线下同步，提升了信息化管理水平，且一举打破了传统模具制造企业依赖线下交易渠道的模式。

目前，互联网营销平台对于模具企业的长足发展有着深远的影响意义，特别是那些依托传统市场获取经济效益的企业，采取这种互联网营销模式，可为企业带来更大的经济利益，能够占据更高的市场份额。

未来，借助云计算、大数据、物联网等技术，我国传统的模具产业将迎来更绚丽的明天。

## 8.6 模具行业的规模化生产模式

近年来，我国模具企业大量采用CAX系列技术进行模具设计、模具制造，引入ERP信息管理系统管理生产，模具制造效率有了大幅度的提高。但随着制造信息化和全球化的发展，产品更新换代加快，对制造方式提出了更快速、更好的要求。传统模具制造模式下，模具是单件型生产产品，零部件种类、数目非常多，即使采用ERP管理系统，也难免会出现顾此失彼的状况，加工资源得不到优化利用。在市场需求的推动下，模具行业迫切需要一种能够缩短生产周期、提高模具质量的规模化生产模式。

随着我国工业技术的发展，传统制造业不断转型升级，而互联网及电子商务的快速发展，给传统模具制造企业提供了一种全新的生产制造模式。将互联网技术应用到模具制造业中，推动移动互联网、云计算、大数据、物联网等与模具制造业相结合，可以发展出一种新的模式，即模具规模化生产模式。

在互联网及电子商务平台的助力下，模具产业资源将会得到有力地优化整合，模具企业抗风险能力加强，经营成本降低，销售渠道拓宽，利润提高，我国模具产业将会从"大而不强"逐步转型为"广而深"，这也将会促进模具标准化、专业化、自动化、规模化生产，对缩短模具交货期、提高模具质量、降低模具生产成本具有十分重大的意义。

### 8.6.1 模具的传统生产模式

大多数模具企业是一种面向客户订单的单件生产型企业，其一般生产过程如图8-4所示。

模具企业的一般生产过程为：首先接受客户订单信息，根据客户的要求，与客户协商，共同探讨制定模具具体细则，并确定最终的交货期和价格，签订合同；然后，根据合同要求，制定生产制造模具的计划，规划设计、订购配件与标准件、加工、装配、试模等各个阶段的完成时间，并将各个具体任务分配到相关部门及人员手中；各个部门根据计划，制定更加翔实的任务，落实到每一步骤，开展工作，当实际生产进度跟不上计划时，则需适当调整计划，提出解决方案；最后，模具制作完毕，模具企业根据实际生产结果，采集、统计并分析生产过程中的各类数据，待交货以及客户验收后，相继完成财务等工作。

目前，大多数模具企业都采用这种传统的生产方式，为了提高效率，设计、订购配件

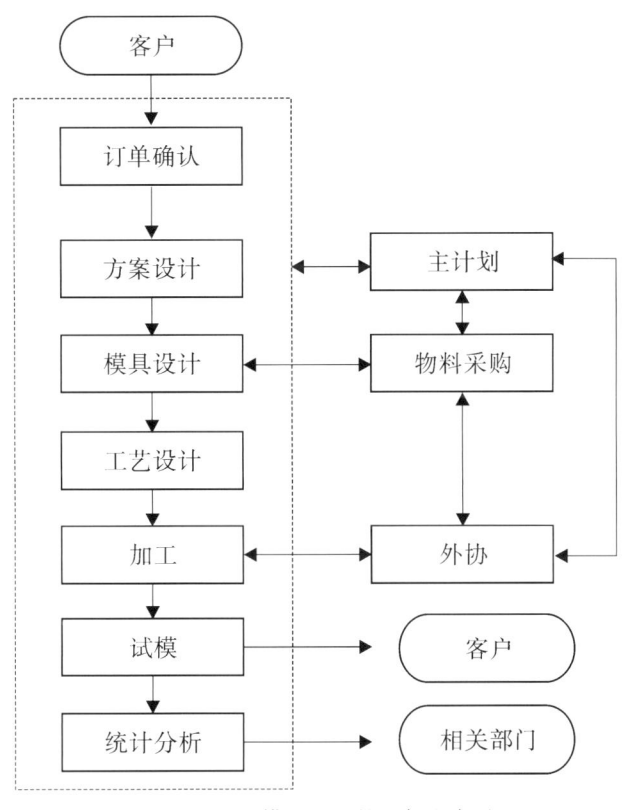

图8-4 模具企业的一般生产过程

与标准件、加工等工序通常并行进行,然而,几乎每一套模具都是新的产品,需要工程师耗费大量的时间研发,除了重点设计制造模具型芯、型腔以外,还需设计制造各式各样的配件,这导致生产过程中有许多零配件的加工过程需要管理,使得生产进程混乱,难于管理,降低效率,同时也增加了零配件的设计制造成本。因此,传统模具企业在生产过程中主要面临以下困难:

(1)每套模具都是新产品,其开发过程中的不可控和不可预测的因素较多。

(2)有时生产车间有近百副模具在同时加工制造,多达几千个零件的加工过程需要管理。

(3)模具制造过程复杂,对人员的经验依赖性较强,经常出现变更要求,导致模具零件的加工过程变化频繁、计划稳定性差。

(4)模具订单的随机性,导致企业的生产计划需不断地调整。

(5)随着市场竞争压力的增大,客户要求的交货期越来越短,精度要求越来越高。

当模具企业同时进行多个订单时,车间加工零配件的种类及数量更多,即使有比较好的ERP系统管理生产,也难免会出现顾此失彼的情况,主要体现在:机床等企业资源得不到优化利用;出现问题的地方得不到及时响应;加工精度难以保证;生产进度难以控制等。

总的来说,传统的模具生产方式周期长、成本高、设计制造过程复杂,难于实现规模化生产。因此,为了提高模具的加工制造效率,缩短交货期,改善模具质量,模具企业迫切需要一种规模化生产的运营模式。

## 8.6.2 模具企业规模化生产模式及特点

### 8.6.2.1 模具规模化生产模式

传统的模具制造方式受制于零配件种类数目繁多，加工管理困难，难于实现规模化、自动化生产。随着互联网技术的发展，模具企业可以充利用网络优势重新整合分配制造资源，使模具规模化生产成为可能，这也将成为未来模具制造的趋势。

现介绍一种模具规模化生产模式（以注塑模具企业为例）如图8-5所示。该生产模式由五部分组成，即：模具企业、软件开发公司、电子商务公司、制造商及物流公司。各部分的主要功能如下。

（1）模具企业：从客户处接受并确认订单，分析制品后进行模具设计、工艺设计，模具的型芯、型腔完全由自主设计，并交由加工部门通过传统加工方式或金属3D打印方式制造，其余配件（包括标准件）均从软件开发公司所开发的标准零件库（2D或3D图库）中选用，并通过电子商务网站采购，最终所有零配件集中在模具企业的装配车间，完成模具的装配与试模等工作。因此，模具企业的主要工作是：①模具设计，在设计过程中，所有配件及标准件都以软件开发公司提供的图库做参考引用，重点设计模具的型芯、型腔等个性化零部件；②型芯、型腔等个性化零部件的制造，可以采用传统加工方法加工型芯、型腔等零件，也可以采用金属3D打印技术加工具有随形冷却水道的型芯、型腔等零件；③通过电子商务网站订购配件产品；④模具的装配与试模。

（2）软件开发公司：根据模具零配件标准开发模具的零配件库（包括2D、3D参数化设计图库），通过软件接口以插件形式植入到模具企业的CAD建模软件中，供模具企业的设计人员直接调用；同时，制作《配件目录手册》（2D、3D）和光盘，方便模具设计人员查阅选用和安装，并同步更新到电子商务网站平台，保证数据的一致性。而配件制造商也会根据《配件目录手册》里的标准制造各类配件。

（3）电子商务公司：搭建交易平台，提供可靠的交易方式。电子商务网站从软件开发公司处下载模具配件3D图库，并整合制造商的资源，录入各制造商的信息，配置虚拟配件仓库，最终将所有信息整合，投放到电子商务网站上，供模具企业网上选购。电子商务公司还需要建立健全的配件制造商准入上线机制，采用信誉、品质评定等级的方式筛选出优质制造商，保证质量。

（4）制造商：制造零配件。可采用自动化生产方式FMC、FMS、无人工厂等，实现大规模生产，降低生产成本，提高效率和品质的一致性。将配件产品数据存入虚拟仓库，供物流公司就近取货配送。

（5）物流公司：负责模具配件的物流配送。模具企业从电子商务网站下单购买各类配件，物流公司快速响应，从就近配件仓库取货及时配送。

总之，模具企业从客户处接受并确认订单，由设计人员进行模具设计，型芯、型腔等个性化零部件由模具企业自身设计加工制造；标准件、配件等从软件开发公司提供的标准配件库中直接选择和调用，生成BOM表，并从电子商务网站上直接订购；配件将由配件制造商规模化生产，并通过物流公司及时配送；最终，在模具企业的装配车间清点零配件种

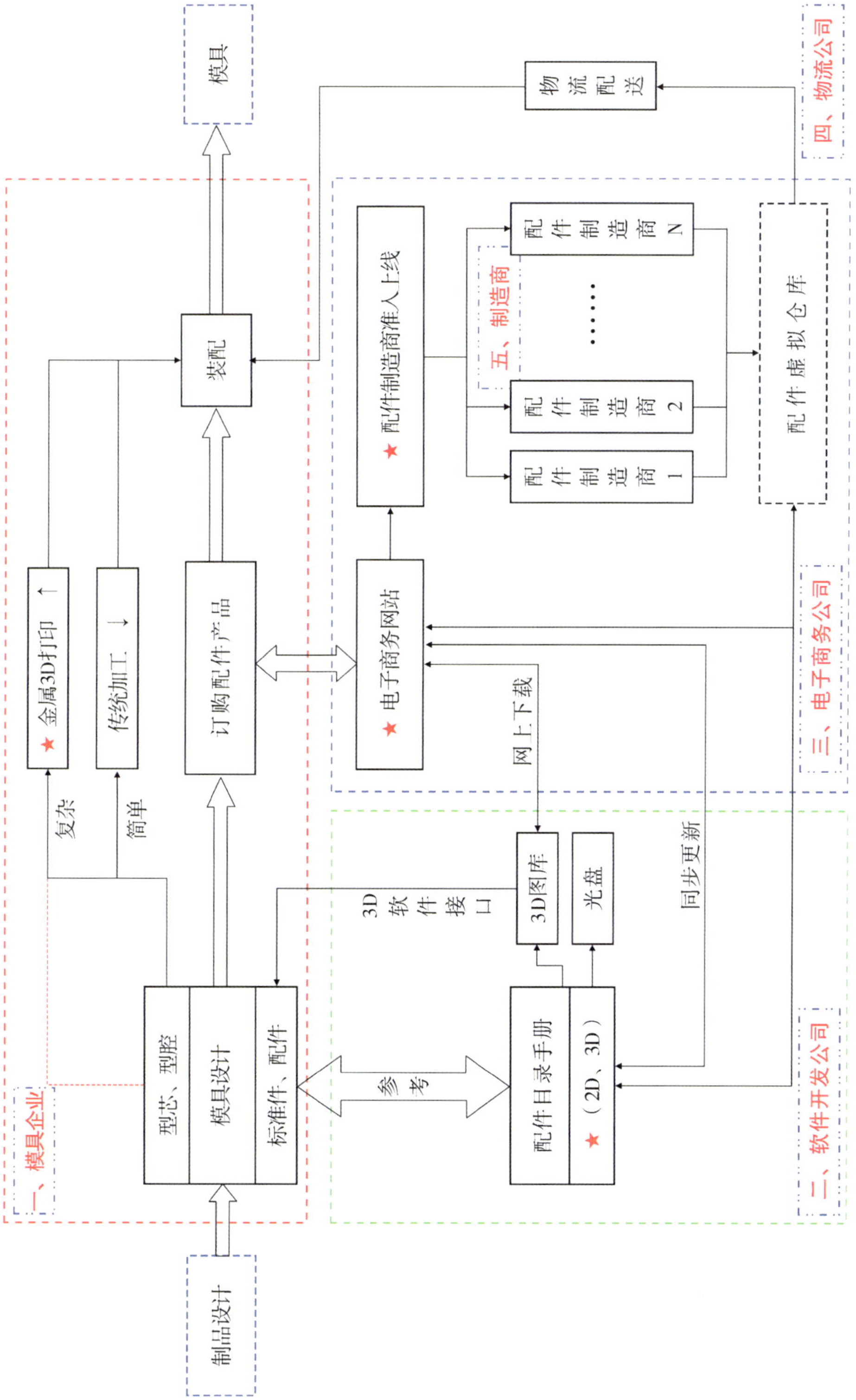

# 第8章 模具产业两化融合和管理

图8-5 模具规模化生产模式（以注塑模企业为例）

类和数量，然后装配、试模；收集并统计分析生产过程中的数据，准备交货。

利用互联网与电子商务技术，可以有效地把分布在不同地方的零配件制造商连接起来，使各个企业无论规模大小、无论在什么地方，都可以通过互联网电子商务平台，共享加工资源，从而形成快速敏捷的生产体系，使得模具企业可以高效、低成本制造出优质的模具产品，解决了传统生产模式交货期比较难把握及模具企业不能规模化生产的问题。

#### 8.6.2.2 模具规模化生产特点

模具规模化生产是一种极大优化加工生产资源的新型制造模式。这种模式通过利用互联网及电子商务平台，整合市场中零配件制造商的资源，并把各零配件制造商的特点呈现在各模具企业中，使得每一个零配件制造商都成为模具企业的加工车间。与传统的模具生产制造模式相比，模具规模化生产具有以下特点。

1. 专一化的生产

模具规模化生产模式的本质是：分散的资源集中使用。传统的模具制造模式是由模具企业设计整套模具，除了型芯、型腔等个性化零部件需要自主加工制造以外，其他零配件大多数也由自主加工制造。目前，总体来说，只有50%左右的配件如顶针、顶杆等采用采购的方式获得。而模具规模化生产模式则是汇聚全局的制造资源，集中管理。模具企业只需要加工制造个性化较强的型芯、型腔等零件，其余零配件由各个配件制造商生产，如配件制造商1只生产制造顶针，配件制造商2只生产顶杆等。最终，模具企业通过电子商务平台从各个配件制造商处购买零配件。这种生产模式下，每个配件制造商只生产极少品种的零配件，这可以让零配件制造商采用自动化、规模化生产方式，利用成组技术、FMC和FMS技术大批量生产某类配件，从而极大地提高了加工制造效率和质量、降低了配件生产成本，模具企业专心设计制造个性化较强的型芯、型腔等零件，从而更容易保证模具的加工质量。

2. 稳定的生产周期

虽然模具是单件生产型产品，但其制造过程复杂，零件种类、数量较多，使得加工生产过程难以管理。当企业同时生产制造多副模具时，生产计划会更加混乱，经常会出现顾此失彼的状况，出现的问题难以发现，解决响应缓慢，加工制造资源难以优化合理使用，如机床经常出现要么处于一直空闲状态，要么成堆零配件处于等待加工的状态。而在模具规模化生产制造模式下，模具企业只需加工制造型芯、型腔等个性化零件，其余零配件尽量采用从电子商务平台订购的方式，使得生产制造过程容易管理，从而可以稳定并且降低生产周期。

3. 标准配件的超高使用率

模具规模化生产模式的核心是大量使用标准配件。与标准件类似，配件大多数也是从配件制造商处直接购买使用，或者只需要经过极少量的加工，而不是外发给制造商加工制造，这种模式要求模具配件的标准化程度较高。因此，要求模具配件制造商、模具行业协会及政府大力推进和制定模具配件的标准。

## 8.6.3 模具规模化生产模式的关键

### 8.6.3.1 模具规模化生产的前提

模具是单件生产型产品，但即使是单套模具，零配件种类、数目也非常多，导致传统生产制造模式下管理困难，难以实现规模化生产。总的来说，一副模具（如图8-6所示）所包含的零部件概括为以下三种类型：

（1）回转体类零件：顶针、导柱、导套等。

（2）板类零件：模架底板、顶针固定板、支撑块、方铁等。

（3）形状复杂的个性化零件：型芯、型腔等。

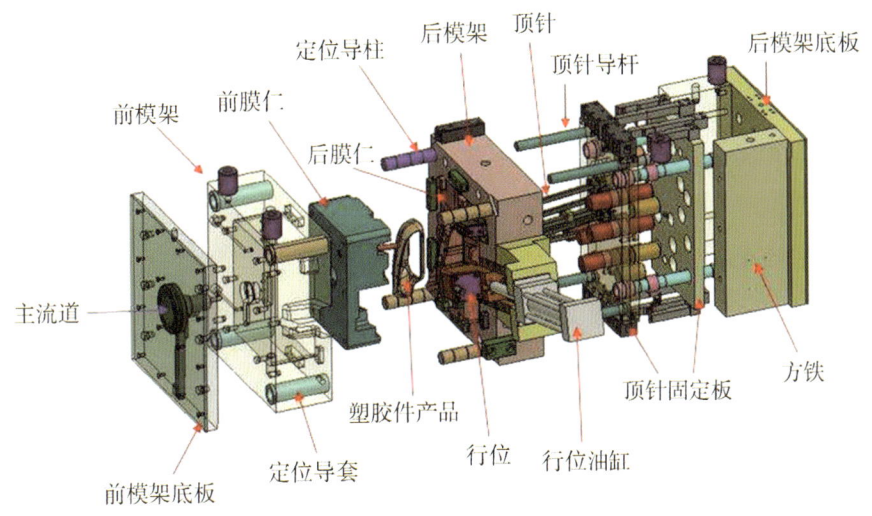

图8-6 模具实例（以注塑模具为例）

传统的模具生产制造模式下，标准件如顶针、导柱、模架等都采用直接购买的方式获得，板类零件、形状复杂类零件大多数先购买毛坯件，然后由模具企业自主加工制造。与标准件如顶针、导套相比，板类零件也是形状非常规则的零配件，如果板类零件继续完全由模具企业自主加工，这将会成为制约模具规模化生产的主要因素。模具规模化生产模式下，模具企业只需要加工形状复杂的个性化零件，如型芯、型腔等，而回转体类零件和板类零件则直接通过电子商务网站订购，这些零件可以直接使用或者只需进行极少量的加工后再使用。

### 8.6.3.2 模具配件的标准化

目前，传统模式下的模具设计制造已实现了部分数字化、信息化的综合运用，极大地提高了模具生产效率和质量。但是，从生产角度来看，模具的生产制造依然比较落后，单件性十分明显，非技术性的重复劳动比较多，而且质量也难以保证。因此，为了提高我国模具产业的市场竞争力，必须缩短模具生产周期、提高模具加工质量，使模具从单件生产变相转型成为规模化生产。

大力推行模具标准化，让软件开发公司利用CAD/CAM软件开发模具标准零配件库，可以让模具设计人员大幅度提高设计效率，同时，配件制造商按照模具标准零配件库的标准生产制造零配件，能够提高模具零配件的互换性，缩短模具生产周期，让模具企业可以快速响应市场需求。模具零配件标准化还有利于实现模具配件的专一化、规模化的生产。一旦模具零配件成为标准件，配件制造商就可以大量生产，并且更容易提高生产效率、保证加工质量。在模具规模化生产模式下，模具零配件标准化的意义还在于：

（1）降低重复劳动。软件开发公司建立标准零配件库，模具设计人员通过3D软件接口，以插件的形式直接选取并调用；零配件制造商也从软件开发公司获取标准零配件图库，依照标准，自动化、规模化加工生产配件。最终，模具企业按照模具设计人员的选用，通过电子商务平台从配件制造商处购买配件。这种方式一方面可以提高设计效率，另一方面可以避免模具企业重复加工制造相对比较简单的零配件。

（2）有利于配件的规模化生产。由于配件采用标准化，故制造商可采用自动化生产方式FMC、FMS、无人工厂等，实现大规模批量生产，从而降低配件生产成本，提高效率和品质的一致性。

（3）促进不同地区模具企业的贸易。大力推广模具的配件标准化后，各地零配件制造商按照标准自动化大规模生产制造零配件，模具企业可以根据自己的需求通过互联网及电子商务平台订购使用。

（4）提高生产效率、降低生产成本。在大量使用模具标准件的情况下，模具企业只需自主加工个性化的型芯、型腔等零件，其余零配件直接购买使用或者进行极少量的加工后使用，这可以让模具企业不再需要管理数量庞大的零配件加工过程，从而大幅度提高了模具制造效率，降低了生产成本。

### 8.6.3.3 建立健全的模具零配件电子商务体系

模具规模化生产模式下，大量的模具零配件通过从电子商务平台订购获得，这种方式不但决定了模具制造的效率，还决定了模具的质量，因此，建立健全的模具零配件电子商务体系非常重要。

**1. 建立并完善电子商务支撑服务体系**

电子商务平台是沟通模具企业、零配件制造商、物流公司的枢纽，需要由电子商务公司在有关部门的协助下打造完成。电子商务平台上的信息必须具有时效性、准确性，电子商务网站上的模具零配件信息随时与软件开发公司开发的标准零配件库同步更新。建设电子商务统计信用体系，建立零配件制造商准入机制，完善电子商务统计指标，引入买家评价评分机制、第三方信用评价机制以及第三方质量鉴定机制，保证电子商务平台网站上产品的质量。推动物流快递与电子商务协同发展，对于客户的订单，电子商务平台快速响应，物流公司快速而准确配送零配件，保证效率。规范电子商务交易秩序，大力打击恶意价格竞争、刷单等不良行为。

**2. 健全相关法律法规**

电子商务跨地区经营，卖家身份相对隐蔽，买家在得到商品前无法查看商品质量，网店可以通过虚假交易找枪手刷好评率，使得一些不道德甚至违法违规的行为较难得到监管,因此,必须制定出台相关政策,净化网络交易平台环境。

#### 3. 促进跨地区电子商务

模具规模化生产的核心是分散资源的集中使用。推动企业利用电子商务平台加强各地区合作,促进每个企业合理优化分配加工资源。并且可以建设跨境电子商务平台,与国际接轨,推动企业利用电子商务拓展海外市场,打造电子商务完整的产业链和生态链,逐步形成一套适应、引领全球跨境电子商务发展的管理制度和规则。小型企业也可以把握这个机会转型升级,生产少而专的模具配件产品,保证产品质量。

## 8.7 模具产业的精益生产管理

模具产业的精益生产管理,其理念主要有四个方面:①标准化作业;②减少浪费;③持续改善;④准时制生产。结合模具制造企业的实际生产运作特点,总结出现代化高效益的模具制造企业应该具备以下七个方面:加工工艺模块化、生产方式标准化、机台管理优化、生产管理物流化、加工工时数据化、加工工具优化和模具成本可控化。

### 8.7.1 加工工艺模块化

加工工艺模块化,指的是模具加工工艺的标准化。模具加工方式大同小异,其基本的加工工艺也相对固定,而且模具的结构已基本定型,这为模具加工工艺的标准化提供了必要条件。

在管理加工工艺上基本有两种:第一种为专业型,即专人编写加工工艺,预计加工工时,负责模具制造过程中的各种问题,这种情况基本出现在大中型的公司;第二种为兼职型,即由模具工程师或钳工师傅代为执行的,他们通常会在图纸上注明简要的加工工艺和加工工时,这种情况基本出现在小型的模具公司。不管何种情况,都必须有人负责模具加工工艺,真正的工艺工程师是应该负责现场,专注于现场加工工艺和持续改善,然后编写到标准中,形成一套标准化作业,然后继续改善,形成一个良性的循环。

### 8.7.2 生产方式标准化

生产方式标准化,指的是在具体的模具加工中,对于某个具体工件在某个加工工序中实行标准化作业。这点很重要,想要提高生产力水平,提高加工效率,缩短模具加工的周期,减少加工错误,实行标准化作业是必然的。为了提高生产效率,必须统一模具的加工方式和方法,同时必须提高技工的技术水平,这就要求制定一整套加工标准来规范模具生产,让大家有章可循,同时也可以作为技工的培训,不断提高技工的技术水平。

生产方式标准化,具体地说,对某个具体的工序实行标准化作业,例如,铣床加工时,毛刺的处理、打角尺的过程;钻孔时钻头的转速和进给;铣削作业时铣刀的下刀量、进给速度(切削参数);磨床打角尺的过程,如何选择砂轮、磨槽、磨R角等,做出可量化的标准作业,此标准应该为科学计算与实际加工经验的相结合得出。

任何企业都存在人才流失的问题,每当技术人才流失,就会给生产造成一定的影响,企业应该把这种影响降到最小，如果做了上述两种标准，把技术以文件的形式固定下来，就会将因人才流失而造成的影响减到最小。

### 8.7.3 机台管理优化

机台管理优化，指的是加强机台的保养管理，细化机台使用功能。同样的一批机台，经过一段时间的使用，就会因环境、使用者的习惯、保养状况等出现不同程度的磨损，必须将这些磨损降到最低，管理者必须进一步加强机台的管理和保养。

#### 1. 机台保养管理

现有的机床上的管理只是一种传统的机床保养表，在实际使用中，也失去了其原本意义，已经不适应机床保养的要求了，管理者应该注意此种情况。为每个机台建立一个履历表，表中详细注明此台机台精度为多少，适合加工什么精度的工件，容易出现什么样的问题，加工的工件什么样的质量缺陷最多等，让操作人员全面地了解他所用的设备。应该把普通机床保养表提升为履历表，内容应包括机床产地、品牌、购机时间、行程精度、适合加工工件类型、机床何时出现何种问题、机床检修时间及情况、下次检修时间、机床供应商联系方式、机床必需的配件清单以及配件的库存量等。经过一段时间的使用，应根据机床的保养情况，进行重新评估，达不到使用要求的就必须降级使用。

#### 2. 细化机台使用功能

机台可以根据其具体保养和使用的情况，历史上出现什么样的问题，根据所加工的工件的质量，细化机台使用，做到专机专用。例如，铣床就可以分出3类，最差的铣床只可用于开料，稍微好点的用于钻孔，最好的铣床用于精铣；磨床可以根据精度，分作打六面机、磨槽机、磨斜面机等；另外线切割机、火花机都可以如此分类。在机台生产安排中，原则上应该是好师傅用好机，做细活。现在生产安排中，基本上是一个工件完全地交给一个人做。简单点的就交给学徒，较难点的就交给师傅，这是极大地浪费资源，应该把工作更细化，大师傅就只做细活，学徒就只做粗活。简单点说，让学徒磨六面、打角尺，做好的工件再交给大师傅做精加工。

### 8.7.4 生产管理物流化

生产管理物流化，是指运用物流的思想来管理库存、工件的流转、生产计划乃至整个模具生产加工链条。

#### 1. 库存

库存是每个公司必不可少的，没有它正常的生产很难维持；库存大，会占有很大现金流。只要做好库存管理，为每种配件做一个最低库存量，使库存始终保持在低库存量就可以。做法如下：首先将材料按供应商的交货期分成1天、2天、3天、一周、半个月和一个月等。然后将物料辅件细化，注明使用频率，设定最低库存量，节省现金流，从而实现实际上的（或理想上的）"零库存"。设置了最低库存量后，仓管就应该每天查看库存量，当发现库存量低于最低库存时，及时通知使用部门或者采购人员，尽快补齐库存，以备不时之需。

#### 2. PMC单排方式

正常的模具排期都是从接单日期算起，按照正常的模具加工周期以及现有生产负荷，加上1～3天的应急时间。如果生产顺利的话，正常的模具交期都是比计划的要提前几天完成；如果生产不顺利的话，往往会造成延期交货。其实这样做，本身就违反了精益生产的原则。

模具排期应该按照模具交期采取后排方式，严格按照模具加工周期，安排生产，不允许有应急时间的存在。其目的有两点：第一，尽量缩短模具加工周期，提高模具加工周转率，也只有模具加工周转率提高了，生产效率才能提高；第二，制造紧迫感，只有在紧迫中才能出现平时不可能出现问题，才会发现问题，然后才能着手解决问题，这样才能一步步地前进。同时，也只有在这种情况下，大家都无后路可退，做事自然细心，久而久之，错误就会慢慢减少，加工品质及效率就会慢慢提升。

#### 3. 准时制生产

准时制生产就是在正确的时间生产正确的工件，过早或过多的生产都是浪费，这也是精益生产的基本思想。很多公司在这方面做得不好，总是把模具交期提前，或者把改模交期提前，这种情况会造成在同一时间内出现很多急件，造成资源很紧张的假现象。理想化的生产就是在正确的时间生产正确的工件。模具加工是单件生产，属于单件流，它的节拍是不定的、变化的。只要我们把握好模具加工特有的节拍，按照先进先出的原则，合理安排生产，平衡整个生产过程，确保按照既定的生产计划生产，就可以实现模具准时制生产。

模具生产以倒序的方式来安排生产，从本质意义上来讲也是准时制生产。倒序方式安排生产就是为完成今天的生产，而不是用今天生产明天或昨天的东西。在实行倒序安排生产时，最为忌讳的就是插单。在实际加工生产中，每天都会遇到各种各样的急件，本来已经安排得很紧凑的排程，不得不因为某位领导的话而变得一塌糊涂，久而久之，生产只会越来越乱。对此，建议安排某些特殊资源，以应对随时变化的生产，但此资源占的比例不应该很大，同时，也必须控制在合理范围内，对于不合理的要求，要敢于说不。

### 8.7.5 加工工时数据化

加工工时数据化，指的是将机械加工工时可计算化。目前的模具加工方式和方法已基本固定，在加工工艺模块化和生产标准化前提下，就可以对加工工时按照一定的公式，推算出最为接近实际加工工时的预计工时。简单地说，就是把模具工件需加工部分分为若干类型，然后，寻找每个类型的加工共性，找到可计算的加工元素，然后，针对现场的实际加工工时，按照加工点进行分类统计，这样通过统计的加工工时结合加工元素，就可以推算出该加工元素的平均加工工时，以此作为预计加工工时的基准。在以后的工时预计中，就可以运用这个基准来推算出实际加工工时。实际上，就是相当于把经验值用可以量化的数据表现出来。同时，这个基准也可以应用于模具的报价中，这样就可以得出更为精确的模具报价，来赢得市场先机。

### 8.7.6 加工工具优化

加工工具优化，指的是用于加工模具所需的所有设备、工具及其软件的优化。现在加工设备不断地推陈出新，对于更新设备和工具，原则是量力而行，不要一味上高端、求先进，只要符合生产需求就可以。但同时也需要不断地改良机床及工具，以便更为适应模具加工，提高加工效率。这也是工程师真正用心用力的地方，只有不断地改进机床、改良工具、完善工艺，加工效率才能提升，生产力才能提高。例如：可以使用球锁夹具加工铜电极，减少电火花校表的时间；选择更好的刀具，以提高切削速度；选择更好更合理的砂轮，提高磨床的加工效率；采用镀锌铜线，以提高线切割速度等。

### 8.7.7 模具成本可控化

在实现上述过程中就可以发现，加工实现标准化，并且不断在改进中，工时可以推算得更为准确，生产比以前更加的流畅，因为实现了标准化作业，就有了一个标杆，这样就可以控制模具加工成本在一个合理范围内，如果一旦出现异常，就应该及时查找原因，解决它，从而实现成本可控化。当然，仅仅是成本可控化是完全不够的，同时应该建立一套良好的反馈机制，把在加工模具过程中遇到的不良或需要改进的地方及时反映给设计部门。

同时，还应该经常总结加工经验，不断地从各个方面改善加工技术水平，从而在实现模具成本可控化的同时，不断降低模具的成本，实现较高的利润，创造更高的附加值。

## 8.8 模具产业中的人才培养

目前，我省模具企业有六千多家，从业人员有十多万人。我省各级政府、企业非常重视人力资源的开发使用，逐步建立起了以教育部门、企业为主体的多层次模具人才培训体系。模具人才培训主要是按技术人员、操作人员、经营管理人员三个层面进行的。这三个层面人员的培训又根据我国模具行业经历的机械化、数字化、信息化发展阶段而有所侧重。同时，众多民办培训机构也进入了我省的模具人才培训体系。

对技术人员的培养和培训工作主要由高等院校承担。许多工科院校设立了模具专业和模具技术研究机构，在完成学历教育的同时，也承担了技术人员的知识更新工作，为企业培养和培训了大量技术人员。

对操作人员（技能人才）的培训是政府、行业、企业更为关注的，也是投入人力、物力和资金最多的工作。在模具技能人才培训队伍中，我省多所高职、中职院校是主力军，其中60%以上的学校设立有机械制造、模具、数控加工、计算机应用等专业，或开设有模具设计、模具制造工艺、CAD软件应用、数控加工编程、金属工艺学、模具材料与热处理等与模具设计制造相关的课程，建立有大量与模具制造技术相关的实验室和实训基地，每年为模具行业培养了具备专业知识和基本技能的年轻力量。企业培训主要是职工的在岗培训，如新入职员工的上岗培训、职称评审（评定）过程中的取证培训、知识更新专题培训、定期在岗培训等。

我国经济的快速增长带动了模具工业的高速发展。而模具工业的高速发展，也对高校提出了培养适合产业发展的人才需求。

## 8.8.1 模具专业方向的人才培养与知识结构

根据模具行业产业链的组成和技术人才知识结构需求，模具专业方向的人才培养方案为：一类是偏机械学科性质的体系，主要为产业链中的模具设计与制造部分服务，其知识结构模块如图8-7所示；另一类是偏材料学科性质的体系，主要为产业链中的成型工艺分析和模具设计部分服务，其知识结构模块如图8-8所示。

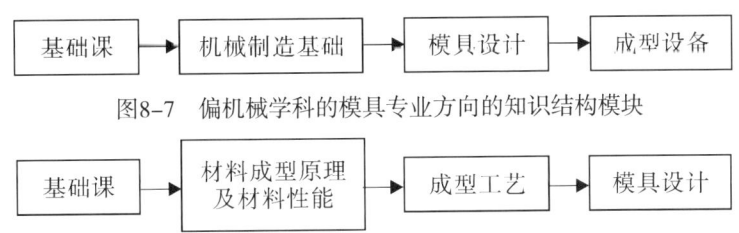

图8-7 偏机械学科的模具专业方向的知识结构模块

图8-8 偏材料学科的模具专业方向的知识结构模块

传统的模具专业方向多采用偏机械学科性质的体系，但随着科学技术的不断发展，偏材料学科性质的体系得到快速发展，原因有以下方面：20世纪90年代末，大批高职院校在崛起中看到了模具产业人才需求的巨大市场，纷纷开办模具设计与制造专业，这些专业均设在机械系，培养学生的知识结构为偏机械类型。由于这类学院办学灵活，学制较短，因此，短时间内大批偏机械类的模具设计与制造专业学生涌向市场，但他们就业的主要方向是模具产业链的后两部分，即模具制造和模具使用，只有部分较优秀的学生进入模具设计部分。

本科院校是以培养四年制本科生为主，模具专业方向的定位是以成型技术为手段、以材料为加工对象、以过程控制为质量保证措施、以实现产品制造为目的，突出以现代信息技术提升模具设计和产品设计的工科专业，因而是材料学、机械工程、过程控制等学科交叉的一个新兴学科。相对于机械类高职学生，本科院校的学生具有扎实的学科基础和专业基础，较宽泛的专业知识和技能，不仅有一定的模具设计能力，而且具有产品设计、成型工艺分析的能力。

计算机技术等先进技术的快速发展，要求本科院校转变学生的知识结构。如在模具行业的产业链中，成型工艺分析是十分重要的环节，一个好的成型工艺分析人员要有丰富的经验，才能在实际生产中根据不同的产品制定出合理的成型工艺。如果在这一步骤出现问题，即使后面的模具设计再好也无法生产出合格的产品，还会造成人力和物力的极大浪费，因此，成型工艺分析是模具行业产业链的"灵魂"，需要有较长的工作经验积累。

随着计算机技术的快速发展而开发出的成型模拟分析软件解决了学生经验不足的缺点，学生能够较快适应成型工艺分析工作。同时，为了提高工业产品的设计等级及产品成型加工的水准，缩短设计周期，从而提高产品的市场竞争力，运用计算机模拟软件从事产品开发、现代模具设计、成型工艺分析，是市场和生产发展对模具设计人才的新要求。

为顺应市场对人才的需求，应改变以往的知识结构，加强对学生的计算机设计、模拟、工艺分析软件使用能力的培养，为现代化企业全面推行三维设计、全数字无图化制造、网络化模具生产管理等先进技术体系培养人才。

因此，院校偏材料学科的模具专业方向，在人才培养和知识结构上要瞄准产业链的前端，即以培养成型工艺分析和模具设计人才为主。这样，可以使学生在模具行业产业链中占据重要位置，更好地为经济建设服务。

### 8.8.2 模具专业方向的教学探索

随着现代制造业的高速发展，模具工业进入数字化、信息化的步伐也在不断地加快，不仅在模具设计、技术研究和加工制造中大量使用CAD、CAM等技术软件，而且在包括CAE分析软件和快速成型等技术在内的应用和开发方面也有许多新的发展。现代工业的高速发展，使得对技术人才知识结构的要求发生了变化。为适应这一变化，对模具专业方向的教学需要进行改革探索。

#### 1. 加强学生的模具数字化设计能力

随着计算机技术的快速发展，各种应用软件不断推出。现代的模具设计与制造，是在传统模具设计的基础上，充分应用数字化设计工具，实现数字化制图、模具数字化设计、模具数字化分析仿真、产品成型过程模拟、模具生产管理以及模具的数控加工，从而提高模具设计质量，缩短模具设计周期。在企业中这些成果被广泛应用，这就要求学生必须具有很强的计算机应用能力以适应就业的要求。

对此，学生应学习《模具CAD/CAM技术》《材料成型过程模拟》《有限单元法基本原理》《材料成型软件基础》等课程。通过这一强化学习过程，学生的计算机应用能力得以提高。模具数字化设计能力强的学生很容易成为企业的技术骨干。

#### 2. 加强材料科学基础知识的学习，强化对成型产品质量控制的理念

成型产品的内在质量和性能与材料的组成、组织结构、成型工艺密切相关。通过《材料科学基础》《材料工程基础》《材料成型原理》《材料性能学》《检测与转换技术》《材料成型工艺分析》等课程的学习，使学生掌握材料科学与工程的基础理论，掌握材料的组成、组织结构、成型工艺与性能之间关系的基本规律，掌握材料性能检测和产品质量控制的基本知识。

在此基础上，采用材料加工过程多尺度数值模拟，能够准确预测零部件在加工过程中的微观组织、缺陷、应力应变的演变过程及其最终分布，准确判断零部件最终使用性能（如变形、使用寿命等）。进而实现零部件从材料设计、加工制造到成品使用全过程的计算机模拟集成，不断优化产品的设计和制造，提高产品质量和使用性能。

#### 3. 开设"专业设计"，培养学生的创新能力

"专业设计"可使学生受到更加系统、完整的工程设计能力训练，有利于提高毕业设计质量，也有利于培养学生的创新精神、实践能力。在"专业设计"中，把学生分成若干小组，指定专门教师负责指导，由指导教师拟定题目：一类是专业应用调研题目，另一类

是专业产品设计题目。

让学生深入到社会和工厂，了解自己所学专业的社会需求，了解工厂对专业学习的要求，了解专业课程学习如何与工厂的生产实际相结合，完成专业应用调研报告或专业产品设计方案。这样，学生能够主动安排自己在专业课学习期间的学习方案，为学生的毕业设计做好准备。在"专业设计"中，注重培养学生的创新能力，不论是专业应用调研报告或是专业产品设计方案，都要求学生提出自己的评价、观点或设想，引导学生发现问题、研究问题、解决问题。使学生刚接触专业就学会深入思考，具有创新意识，为今后的工作打下良好的基础。

#### 4. 建立产学研合作基地，培养学生为企业服务的能力

为了使学生能够深入了解产业链中企业的特点，与行业相关的重点企业共建产学研合作教学基地，定期派学生到基地进行认识实习、生产实习、专业设计、毕业设计等实践性教学环节。产学研合作教学基地在学校与企业之间建立一个大平台，形成学生的第二课堂。学校教师和工厂技术人员的共同指导，使学生在这一平台上得以成为一名适应企业需求的合格毕业生。

#### 5. 培养学生的模具专业英语交流能力

随着经济全球化的发展，许多模具企业具有国际化的背景，这就需要学生具有较强的模具专业英语交流能力。为此，在学生培养中增加模具专业英语的教学课程，目的是培养学生专业英语的综合应用能力，构建一种以培养学生模具专业英语交流能力为重点的综合应用能力培养模式。

### 8.8.3 现代模具专业人才应具备的能力要素

随着模具新技术、新工艺的不断发展，计算机技术应用于模具设计、制造和检测领域中，对模具人才的综合素质要求越来越高。现代模具专业人才应具备以下四种能力要素。

#### 1. 对基础知识的运用能力

掌握必需的普通文化知识、专业基础知识及专业知识，并能熟悉运用这些知识，能够从理论上解决模具生产、加工及设计实践中出现的技术问题。知识的运用包括：数学、计算机、外语、机械基础、工程材料、电子技术、加工工艺、模具CAD/CAM、模具设计与制造等知识的运用能力。

#### 2. 技术运用能力

技术运用能力是通过对各种技能的掌握来体现，衡量的主要指标是动手实践能力。模具制造技术要求掌握很多先进制造技术，特别是计算机辅助技术的运用，因此，要求从业人员能熟练操作各类数控机床、运用三维CAD设计模具，对模具行业流行的计算机辅助设计软件能熟练运用。技术运用能力往往通过技能考核来鉴定，要求模具专业人才应具有相应的职业技能等级证。

### 3. 关键能力

关键能力也称为核心能力，它是现代技术人员应具备与自身素质和发展潜能紧密相关的一种能力。各国对关键能力定义不同，但公认的有六种。前三种称为"硬能力"，即交往（书面和口头技能）、数的应用及IT技能，它是一个人职业能力的具体体现；后三种称为"软能力"，即解决问题、与他人一道工作、自学和进取的能力，它是指一个人能够"迁移"知识和技能并具有可持续发展的能力。

关键能力是个体履行岗位、完成任务的重要保证，也是一个人是否具有可持续发展、能否将所有知识同时都学习的能力。关键能力的培养是通过养成训练强化的。作为现代模具人才，培养"软能力"更胜于"硬能力"。

### 4. 创新能力

创新能力是一种自我实践、自我革新、自我创业及自我生存的能力，是指一个人具有的获得和处理信息、判断、发现问题并处理问题的基本素质，是促进个体迁移的基础。创新能力的培养首先是思维创新。作为模具专业人才，在设计中不因循守旧，大胆创新，从聚合思维向发散思维转变，体现出与众不同。一般来说，一个人的创新能力越强，在社会竞争中越能把握机会和创造机会。

## 8.8.4 建立并制定模具人才能力标准评价体系

在培养模具人才的教育机构，可依据"双车间、双证书、多段式、多范畴"的人才培养模式要求，充分利用模具企业、模具行业、社会各界对模具人才教育的职能优势，共同打造校企合作共同体，形成"企业提要求、学校化要求、学生达要求"的总体思路，通过企业宏观指导与反馈，社会行业配合与支持，师生自评与互评，构建立体式、全方位的模具产业综合素养人才质量和能力标准评价体系，切实加强以该标准评价体系促进学生学习、规范学生学习，使学生学以致用、有的放矢，从而为提高学生的全面素质奠定保障基础，使得培养的学生能够在模具企业工作时上手快、业务精、能力强。

## 8.9 本章小结

本章主要对模具产业的两化融合、管理和人才培养进行了分析。详细介绍了模具产业中的标准化、自动化和信息化建设的必要性、内容和方法，并就信息化建设中的信息化集成、互联网+模具以及基于互联网的规模化生产模式进行了详细阐述，目的是提高模具产业的自动化、信息化建设水平。另外，也介绍了模具产业的精益生产管理技术和人才培养，从而为我省模具产业的转型升级保驾护航。

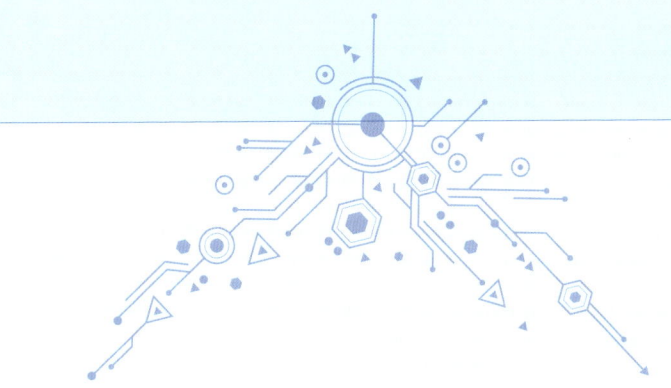

# 第 9 章

# 模具产业技术路线图绘制和产业发展建议

## 9.1 广东省模具产业技术路线图构思特色

针对广东省模具产业应用领域广、技术复杂多样、学科门类交叉性大等特点，结合广东省优势产业特点和模具技术应用情况，在路线图研究中形成以下特色：

（1）主要针对广东省内五金冲压模具、塑胶模具和压铸模具三大特色模具领域及其产业链进行调查研究，兼顾全国产业应用情况。

（2）从技术的角度将模具产业划分为模具材料、模具设计、模具制造、模具检测和模具修复五个技术板块，采用技术板块划分界定研究范围。

（3）为指导广东省模具技术创新和产业应用，研发需求凝炼侧重应用型共性技术开发。

（4）在汇聚了全省范围内模具产业的企业、高校和研究机构的专家进行研讨的基础上，结合广东省其他产业技术路线图的绘制与制定，具有一定的创新性，保证了前瞻性。

## 9.2 广东省模具产业特征分布

在华南地区珠三角一带，港资、台资和外资模具企业比比皆是，模具的销售总量成为中国最多的地区。广东模具制造业的优势主要集中在塑胶、五金和压铸模具方面。在模具总产量中，塑胶、五金和压铸模具占50%以上，远远高于全国平均数。

广东省拥有模具制造企业6000多家，从业人员达10多万人，企业数量、从业人员、完成的工业总产值和出口总值均居全国第一位。广东模具制造业中以中小型企业为主，分布范围广，模具制造业比较集中的区域有广州、深圳、东莞、佛山、中山、珠海等。

## 9.3 广东省模具产业技术路线图

综合版广东省模具产业技术路线图、模具材料板块产业要素关联度分析、模具设计板块产业要素关联度分析、模具制造板块产业要素关联度分析、模具检测板块产业要素关联度分析、模具修复板块产业要素关联度分析及研发需求项目时间节点分布图见本书插页。

## 9.4 广东省模具产业的发展建议

### 9.4.1 推动行业创新驱动发展

#### 9.4.1.1 完善模具产业技术创新体系，提高技术创新能力

积极构建以市场为导向、以企业为主体、产学研用相结合的现代模具产业技术创新体系，加快工业化和信息化深度融合，把数字化、网络化、智能化、绿色化作为提升模具产业竞争力的技术基点，推进成型工艺—成型设备和模具一体化的协同创新，积极采用跨界新技术，以技术的突破支撑引领模具产业集群发展，推进模具产业质量升级。

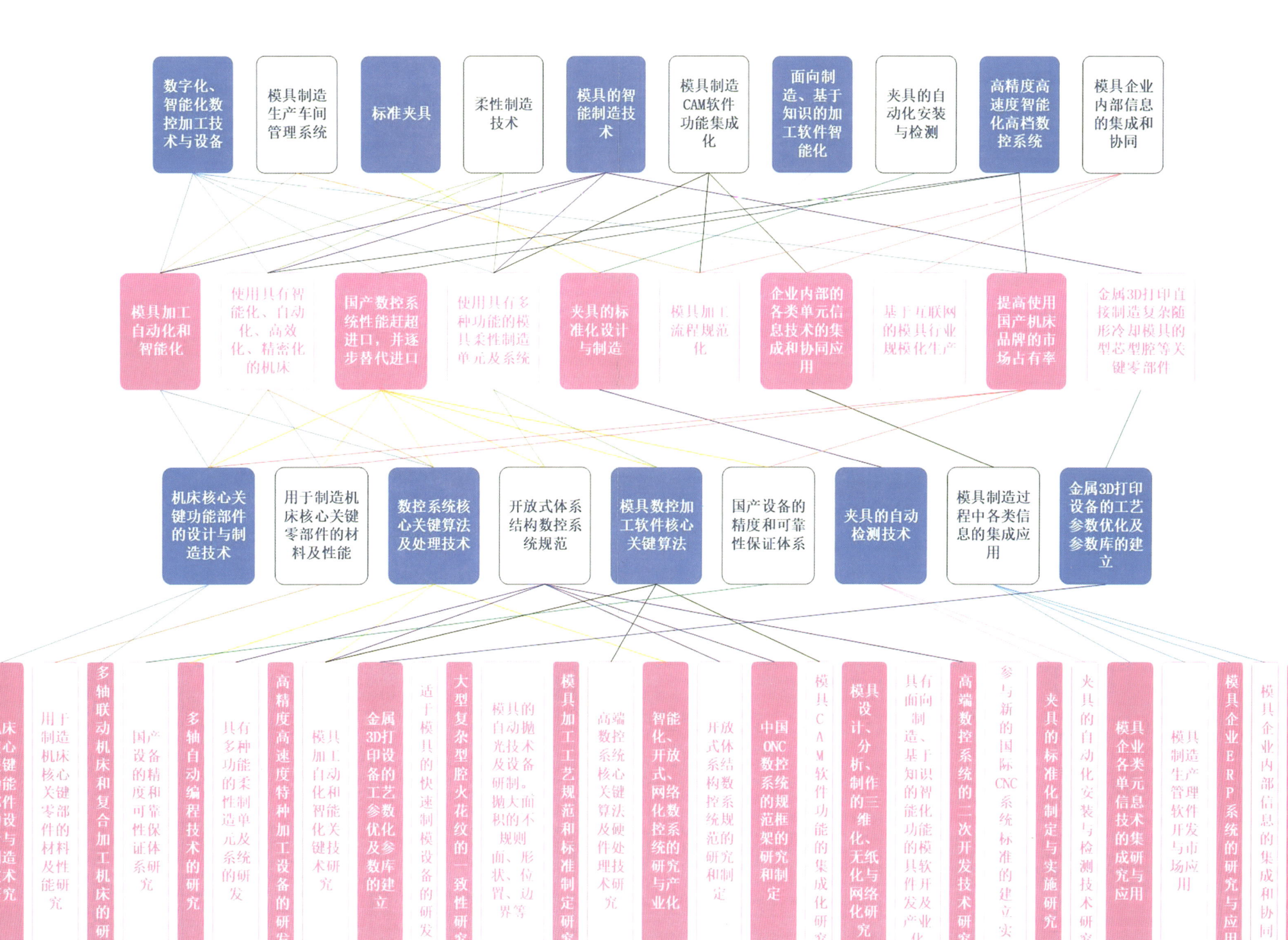

# 模具设计板块产业要素关联度分析

## 市场需求
- 计算机辅助设计
- 新型模具结构设计
- 模具设计之前的工艺分析
- 模具的数字化设计
- 先进的模具设计方法
- 使用计算机辅助工程分析软件进行模拟和优化
- 型腔模具随形冷却水道的设计与优化
- 模具设计的自动化智能化
- 模具设计的产业化

## 产业目标
- 提高模具设计质量，缩短模具设计周期
- 模具零配件的标准化及标准件库的建立与共享
- 利用三维CAD软件进行模具设计
- 建立模具设计标准化流程
- 模具产品全生命周期管理
- 运用CAE软件验证和优化制品设计、模具结构和成型工艺流程
- 模具软件的功能集成化
- 模具的智能化设计
- 模具设计的自动化
- 模具的网络化协同设计

## 技术壁垒
- 具有自主知识产权的CAD/CAE核心模块及源代码设计技术
- CAD/CAE工程数据库管理技术
- 曲面造型与管理技术
- 模具产品数据管理技术
- 模具产品全生命周期管理技术
- CAE分析模型的建立与数值求解技术
- 现有经验知识的表达积累总结与创新技术
- 复杂制件的自动分模技术
- 模具零配件标准的建立与实施
- 型腔模具随形冷却水道的设计原则与方法

## 研发需求
- 开发具有自主知识产权的CAD/CAE核心设计模块
- 模具三维设计软件的自主开发与商品化
- 模具CAE软件的自主开发与商品化
- 模具的智能化和多集成化设计研究
- 模具的CAD/CAE/CAM一体化技术研究
- 模具设计产品数据管理的研究与实施
- 模具设计产品全生命周期管理的研究与实施
- 模具的网络化设计研究
- 热流道的优化设计技术研究
- 型腔模具随形冷却水道的设计原则与方法研究

# 模具修复板块产业要素关联度分析

**市场需求**
- 操作简单、修复质量好的传统修复技术
- 新型模具修复技术
- 长寿命模具的局部修复
- 对模具修复区性能要求高
- 金属3D打印修复技术

**产业目标**
- 传统修复技术的熟练推广使用
- 模具修复区性能与基体一致
- 激光修复技术广泛应用于精密复杂模具的修复
- 热喷涂技术的推广应用
- 焊接修复后无需再进行热处理
- 广泛采用无需后续热处理焊接修复的回火焊道焊接技术
- 数字化技术在模具修复中的应用
- 广泛采用基于金属3D打印的模具修复技术

**技术壁垒**
- 大功率焊接电源及控制技术
- 大功率激光器及控制技术
- 激光修复机理与微观形态控制技术
- 如何提高所获取的失效模具缺损区域的精度及其提取效率
- 模具失效缺损区域修复的数字化模拟
- 基于金属3D打印的模具修复机理与工艺控制

**研发需求**
- 大功率焊接电源及控制技术研究
- 大功率激光器及控制技术研究
- 高质量的烧焊工艺及过程控制研究
- 基于金属3D打印的模具修复技术研究
- 激光修复机理与微观形态控制技术研究
- 激光精准修复技术的研究
- 模具失效缺损区域修复的数字化模拟研究
- 基于"基材+中间过渡层+表面耐磨层"的复合堆焊修复方法研究
- 新型超塑性固态焊接方法研究

# 模具检测板块产业要素关联度分析

## 市场需求
- 非接触式高效模具检测
- 综合性测量工具
- 模具材料的微观分析与检测
- 模具及材料的无损检测
- 方便快捷、通用性强的检测夹具（检具）
- 手持式分析检测仪器
- 自动化在线测量技术
- 测量标准和完善的面向客户端的检测软件
- 自动化在机测量技术
- 测量数据的大数据分析与事前控制

## 产业目标
- 检测速度快、精度高、检测全面、可靠性强
- 检测流程规范化
- 自动化在线测量
- 国产检测设备替代进口设备
- 常态化的检测管理与数据分析
- 以结果为目的转变为过程控制
- 自动化在机测量
- 非接触式检测
- 从抽样到全面测量分析
- 规范的检测报告及其自动生成

## 技术壁垒
- 新的传感器有待突破
- 复合式多传感器技术
- 非接触式测量的精度提升问题
- 新式声学、光学探头等在机测量硬件
- 无线电机床测头、红外线机床测头及在机刀具测量设备对刀仪等在机测量硬件
- 在机测量数据处理的关键算法
- 精密模具破损检测方法及算法
- 在机全面质量检测技术

## 研发需求
- 复合式影像测量仪的研制
- 如何提高非接触式测量的检测精度
- 模具制造的在线测量技术研究
- 在机测量硬件的研制与开发
- 基于全面质量检测的在机测量技术研究
- 便携式关节臂测量技术的研究及产业化
- 模具材料的微观分析与检测技术研究
- 基于机器人的模具检测技术研究
- 精密模具破损检测方法及算法研究
- 在机测量数据处理的关键算法研究
- 车间现场环境对精密测量系统的影响研究与系统解决方案
- 在机加工坐标系精度补偿、工装状态监测和关键特征工序控制测量
- 专业在机测量软件的开发与应用

# 研发需求项目时间节点分布图

| 领域 | 近期（<3年） | 中期（3~8年） | 远期（8~10年） |
|---|---|---|---|
| 模具材料 | • 模具钢生产设备和冶炼技术稳定性控制研究及产业化，保证不同冶炼批次材料的质量一致性<br>• 研究基于材料成分、工艺、组织与服役性能的关系<br>• 提高模具钢材纯净度和组织均匀性的关键技术研究<br>• 电炉加钢包精炼、真空处理和电渣重熔等冶炼技术的研究与产业化<br>• 高温均匀化退火、多向轧制等热处理技术，优化模具钢材的性能<br>• 研究模具钢的失效形式及失效机理等问题，掌握模具失效规律与组织、性能之间定性和定量的关系，提高模具的使用寿命<br>• 引进国外一些性能优良的模具钢种，进行国产化研制<br>• 研究模具再制造、激光熔覆等技术，生产出抗高温性能的高端模具钢<br>• 研发更加先进的生产技术，提升模具钢的质量及其稳定性 | • 研究模具钢新材料与热处理新工艺的机理<br>• 根据钢的合金化成分设计原理，并结合我国资源与冶金技术的实情，研制高性能、低成本的新钢种<br>• 研究先进的热处理技术，实现热处理工艺的可控化、清洁化和高效化<br>• 除模仿复制国外成熟钢种外，加强新钢种开发的创新能力 | • 模具材料及其热处理、表面强化性能与工艺规范和标准化研究<br>• 用于金属3D打印的、满足特殊性能要求的模具钢材料的研究开发与产业化<br>• 研究开发和应用新的更高质量和性能的专用模具钢系列<br>• 制定钢企统一的产品标准，建立标准化的生产流程，建立模具钢材料性能数据库，建立统一的检测标准，并形成系列，使我国模具钢的生产达到标准化和精细化<br>• 扩大金属3D打印材料的品种类型，满足更多模具的3D打印<br>• 加强模具钢材料品牌意识的培养，建立完善的服务体系<br>• 提升和规范模具钢材料售后服务体系质量<br>• 降低金属3D打印材料制备的复杂性，提高产量 |
| 模具设计 | • 开发具有自主知识产权的CAD/CAE核心设计模块<br>• 模具三维设计软件的自主开发与商品化<br>• 热流道的优化设计技术研究 | • 模具CAE软件的自主开发与商品化<br>• 模具设计产品数据管理的研究与实施<br>• 模具设计产品全生命周期管理的研究与实施 | • 模具的智能化和多集成化设计研究<br>• 模具的CAD/CAE/CAM一体化技术研究<br>• 模具的网络化设计研究<br>• 型腔模具随形冷却水道的设计原则与方法研究 |
| 模具制造 | • 机床核心关键功能部件的设计与制造技术研究<br>• 用于制造机床核心关键零部件的材料及性能研究<br>• 多轴联动机床和复合加工机床的研制<br>• 高精度高速度特种加工设备的研发<br>• 适于模具的快速制腔设备的研发<br>• 大型复杂型腔火花纹的一致性研究<br>• 模具的自动抛光技术及设备研制。抛大面积的不规则面、形状、位置、边界等<br>• 高端数控系统核心关键算法及硬件处理技术研究<br>• 高端数控系统的二次开发技术研究<br>• 夹具的标准化制定与实施研究 | • 国产设备的精度和可靠性保证体系研究<br>• 多轴自动编程技术的研究<br>• 具有多种功能的柔性制造单元及系统的研究<br>• 智能化、开放式、网络化数控系统的研究与产业化<br>• 开放式体系结构数控系统规范的研究和制定<br>• 中国ONC数控系统的规范框架的研究和制定<br>• 参与新的国际CNC系统标准的建立实施<br>• 夹具的自动化安装与检测技术研究<br>• 模具制造生产管理软件开发与市场应用<br>• 模具企业ERP系统的开发与应用<br>• 模具企业内部信息的集成和协同 | • 模具加工自动化和智能化关键技术研究<br>• 金属3D打印设备的工艺参数优化及参数库的建立<br>• 模具加工工艺规范和标准制定研究<br>• 模具CAM软件功能的集成化研究<br>• 模具设计、分析、制作的三维化、无纸化与网络化研究<br>• 具有面向制造、基于知识的智能化功能的模具软件开发及产业化<br>• 模具企业各类单元信息技术的集成研究与应用<br>• 基于互联网的模具行业规模化生产模式研究 |
| 模具检测 | • 复合式影像测量仪的研制<br>• 如何提高非接触式测量的检测精度<br>• 模具制造的在线测量技术研究<br>• 便携式关节臂测量技术的研究及产业化<br>• 模具材料的微观分析与检测技术研究<br>• 基于机器人的模具检测技术研究<br>• 精密模具破损检测方法及算法研究 | • 在机测量硬件的研制与开发<br>• 在机测量数据处理的关键算法研究<br>• 车间现场环境对精密测量系统的影响研究与系统解决方案<br>• 在机加工坐标系精度补偿、工装状态监测和关键特征工序控制测量<br>• 专业在机测量软件的开发与应用 | • 基于全面质量检测的在机测量技术研究 |
| 模具修复 | • 大功率焊接电源及控制技术研究<br>• 大功率激光器及控制技术研究<br>• 高质量的烧焊工艺及过程控制研究<br>• 基于"基材+中间过渡层+表面耐磨层"的复合堆焊修复方法研究<br>• 新型超塑性固态焊接方法研究 | • 激光修复机理与微观形态控制技术研究<br>• 激光精准修复技术的研究 | • 基于金属3D打印的模具修复技术研究<br>• 模具失效缺损区域修复的数字化模拟研究 |

#### 9.4.1.2 建设行业共性技术研发平台

模具制造业是一个技术覆盖面非常广的行业，加之模具行业是一个以中小型企业为主的行业，建设行业共性技术研发平台是提高我省模具工业共性技术水平最重要的措施。

随着信息化特别是"互联网+模具制造"技术的发展，模具行业建设行业共性技术研发平台的呼声再度高涨，而且对行业共性技术研发平台的建设有了新的要求：一是共性技术的内容要更新，要突出信息化、网络化和智能化解决方案；二是要更新行业平台的运行机制，应体现公开、公正为前提的市场化。

（1）政府支持行业协会与专业技术公司、科研机构等共同建立以信息化、网络化为工具的技术研发公共服务平台。

（2）推动行业级的模具技术研发机构，根据行业发展需要，按照政府的政策导向，把自己的发展方式调整到为行业共性技术研发服务的模式上来，形成覆盖我省独具特色的五金模、塑胶模和压铸模等模具的专业共性技术研发体系。

（3）依托大型模具企业建立工程技术中心，并推动其升级为行业级或国家级模具工程技术中心。逐步建立起以模具主要用户行业如汽车、家电、通信等产业模具的研发、标准制定和工程应用的技术研发体系。

#### 9.4.1.3 加强企业技术创新体系和能力建设

（1）大力推进大中型模具企业技术中心的现代化建设，以此为基础承担各级政府和企业立项科研项目，提高企业作为技术创新主体的能力。

（2）鼓励企业与大专院校、科研机构合作，在企业建立院士工作站、博士及博士后科研工作站、工程技术分中心等，提高企业研发水平和技术人员的科研能力。

（3）继续培育和推动企业的"高新技术企业"认定工作。

（4）继续推动模具企业采用"产学研用"方式开展新技术的研发和应用。鼓励企业在开展技术开发、技术改造等活动中吸收大专院校、科研机构参加、参与，提高项目开发水平，提升项目的效率和效益。

（5）帮助小微模具企业利用公共服务平台等资源开展技术创新活动。

（6）实施知识产权战略，提升知识产权的创造、应用、保护和管理能力。激发企业自主创新积极性，提高科研成果等自主知识产权创建和保护意识，提高科研成果水平。提高发明专利的比重，鼓励自主知识产权软件的开发、应用的同时，加大对模具设计、制造、分析软件企业的反垄断力度。

（7）制定模具企业技术创新能力评价标准，开展模具企业技术创新体系建设和创新能力评价，引导模具企业根据自身发展需求，加大在以技术中心为核心的技术创新体系建设中人财物的投入，完善组织机构，创新运行机制，把技术创新能力提升真正作为企业创新驱动发展的核心动力。

#### 9.4.1.4 继续实施"项目带动"

实施"项目带动"战略，可以使模具行业及时了解政府产业政策的调整和导向，跟踪国际模具技术发展趋势，提高企业技术研发水平和自主创新能力。具体措施：

（1）完成好模具行业已承担的国家发改委"产业振兴、技术改造"项目、科技部"支撑计划"和"重大科技专项"项目、工业和信息化部"工业强基工程"项目以及省市科技计划项目。

（2）争取各级政府有关部门加大对模具行业在模具基础理论和共性技术的研究与开发和重点企业技术改造方面的立项支持，特别是要增加按照《中国制造2025》计划中指出的绿色制造、智能制造、互联网+模具制造方面的项目。

（3）大力支持行业研发体系和公共服务平台项目的立项、建设与发展。

（4）组织有实力的模具企业和科研单位积极申报、承担、开展模具行业共性技术和关键技术的研究。要承担这些项目需要建立稳定合作的"产学研用"团队。以"项目带动"作为发展战略的模具行业必须及时跟踪政府产业政策的调整和变化。

### 9.4.2 推进体制机制创新环境建设

#### 9.4.2.1 完善"政、产、学、研、用"研发机制

完善"政、产、学、研、用"研发体制，支持企业与大专院校、科研机构以及模具用户建立稳定合作的"产学研用"团队，落实"学、研"人员的待遇，明确项目实施中创建的知识产权归属。

#### 9.4.2.2 推进协同创新机制建立

大力推进模具成型技术领域的协同创新机制的建立和运行，包括：

（1）保障机制，即"政、产、学、研、用"协同创新机制。

（2）模具成型解决方案，即成型工艺+成型设备+模具的全产业链的协同创新。

（3）模具制造与应用，即产品开发与模具设计—模具加工技术—模具装配与检测—试模—模具应用与服务的模具制造技术的协同创新。

协同创新机制的建立和运用，有利于推动我国模具产业迈向模具成型技术领域价值链的中高端。

#### 9.4.2.3 扩大开放，增强共享、共赢意识

鼓励和支持我省模具产业进一步开拓国际市场，支持海外营销网络和售后服务体系建设，提高出口模具的技术含量和附加值，推进模具出口基地建设和对出口重点企业的支持力度。鼓励技术出口和资本出口。在模具出口和产能合作中，企业要增强与模具出口地和产能合作方资源共享、利益共赢的意识。

#### 9.4.2.4 优化创新激励政策与环境

技术创新是一种创造性的社会活动，需要全社会特别是政府为创新活动建立完善的激励机制、保障体系和有利于创新活动的社会环境。

（1）建立资金支持渠道，包括设立技术创新风险基金，保证政府项目需要的地方或部门的配套资金落实，降低技术创新过程的资金风险。

（2）落实国家关于技术研发税收优惠政策。

（3）建立技术创新激励和奖励机制。坚持已经执行的、对创新过程形成的自主知识产权（科技成果、专利、软件著作权、论文、专著等）的奖励政策，同时，要对取得自主知识产权等创新成果的参加人员在职称晋升、生活条件改善方面给予倾斜支持。

（4）整合技术创新资源，营造有利于技术创新的文化、社会环境，包括模具成型相关行业间的协同创新，如塑料加工行业—塑料机械行业—模具行业，压铸行业—压铸机械

行业—模具行业等行业间协同创新机制的建立。

## 9.4.3　加快推进模具产业结构调整和转型升级

### 9.4.3.1　加快模具产业结构调整

（1）密切跟踪模具用户行业发展对模具市场需求的变化，建立模具产能与市场需求匹配度预警机制，指导模具企业的产品结构调整和产能的调整；特别关注新兴模具市场如机器人、医疗器械及健康器械、民用航空、高铁列车等产业的发展。

（2）加快发展面向模具制造的现代服务业如设计公司、云编程公司、软件及服务公司等，优化模具产业结构，提高模具行业的运行效率。

（3）鼓励模具企业进行以模具技术为核心竞争力的产业链延伸，进入制件、零部件生产领域，从而实现模具产业和整个制造业的产业结构优化。

（4）推动建立模具行业分工协作的体系，鼓励市场竞争力强的企业建立自己的加工协作网，充分利用社会加工资源。

### 9.4.3.2　推进模具行业的转型升级

（1）引导模具行业把企业的投资和发展的关注点从产能增加转到质量效益提升上来，推动企业从规模增长型向质量效益型转变。

（2）鼓励企业走"专、精、特、新"的发展道路，打造一批具有国际竞争力的模具企业，提高我国在中高档模具市场上的份额；引导中小模具企业在细分模具领域做精、做强；培育更多的模具企业成为细分行业的隐形冠军，壮大我国实现模具强国的主力军队伍。

（3）推动企业的信息化、网络化建设，促进有条件的模具企业实现由制造型向制造服务型转变，由单纯提供产品向提供解决方案转变，推动模具行业在技术创新、质量提升、国际化程度、经济效益上的全面升级。

## 9.4.4　贯彻和完善标准化体系

### 9.4.4.1　贯彻和完善模具标准体系

广东省模具标准化技术委员会在全国模具标准化技术委员会和国家标准化管理委员会的指导下，积极贯彻和完善适于我省模具产业的模具标准体系，制定与之对应的执行计划。

### 9.4.4.2　提高参与国家和国际标准化工作的能力

（1）分析ISO标准与国内模具标准的具体情况，适时提出申报标准计划。

（2）实质性地参与国家和国际标准化工作，积极参与国家和国际标准的意见征求收集工作。

## 9.4.5　建设以需求为导向的模具人才开发体系

培养和造就一支包括工程技术人员、技术工人和管理人员在内的高素质的员工队伍，是"十三五"期间我国模具行业所面临的一项重要而艰巨的任务。同时，提升企业家素质的任务也迫在眉睫。

为此，必须积极开展以提高技能和知识更新为重点的继续教育培训工作，加大对技能人才在岗培训和继续教育力度，努力建设模具技能培训网络和技能鉴定体系，加快培养一大批结构合理、素质优良的技术技能型、复合技能型、知识技能型的模具专门人才，包括高级人才和优秀企业家队伍，逐步形成与模具行业发展相适应的、比例结构与发达国家相近的人才格局。

#### 9.4.5.1 经营管理人才队伍建设

分批选送有企业工作经验的高层管理人员到工商管理学院等管理专业或EMBA进行中短期培训，建立一支懂得现代管理知识并具有国际视野的高水平管理人才队伍；培养一批了解国内外市场、熟悉国际贸易规则、懂得制造技术、善于处理和协调企业与政府关系的开拓型经营管理人才。

#### 9.4.5.2 专业技术人才队伍建设

模具专业技术人才的培养，目前主要靠高等院校和高等职业技术院校的学历教育，人员数量和综合素质还不能满足行业发展需求，特别是中小模具企业很难招聘到受过高等教育的专业技术人员。专业技术人才队伍建设的另一个重要任务是在岗（特别是民营中小企业）技术人员的知识更新和再教育，目前还没有建立起有效的在岗培训机制。因此，要建立专业结构、年龄结构、职称结构合理的模具技术人才队伍，一方面要加快教育体制的改革，另一方面，需要政府和企业共同推进模具技术人才开发和使用的长效机制的建立。

随着模具产业数字化、信息化和网络化技术的发展和广泛应用，模具制造的工艺流程发生了很大变化，许多传统的技术岗位变成了新流程中的技能岗位。因此，建立高素质的技能人才队伍成为我省模具产业升级转型、变得更强的关键。

（1）落实《国务院关于加快发展现代职业教育的决定》精神，推进国家、行业、企业三位一体的模具技能人才培养体系的改革、建设。加快建立以人才需求为导向的现代职业（继续）教育体系，为我省模具产业提供高素质的人才资源。

（2）提高各类模具人才培训基地的建设水平，强化企业员工的在岗培训，完善模具行业特有工种职业技能鉴定和技术人员鉴定体系。

（3）组织、举办我省各种在校学生和青年员工模具技能大赛，提高学生对模具行业的就业兴趣和青年员工的自豪感。

### 9.4.6 模具产业政策建议

#### 9.4.6.1 支持模具行业技术研发体系建设

（1）完善模具行业共性技术研发体系建设，提高研发平台运行效率和水平。恢复或建立一批专业模具共性技术研究机构，形成覆盖我省模具领域（包括五金模、塑胶模和压铸模等）较为完整的模具共性技术研发体系。

（2）建议政府有关部门加大对模具行业基础理论和共性技术的研究、开发的支持力度，增加广东省自然科学基金、重大科技专项等方面的立项。

（3）加大对自主知识产权软件的开发、应用，特别是模具网络化、"互联网+模具制造"、智能制造等领先技术的支持力度，降低原始创新风险。

（4）支持模具行业公共技术服务平台的建设与发展。加大对模具设计、制造、分析软件企业的反垄断力度。

（5）积极引导模具企业增大研发和技改投入，鼓励企业申报和承担政府项目，提高企业作为技术创新主体的能力。

#### 9.4.6.2 鼓励和支持模具行业进一步开拓国际市场

（1）加大对模具出口重点企业的支持力度，支持模具出口企业海外营销网络和售后服务体系建设。

（2）推进模具出口基地建设，提高我国中高端模具在出口模具中的比重，落实模具出口退税政策。

（3）支持模具出口企业参与"一带一路"项目建设，提高模具企业技术出口和资本出口的能力和水平。

#### 9.4.6.3 支持模具产业集聚区建设

（1）引导模具产业集聚区不断转型升级，树立转型升级示范区。

（2）支持省内"模具特色小镇""智能模具小镇""模具制造名镇"等模具特色区镇的建设和发展。

#### 9.4.6.4 实施品牌战略，推动品牌建设

（1）加快模具行业信用体系建设，推动企业向规范化的现代企业制度转型。

（2）推进模具行业产品品牌、企业品牌、区域品牌建设。

（3）开展质量诚信企业、优质品牌等的表彰活动，营造有利于创建知名品牌产品和企业的社会环境。

#### 9.4.6.5 持续实施人才战略

（1）在政府支持下，加快高等院校对高水平模具技术人才的培养。

（2）行业参与，提高职业教育院校对模具技能人才的培养水平。

（3）支持学校、模具行业组织、企业合作，做好模具企业技术人员、技能人员、经营人员和企业高管的继续教育、在岗培训、专题进修工作。

（4）做好模具人才（或智力）引进工作。

#### 9.4.6.6 充分发挥我省模具行业协会等社会组织的作用

（1）支持模具行业协会依法（依规）开展行业信息统计、企业信用等级评价、团体标准制定、行业自律公约发布等活动，更好地发挥协会的桥梁纽带和服务会员、行业和政府的作用。

（2）支持模具行业协会开展省内外技术交流，举办产业会议、产业发展论坛，举办模具展览，为促进我省模具产业技术进步和产业发展服务。

（3）支持模具行业协会参加国际国内组织及其活动，鼓励在国内模具行业组织中担任重要职务，提高我省模具产业在国内外的影响力和话语权。

（4）支持模具行业协会举办模具产业集群大型展览会、全省和全国模具产业技术高峰论坛以及模具产业重大技术的联合攻关。

## 9.5 本章小结

本章主要介绍了广东省模具产业技术路线图的绘制和模具产业五个板块产业要素的关联度分析,及研发需求项目实施的时间节点分布,并对广东省模具产业的发展提出了若干实用的合理化建议,将有利于各研发主体在决策时能够高度关注这些建议,以便能更有效地指导广东省模具产业的良性发展。

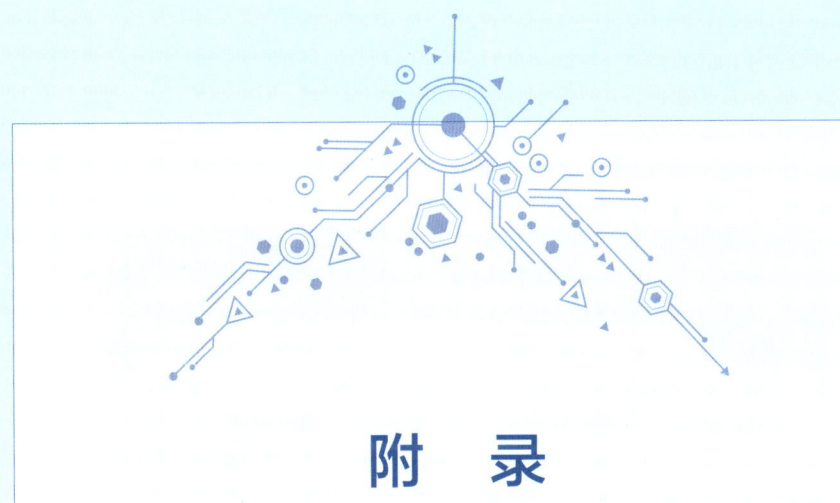

# 附 录

## F.1　专家研讨会

### 第一次：模具材料专家头脑风暴会议

一、时间：2016年8月12日10：00—16：00
二、地点：广东省东莞市横沥镇西城工业一区，东莞市横沥模具产业协同创新中心
三、邀请参会专家名单（排名不分先后）
　　刘　斌，华南理工大学机械与汽车工程学院教授
　　肖小亭，广东工业大学材料与能源学院教授
　　彭乃球，广东省质量鉴定所高级工程师
　　张　泰，深圳市昌红科技股份有限公司副总经理
　　万　里，广东鸿图科技股份有限公司副总经理
　　张　璟，广东文灿压铸有限公司副总经理
　　王长明，东莞劲胜精密组件股份有限公司技术总监
　　韦俊军，深圳市银宝山新科技股份有限公司副总经理
　　刘进军，东莞祥鑫科技股份有限公司技术总监
　　柏　芳，一胜百（模具）有限公司副总经理
　　麦贯之，河源龙记金属制品有限公司执行董事
　　曹兴盛，广东雄峰特殊钢有限公司总经理
　　黄荣勋，天津钢研海德科技有限公司董事
　　王柏跃，深圳市劲利特钢有限公司总经理
　　周庆松，东莞市振大模具钢有限公司总经理
　　朱　喆，深圳市和胜金属技术有限公司总经理
　　柳亚强，广东省机械模具科技促进协会秘书长

叶福田，东莞市横沥模具产业协同创新中心干事
吴国洪，东莞市横沥模具科技产业发展有限公司副总经理

## 第二次：模具设计与制造专家头脑风暴会议

一、时间：2016年10月28日10：00—12：00
二、地点：广东省东莞市横沥镇兴业路119号，东莞市横沥模具技术培训学院
三、邀请参会专家名单（排名不分先后）

    董鹏鹏，深圳市麦士德福科技股份有限公司总经理
    张　泰，深圳市昌红科技股份有限公司副总经理
    伍世锋，深圳市银宝山新科技股份有限公司技术中心总经理
    刘明生，深圳市长盈精密技术股份有限公司研发副总经理
    朝格图，东江模具（深圳）有限公司技术部经理
    姚焕军，深圳市凯达兴塑胶模具有限公司总经理
    张云亮，深圳市基石通用科技有限公司总经理
    杨勇刚，东莞达兴塑胶模具有限公司董事长
    王长明，东莞劲胜精密组件股份有限公司技术总监
    刘进军，东莞祥鑫科技股份有限公司技术总监
    陈旭松，东莞康佳模具塑胶有限公司经理
    王则锋，珠海西比特精密模具有限公司总经理
    袁国强，珠海格力大金精密模具有限公司总经理助理
    张　璟，广东文灿压铸股份有限公司副总经理
    何智敏，佛山市南海华达高木模具有限公司副总经理
    董　坤，广州毅昌科技股份有限公司模具总经理
    麦裕勤，广州市联合科技发展有限公司总经理

俞　心，广州市中达祥模具塑胶有限公司副总经理
万　里，广东鸿图科技股份有限公司技术副总经理
林　宇，肇庆鸿胜模具制造有限公司总经理
孟　超，巨轮智能装备股份有限公司副总经理
黄志鸿，瑞士GF阿奇夏米尔集团公司东莞分公司经理
柳亚强，广东省机械模具科技促进协会秘书长
吴国洪，东莞市横沥模具科技产业发展有限公司副总经理

## 第三次：模具检测修复与人才培养专家头脑风暴会议

一、时间：2016年10月28日14：00—17：00
二、地点：广东省东莞市横沥镇兴业路119号，东莞市横沥模具技术培训学院
三、邀请参会专家名单（排名不分先后）
　　王成勇，广东工业大学教授
　　肖小亭，广东工业大学教授
　　夏琴香，华南理工大学教授
　　周　华，广州番禺职业技术学院教授
　　徐勇军，广东工贸职业技术学院系部主任
　　李　炳，广东科技学院院系部副主任
　　冯小军，深圳职业技术学院教授
　　陈开源，佛山职业技术学院博士
　　李　伟，佛山科技学院博士
　　周梓荣，东莞理工学院教授
　　曹永浩，东莞市机电工程学校校长
　　张良超，东莞职业技术学院教师

杨勇刚，东莞达兴塑胶模具有限公司董事长
王长明，东莞劲胜精密组件股份有限公司技术总监
王则锋，珠海西比特精密模具有限公司总经理
张云亮，深圳市基石通用科技有限公司总经理
伍世锋，深圳市银宝山新科技股份有限公司技术中心总经理
姚焕军，深圳市凯达兴塑胶模具有限公司总经理
朱训民，佛山市弗伦克热流道科技有限公司总经理
陈兆军，海克斯康华南区深圳方案中心营销总监
柳亚强，广东省机械模具科技促进协会秘书长
吴国洪，东莞市横沥模具科技产业发展有限公司副总经理

## 第四次：模具行业信息化建设与创新运作模式专家头脑风暴会议

一、时间：2016年11月18日10：00—17：00
二、地点：东莞市横沥镇西城工业区一区，东莞市横沥模具产业协同创新中心
三、邀请参会专家名单（排名不分先后）
　　杨　勇，广东省科技情报研究所研究员
　　杨勇刚，广东中创工业科技股份有限公司董事长
　　郭宝安，深圳市金飞跃科技有限公司总经理
　　董欣欣，深圳市杰纳斯科技有限公司总经理
　　易　平，武汉益模科技股份有限公司总经理
　　徐泽付，东莞方天软件科技有限公司总经理
　　蔡铭宏，台湾科盛科技股份有限公司总监
　　董　坤，广州毅昌科技股份有限公司副总经理
　　王长明，东莞劲胜精密组件股份有限公司技术总监

朝格图，东江模具（深圳）有限公司技术部经理
何智敏，佛山市南海华达高木模具有限公司副总经理
阮　毅，广东省机械研究所副所长、高级工程师
刘守春，广东隆凯股份有限公司执行董事
李卫荣，东莞宜安科技股份有限公司科研总监
宇应坤，广州中望龙腾软件股份有限公司总经理
谭又铭，迈迪信息技术有限公司广州分公司总经理
柳亚强，广东省机械模具科技促进协会秘书长
叶福田，东莞市横沥模具产业协同创新中心干事
吴国洪，东莞市横沥模具科技产业发展有限公司副总经理

## 第五次：广东省模具产业技术路线图编制研讨发布会

一、时间：2018年12月28日15：00—18：00
二、地点：东莞松山湖格力东莞基地

## F.2　参与调研的企业名单

共计60家企业（排名不分先后）
【1】深圳市劲利特钢有限公司，王柏跃
【2】东莞康佳模具塑胶有限公司，徐昊、陈旭松
【3】广东远见精密五金有限公司，韩勇
【4】海克斯康测量技术（青岛）有限公司，陈兆军
【5】深圳市基石通用科技有限公司，张云亮
【6】珠海西比特精密模具有限公司，王则锋
【7】珠海格力大金精密模具有限公司，袁国强
【8】珠海格力精密模具有限公司，黄国军
【9】GF华南区域部，黄志鸿
【10】祥鑫科技股份有限公司，陈振海

【11】东莞劲胜精密组件股份有限公司,王长明

【12】深圳市宝鸿精密模具有限公司,黄永光

【13】深圳市麦士德福科技股份有限公司,董鹏鹏

【14】东莞星晖真空镀膜塑胶制品有限公司,刘海文

【15】深圳市银宝山新科技股份有限公司,韦俊军

【16】DMG MORI东莞销售部,林劲

【17】广东星联精密机械有限公司,姜晓平

【18】广州中望龙腾软件股份有限公司,字应坤

【19】广东弗伦克模塑科技有限公司,朱训民

【20】广东长盈精密技术有限公司,罗卫强

【21】东莞市广正模具塑胶有限公司,邓光海

【22】佛山市南海华达高木模具有限公司,何智敏

【23】广州毅昌科技股份有限公司,董坤

【24】广州市联合科技发展有限公司,麦裕勤

【25】广东雄峰特殊钢有限公司,曹兴盛

【26】广州市中达祥模具塑胶有限公司,俞心

【27】东莞宜安科技股份有限公司,李卫荣

【28】东江模具(深圳)有限公司,朝格图

【29】深圳市和胜金属技术有限公司,朱喆

【30】深圳市凯达兴塑胶模具有限公司,姚焕军

【31】武汉益模科技股份有限公司,易平

【32】群达模具(深圳)有限公司,汪智勇

【33】国家模具产品质量监督检验中心(广东),樊开夫

【34】广东世创金属科技股份有限公司,梁航

【35】广州导新模具注塑有限公司,刘建辉

【36】深圳市明智塑胶制品有限公司,宋保国

【37】广东鸿图科技股份有限公司,万里

【38】肇庆高新区鸿胜模具制造有限公司,林宇

【39】巨轮智能装备股份有限公司,孟超

【40】佛山市峰华卓立制造技术有限公司,金枫

【41】高要区鸿泰模具制造有限公司

【42】肇庆金盈模具制造有限公司

【43】深圳市长盈精密技术股份有限公司,刘明生、陈奇星

【44】深圳市扬帆精密模具有限公司,蔡光利

【45】深圳市昌红科技股份有限公司,张泰

【46】深圳瑞捷金富科技有限公司,罗世昭

【47】东莞市兄友模具塑胶有限公司,吴瑞清

【48】东莞市鸿展实业有限公司,卿前海

【49】广东文灿压铸股份有限公司，张璟
【50】佛山市翔鑫塑胶模具有限公司，陈炎君、刘茂凯
【51】一胜百模具（东莞）有限公司，詹主恩
【52】东莞市浩瀚纳米科技有限公司，李固加
【53】深圳市金飞跃智能股份有限公司，郭宝安
【54】东莞台一盈拓科技股份有限公司，罗海华
【55】广东方天软件科技股份有限公司，徐泽付
【56】河源龙记金属制品有限公司，肖芸、冯桦
【57】广东科龙模具有限公司，谭升洪
【58】广东美的精密模具科技有限公司，王龙飞
【59】中山市富晟特热流道科技有限公司，汪凤奎
【60】深圳市杰纳斯科技有限公司，董欣欣

## F.3 到企业调研的部分照片

在河源龙记金属制品有限公司调研

在广东文灿压铸股份有限公司调研

在深圳市劲利特钢有限公司调研

在深圳市昌红科技股份有限公司调研

在广州毅昌科技股份有限公司调研

## F.4 编制委员会专家名单

| 单位 | 专家 |
| --- | --- |
| 华南理工大学 | 瞿金平、何和智、夏琴香、刘斌 |
| 广东工业大学 | 王成勇、肖小亭、陈新度、胡永俊、章争荣 |
| 广州大学机械与电气工程学院 | 张春良、刘晓初 |
| 深圳大学机电与控制工程学院 | 李积彬、伍晓宇、龚峰 |
| 广州番禺职业技术学院 | 周 华 |
| 东莞理工学院机械工程学院 | 孙振忠 |
| 佛山科学技术学院机电工程学院 | 卢清华 |
| 博创智能装备股份有限公司 | 饶启琛、黎桂华 |
| 广东锻压机床厂有限公司 | 阮卫平 |
| 广东省机械研究所 | 阮 毅 |
| 广东省质量鉴定所 | 彭乃球 |
| 广东劲胜智能集团股份有限公司 | 王长明 |
| 深圳市银宝山新科技股份有限公司 | 韦俊军、高国利、伍世锋 |
| 深圳市昌红科技股份有限公司 | 张 泰 |
| 广东文灿压铸股份有限公司 | 张 璟 |
| 珠海格力大金精密模具有限公司 | 袁国强 |
| 深圳市长盈精密技术股份有限公司 | 刘明生 |

续表

| 单位 | 专家 |
|---|---|
| 广州毅昌股份有限公司 | 吴春明 |
| 广东美的精密模具科技有限公司 | 王龙飞 |
| 巨轮智能装备股份有限公司 | 孟 超 |
| 广东鸿图科技股份有限公司 | 万 里 |

## F.5　路线图工作组名单

刘　斌、柳亚强、吴国洪、何和智、麻向军、文劲松
吴松琪、陈昌乾、谭景焕、崔志杰、吴　茜、林梓威、王玉香

## F.6　本项目取得的研究文章

[1] 刘斌，谭景焕. 现代模具设计技术的现状及发展趋势[J]. 塑料工业，2017，45（2）：1-6，43.
[2] 吴茜，刘斌. 模具材料研究与应用现状及发展趋势[J]. 模具工业，2017，43（3）：1-7，20.
[3] 刘斌，崔志杰，谭景焕，等. 模具制造技术现状与发展趋势[J]. 模具工业，2017，43（11）：1-8.
[4] 刘斌，崔志杰，陈昌乾. 模具检测技术现状及发展趋势[J]. 模具工业，2017，43（5）：1-6.
[5] 刘斌，崔志杰. 模具修复技术及发展趋势[J]. 模具工业，2017，43（2）：1-5.
[6] 刘斌，林梓威. 基于互联网的模具行业规模化生产模式探讨[J]. 模具工业，2018，44（6）：1-6.

## F.7　模具行业"十三五"发展指引纲要

### 模具行业"十三五"发展指引纲要

#### 前言

　　模具是工业生产中重要的基础工艺装备，素有"工业之母"的称号。我国目前通过模具成型制造（也称等材制造）的金属制品约为8000万吨，与切削加工（减材制造）的数量相当；而7000万吨左右的塑料制品和600万吨的橡胶制品，几乎全部由模具成型制造；3D打印（增材制造）的产品总量目前为数万吨。模具成型由于其具有高生产效率、高一致性、低耗低成本以及可以实现较高的精度和复杂程度等优点，已成为现代社会国计民生主

导产品，如汽车、电子、电器、IT产品、包装品、建筑装饰材料等产品制造业中最主要的制造手段，其中汽车、家电等产品90%以上（汽车为95%以上）的零部件由模具制造，模具费用仅占这类整机销售价格的1%左右，因此，模具也称为产品制造业的效益放大器。模具制造的产品已遍布我们的生活、生产和公共场所的各个角落，随着高分子材料和复合材料的研发和应用，模具的应用面越来越宽广。可以说，涉及衣、食、住、行等民生工程的现代制造业的发展，很大程度上取决于模具工业的发展水平，没有高水平的模具工业就没有高水平的制造业。同时，模具的设计、制造是一个技术密集、人才密集、资金密集的高技术产业，因此，模具工业水平已经成为衡量一个国家制造业水平高低的重要标志，也是一个国家的工业产品保持国际竞争力的重要保证之一。2014年我国主要模具用户行业产品产值（销售收入）与模具用量见表1。

表1　2014年我国主要模具用户行业产品产值（销售收入）与模具用量

| 模具用户行业 | 行业产值/亿元 | 模具依赖度/% | 模具用量/亿元 |
| --- | --- | --- | --- |
| 汽车制造业 | 55 000 | 95 | 600 |
| 家用电器（白家电）行业 | 15 000 | 90 | 150 |
| 包装行业 | 14 000 | 85 | 120 |
| IT制造业（含网络终端设备） | 100 000 | 80 | 700 |
| 医疗器械行业 | 2500 | 75 | 30 |
| 建材家居行业 | 30 000 | 60 | 150 |
| 其他行业（估计） | 30 000 | 50 | 350 |
| 合计 | 246 500 | — | 2100 |

注：1.模具用户行业产值（销售收入）来自各行业协会、商会等机构在网上公布的数据。

2.模具用量由中国模具工业协会提供。

现代模具行业具有如下特点：

（1）技术密集、资金密集、人才密集。模具作为精密成型工艺装备，其产品技术含量高；模具生产过程集精密制造、计算机技术、智能控制为一体，对产品设计软件和加工设备的要求很高，特别是关键设备价格昂贵；数字化、信息化技术的广泛应用和网络化、智能化技术的开发应用需要大批高素质技术、技能、经营管理人才。

（2）模具制造大多是针对特定用户产品的个性化生产，生产周期较长，因而均衡生产和企业管理难度大；活化劳动比重大，增值税税负重，企业资金积累慢而且投资回收期长。

（3）模具的品种、规格繁多，技术要求各异，因此，模具企业发展适于"精、专、特"模式，目前国际上模具企业绝大多数为中小企业。在我国约25 000家模具企业中，中小微型企业占95%以上。

（4）模具生产属装备制造业，其产业发源地通常位于或靠近模具用户市场，并且随着模具用户行业的发展而成长壮大，形成集材料供应、加工设备、标准件供应、加工协作、人才调剂和设计服务等功能配套的模具产业集聚区。我国目前模具产业主要集中在珠三角、长三角和环渤海三个大的集聚区及成—渝、武汉—长沙两个中等集聚区，模具产能占全国的90%以上。在这些大、中型集聚区内，还形成了众多集聚程度更高的市、区、县、镇特色模具生产基地。许多模具产业集聚区已经发展成为独立地向全球供货的模具制造基地。

现代模具工业的特点决定了它既是关乎民生工程的重要的装备制造行业，也是一个提升国家制造业核心竞争力的战略性新兴产业。因此，模具工业成为世界上各制造业发达国家在产业政策上重点支持（扶持）的行业。

为贯彻落实党中央、国务院关于进一步深化改革，使经济持续健康稳定发展，引导模具行业主动适应中国经济发展新常态，积极推进要素驱动向创新驱动的转换，指导行业的转型升级，更好落实《中国制造2025》国家计划，参与"互联网+"行动，力争实现2025中国模具进入世界模具强国行列目标，特编制本纲要。

# 一、模具行业发展现状与问题

## （一）我国模具工业"十二五"取得的主要成绩

### 1. 产业发展

"十二五"期间，模具行业经济运行实现连年稳中有进，2014年模具产能约2100亿元，销售额超过1635亿元（数据来源于中国模具工业协会），4年复合增长率接近10%；模具进出口总额达到75.1亿美元，其中模具出口49.2亿美元（数据来源于中国海关）。2010年，我国模具出口首次超过模具进口后，近4年复合增长率超过20%，2011—2014年模具累计出口达到161亿美元。我国已成为名副其实的世界模具制造大国和模具贸易大国。

（1）骨干企业队伍成长壮大。目前我国模具生产厂家约为3万家，其中公有制企业占5%左右，三资企业占10%左右，民营企业、个体企业约占85%。据不完全统计，目前模具产值达到2000万元以上的模具企业有5000家左右，其中被认定为高新技术企业的模具企业超过300家，以模具制造为主业的上市公司达到33家（其中"十二五"期间增加18家）。2013年，模具出口企业13 000余家，其中出口额100万美元以上的企业700余家。2015年，中国模具工业协会评定授牌的中国重点骨干模具企业达到160个（其中"十二五"期间增加57个）占全部模具企业数量的比例不到1%，销售额占到18%左右。2014年，中国模具工业协会在会员单位中开展"模具出口重点企业"评定授牌工作，首批32家获得授牌。

（2）管理水平进一步提高。中国模具工业协会召开了三次全国模具企业信息化推进大会，信息化技术在设计、生产、管理上的应用进一步普及、提高，CAD/CAM技术已得到普及，CAE/CAPP/PLM/ERP等数字化技术已被不少企业采用，高速加工、并行工程、逆向工程、敏捷制造、虚拟制造和自动化生产已在一些重点骨干企业实施，热流道技术和模内温控技术及具有智能控制功能的模具技术得到较快发展和应用。重点骨干企业50%以上基本实现模具全三维CAD和CAD/CAE/CAM/PDM设计制造和ERP等经营管理，并积极推进模具自动化制造和智能化制造技术的开发和应用。"十二五"期间，全行业创"中国机械工业优质品牌"15个，获"知名商标"等称号35个。企业对质量效益的关注度大幅提高，模具行业已有9家企业获得2014年度"中国机械工业质量诚信企业"表彰。"十二五"期间，模具行业有200多个产品获"精模奖"，20多项被推荐为国家级新产品。

（3）以模具技术为中心的产业链延伸优化了模具行业的技术结构和产业结构。模具处于产品制造技术和产品生产过程的中心位置，向上延伸，可介入产品及其成型技术开发过程（如产品设计、产品制造工艺、装备暨成型解决方案），从而优化精密成型技术结构。"十二五"期间，已有部分实力较强的模具企业与成型工艺和设备供应商合作，共同开发典型零件或产品的制造技术，有些企业已开始向用户提供"交钥匙"工程和整体解决方案；向下延伸，可扩展至领域广阔的零件、产品（如汽车零部件、塑料制品等）的生产过程，从而优化制造业的产业结构。"十二五"期间，模具行业延伸至产品制造的企业得到了快速发展，许多企业已经上市，不但转移了部分过剩的模具产能，同时也促进了产品制造业的升级和结构优化。

（4）现代制造服务业得到发展。专业的"设计公司""汽车冲压件CAE工程技术服务公司""模具质量效率工程咨询公司"等开始进入模具行业。制造服务业已出现了"中国模具制造服务业重点骨干企业"。以互联网技术、云计算技术为基础搭建的平台式模具技术服务企业在国家《中国制造2025》和"互联网+"发展战略实施中，开始进入实际的实施阶段。

### 2. 技术进步

（1）研发体系日趋完善。"国家家电模具工程技术研究中心"在"十二五"期间通过验收，我国模具行业国家级技术创新机构达到5个（其中国家级工程研究中心3个、国家重点实验室1个、国家工程技术研究中心1个），国家级模具检测中心4个；省部级（行业级）技术研发机构达到20个；企业建立的院士工作站、博士工作站等15个，企业级研究院所、工程技术中心300多。产学研用相结合的研发机制不断完善，"十二五"期间承担国家发改委"产业振兴、技术改造"项目20余项、"重大科技专项"模具项目5项、"智能化制造"项目4项等。建立模具产业（技术）创新联盟2个。

（2）关键技术有所突破。信息化和标准化工作取得成效。以企业为主承担的"重大科技专项"模具项目（04专项4项、02专项1项）全部通过验收。"十二五"期间，模具行业企业获得"机械工业科学技术奖"共23项，其中一等奖1项、二等奖8项、三等奖14项；"十二五"期间，模具行业的授权专利超过10万项，其中发明专利占9.2%。

（3）精密、大型模具和多功能高效模具的技术水平不断提高。模具加工精度可达到$0.1\mu m$，薄带硬质合金级进模的寿命已达到4亿次以上，已能生产重达100吨以上的超大型塑料模、3000次/min以上高速冲压用多工位级进模和C级轿车覆盖件模具等。国产模具在国内市场的自配率达90%。

（4）标准化工作取得进展。近五年，中国模具工业协会共组织制修订模具国家标准和行业标准106项，其中国家标准21项（制定7项，修订14项），行业标准85项（制定31项，修订54项）。其中大部分涉及的技术内容属"三基"规划、"工业转型升级规划"中包含的重点领域。"十二五"期间，模具企业参与模具国家标准、行业标准制修订的积极性空前高涨，模具企业作为主要起草单位制定的标准有33项（其中作为第一起草单位的有32项），占当期标准制定的86.8%；修订的标准有39项（其中作为第一起草单位的有24项），占当期标准修订的57.4%。中国模具工业协会作为第一负责单位承担的"模具 术语"国家标准制定工作，经过近两年时间和十余次工作组会议完成了报审稿，于2015年12月通过全国模具标准化委员会的审查。

### 3. 人才发展

"十二五"期间，模具人才培养有了较快发展。学历教育毕业人数增加；全国具有模具专业或模具方向的高等职业院校有400个，中等职业院校535个；已形成大学教育学术研究型人才培养、高等中等职业院校技能型人才培养、企业就职教育和企业培训中心等各层面人才教育完整的体系。中国模具工业协会的模具人才培训基地数量从2010年的78个发展到2015年的100个。2010—2015年中国模具工业协会的模具人才培训基地以及民办模具学校和企业培训中心，共培训了各类模具人才约30万人次。

根据国务院发布的《关于加快发展现代职业教育的决定》和《教育部办公厅关于建立职业院校教学工作诊断与改进制度的通知》精神，建立常态化的职业院校保证人才培养质量的机制，逐步在全国职业院校推进建立教学工作诊断与改进制度，中国模具工业协会人员作为专家进入了2016—2020年全国职业院校教学工作诊断与改进专家委员会，全面参与开展教学诊断与改进工作。中国模具工业协会和教育部职业教育与成人教育司制定了《高等职业院校模具设计与制造专业教学质量诊断与改进指导方案（试行）》，将对提高模具技能人才的培养具有重要意义。

### 4. 政策环境

国家给予模具行业连续12年税收扶持政策到期后，陆续推出新的支持制造业转型升级的措施，"十二五"期间模具行业在国家政策支持下加大研发和技改投入。2011年，国家发布《工业转型升级规划（2011—2015年）》，2011—2013年，模具行业有近20个企业的投资改造项目得到国家发改委"产业振兴、技术改造"计划的支持，涉及汽车模具、橡胶轮胎模具、塑料管件模具等。工业和信息化部发布《模具行业"十二五"发展规划》和《机械基础件 基础制造工艺和基础材料产业"十二五"发展规划》并实施"强基工程"。2014年，模具行业有3个企业的级进冲压模具项目得到支持。

商务部等部委根据产业发展和国际贸易发展，调整了模具进出口的税则税号（2012年开始实施）；为支持模具出口，授予昆山"科技兴贸模具出口基地"；通过设立"引导支持展会"，鼓励并支持中小制造业企业参加展览、开拓市场，2014年、2015年的"中国国际模具技术与设备展览会"均被列为"重点引导支持展会"。

2009年，科技部启动"重大科技专项"，模具行业5个团队获（04、02专项）支持；有3家企业承担了"绿色制造"和"智能制造"项目。

模具行业以市场为中心的集聚生产和集群发展模式进一步确立。珠三角、长三角和环渤海模具产业集聚区规模和技术水平进一步得到提升,武汉—长沙和成—渝两个新的模具产业集聚区快速发展。深圳,广东的东莞长安、横沥、凤岗,浙江的黄岩、北仑、余姚、宁海,江苏的苏州、无锡,特别是苏州的昆山、河北的泊头等特色模具产业基地在"十二五"期间通过转型升级得到进一步的提升和发展。

行业组织健康发展、积极活跃。包括中国模具工业协会在内的模具行业组织"十二五"期间增加6个,总数达73个,他们的创新工作为我国模具行业发展做出了积极贡献。

通过"十二五"期间卓有成效的发展,为我国模具行业"由大转强"打下了较好的基础。

### (二)行业发展存在的问题与主要表现

我国模具工业在产品制造业快速发展形成的巨大市场的拉动下发展迅速,已经成为世界模具生产大国与贸易大国,实现了制造能力的"由小变大",但与制造业转型升级对模具的需求以及与国际上装备制造业发展的先进水平相比仍有较大差距,概括讲是"大而不强"。主要表现:

#### 1. 转型升级的步伐不够快

在应对国际金融危机对我国制造业冲击进程中,国务院印发了《工业转型升级规划(2011—2015年)》,为进入新一轮转型升级高潮的模具行业明确了方向,形成了坚持转型升级是实现我国模具行业"由大转强"唯一途径的行业共识。近5年的实践说明,提高产能和提升质量效益为目标的转型升级,其实施难度是不同的,后者远大于前者。对比规划指出的"转型就是要通过转变工业发展方式,加快实现由传统工业化向新型工业化道路转变;升级就是要通过全面优化技术结构、组织结构、布局结构和行业结构,促进工业结构整体优化提升"的转型升级内涵和《模具行业"十二五"发展规划》目标完成情况,可以归纳出模具行业转型升级较为迟滞的主要表现。

(1)发展方式转变任重道远。在实现由传统工业化向新型工业化道路转变过程中,我国模具制造业较好地完成了模具的专业化和集聚生产的转变。而在由单纯提供模具产品向提供零件成型工艺与装备(含模具)整体解决方案及服务的转变以及由注重产能增加向关注提高产品品质、经济效益和企业品牌建设;加快推进生产方式、发展模式的深刻变革等方面,能力不足,还有很长的路要走。

(2)结构优化步履缓慢。我国模具整体产能与国内外市场需求基本平衡,而产业模具间产能不平衡,主要原因是模具行业的产能形成虽受模具用户产业发展的拉动,但又往往滞后于模具用户产业的发展变化,造成增长速度减缓的产业的模具产能过剩,而用于发展速度较快的新兴产业的模具产能不足。进入21世纪,我国的汽车制造、通信、网络终端设备制造业发展加速,尤其是汽车制造发展迅速,巨大的生产增量和轻量化制造技术要求,为汽车模具提供了广阔的市场空间。虽然我国模具行业为适应这一市场变化,加大了对有关模具的投资和技术改造,但产业间的模具产能的调整还不能适应产业发展对模具需求的变化,仍然存在局部过剩和不足的问题,如高档电子元器件、医疗器械、视频光学组件生产等行业的模具技术和生产能力不足，大多依靠进口。汽车制造中涉及的各类模具间的产能也不平衡。高精度、高可靠性、多功能的高档模具设计制造水平与生产能力均不能适应先进自动化生产线对模具的市场需求，主要依靠进口。中低端模具供过于求且同质化较严重。模具出口存在的主要问题是市场信息不畅，海外营销网络和售后服务体系建设落后。我国模具企业参与产品开发的能力较弱，熟练应用全三维CAD/CAM/CAE一体化技术的企业不多，面向模具成型技术的制造服务业发展缓慢，制约着我国模具企业由单纯提供模具产品向提供零件成型工艺与装备（含模具）整体解决方案及服务的转变效率提升。

（3）模具工业体系欠完善，基础需夯实。我国模具工业经过30多年的改革发展建立起的现代模具工业体系，对比我国模具行业转型升级、实现由大转强的要求，体系不够完善，基础仍需夯实。以各类软件为核心的设计制造技术服务体系和以加工设备、检测设备为主的模具制造装备供应体系主要依赖国外公司，自主品牌的设计软件和制造装备的占有率不到10%。即使比较成熟的一些体系，在机制转换、自主创新、国际化程度提升等方面的基础也还需要进一步夯实。

（4）模具产业链协同发展结构尚未形成。在全球以信息网络、智能制造、新能源和新材料为代表的新一轮技术创新浪潮下，制造业发展的未来将呈现制造的协同，产业链的高度集成的特征。模具行业存在单打独斗、产品同质化的现象，还没有根本改变，使得行业在追求精准高效、生产模式优化、自动化与智能化制造、资源优化配置、供应链管理技术和信息网络技术应用方面，没有形成专精特的企业发展模式与合理的产业链协同创新机制。由大企业牵头自然形成的供应链向标准化实施、规范化配给、甄别挑选合作伙伴的有意为之的产业链更是寥寥无几，产业发展缺乏协同制造、一致面向市场的行业环境。

### 2. 自主创新能力不足，高水平科研成果数量少

（1）技术创新模式单一，原始创新能力弱。模具行业是一个新兴行业，设计制造技术和核心发明专利大多来自国（境）外，我国模具技术创新模式主要是引进消化吸收再创新，集成创新因涉及材料性能和成型工艺因而数量也较少，原始创新的能力更弱。高水平的科研成果较少。

（2）创新体制不健全，具备技术创新主体能力的企业还较少。管理创新和信息化技术应用水平较低，管理水平和创新能力与国际先进水平相比差距比较显著；模具行业两化融合评价体系尚未建立，全行业企业信息化建设和应用水平差别较大，平均偏低。国产管理软件及国外软件的应用和二次开发水平也比较低。

### 3. 高素质人力资源明显不足

随着我国模具工业的发展，模具行业从业人员从20世纪70年代末的5万人增加到目前的近百万人，特别是由于制造技术的进步和制造流程的优化，高素质的人才资源一直是模具行业健康发展的主要支撑条件。在我国模具"由大转强"进程中，高素质的经营管理、开发设计、操作技能、投资管理和对外贸易人才资源明显不足，成为制约行业转型升级进而实现模具强国目标的重要因素。我国人才培养的体制机制不健全，人才发展落后于模具行业发展的需要。

## 二、发展思路和发展战略

### （一）面临的机遇与挑战

#### 1. 国内市场形势

"十三五"期间，我国经济发展将全面进入新常态，国家推动的信息化、城镇化、国防和农业现代化，新长江经济带、京津冀协同发展经济圈的建设等国计民生重大工程的实施，为经济增长保持中高速将提供有力保障；国内产业的结构调整、转型升级、提质增效、降耗减排将是占我国GDP50%左右的制造业最主要的发展方式。作为给制造业提供工艺装备的模具行业，"十三五"期间我国国内模具市场的前景良好。

我国以汽车等交通工具为主要代表的移动装备，以家电、消费电子和塑料制品为主要代表的轻工产品，以通信终端、网络终端为代表的IT产品，以仪器仪表、电机电器、集成电路为主要代表的机电装备和基础元器件产业以及建材家居产业等模具大用户行业，都已经是世界制造大国，这一格局在未来3～5年期间不会改变，而且它们的转型升级将会对我国模具工业的发展提供更广阔的空间。同时，"十三五"期间，我国的高铁列车、轨道交通列车、医疗器械行业、商用飞机、机器人、3D打印设备等产业的发展，也会为模具行业提供新的市场。

#### 2. 国际市场形势

全球经济增长逐步复苏，以欧洲、北美国家以及日本为首的发达国家的制造业回归和以印度、巴西为代表的发展中国家的制造业发展，对模具的需求将有所增加。我国模具出口自1999年突破1亿美元后连续10年年均增长幅度达到35%，模具出口到100多个国家和地区。2010年出口额（22亿美元）首次超过进口额（21亿美元），实现了顺差；2014年达到50亿美元。我国模具在批量出口过程中，一直保持着高的性价比优势，积累了较丰富的经验，建立起了良好的信誉，特别是丝绸之路经济带和21世纪海上丝绸之路（一带一路）战略的实施将激励我国更多的产品制造企业到海外投资建厂，也将为我国模具出口提供新的优质市场资源。我国"十三五"期间模具出口市场增长性较好。

#### 3. 我国模具产业发展的国内外环境与面临的挑战

在全球制造业格局大调整的背景下，"十三五"期间，我国模具行业的市场前景呈现出良好态势，但我国模具工业的转型升级和"由大转强"也面临着国内外环境的剧烈变化和严峻挑战。

（1）国家对模具行业发展的支持重点有所调整。发改委、工信部以振兴产业为目标的投资项目（含技改）的支持重点由关注产能增加逐步转向关注创新能力的提升。审批方式由逐级上报、专家评审、主管部门批准开始试行招投标选项方式，强化了政府引导、市场化运作；《中国制造2025》计划将全面实施，绿色制造、智能制造、"互联网+"的项目会增加。要承担这些项目需要建立稳定合作的"产学研用"团队。以"项目带动"作为发展战略的模具行业必须及时跟踪政府产业政策的调整和变化。

（2）中高端模具市场竞争加剧。"十三五"期间，我国制造业的转型升级和新兴产业的发展为模具行业提供更大的市场空间，其中精密、复杂、多功能模具（高档模具）的比例会大幅提高，围绕节能降耗、轻量化制造技术相适应的模具将是发展的重点。我国模具企业在分享这一可观市场过程中，将面临与外资模具企业和进口模具的激烈争夺。其中外资模具企业与主机厂（特别是国外品牌的主机厂，如汽车、网络终端设备等）联系密切、合作时间长、研发能力强、管理水平高，而进口模具虽然进口额增长率不高，但其高档模具比例在不断增加。在争夺"十三五"我国高档模具市场过程中，外资模具企业和进口模具的优势明显。

（3）模具出口增长的制约因素增加。世界经济复苏和制造业发展会增加世界模具的总需求量，对我国模具增加出口有利。进入21世纪以来，经过贸易促进机构、行业协会和出口企业努力，我国模具出口与世界许多模具出口目的地，特别是工业发达国家建立起相互理解的合作共赢、优势互补的贸易关系，对维持我国模具出口的稳定增长建立了基础。但随着我国模具制造成本（人工成本、软件成本等）的上涨、贸易成本提高（售后服务体系建设、人民币升值等）和技术（高档模具的研发与制造）及非技术贸易壁垒（反倾销等）增多等出口不利因素的增加，我国目前单一的模具产品出口增长势头会受到抑制。而资本出口（境外建厂、收购、合资等）也因我国模具企业国际化程度不高和工业发达国家的海外产业链成熟强大等因素的制约，发展速度难以在短时间内提高。

（4）产业升级难度增加。经过十多年的高速发展，模具行业固定资产投资达到数千亿元，形成了巨大的加工制造能力，但其中绝大部分关键装备如高档数控加工设备、测量设备和设计分析软件均为进口，制约着我国模具产业向研发设计的技术产业链延伸和制造服务业的发展。

## （二）发展思路与发展战略

### 1. 发展思路

在"十二五"期间，我国模具发展已经打下的基础之上，"十三五"期间，我国模具工业将以做强为主线，以行业骨干企业为依托，深化改革，创新驱动，科学发展，加快信息化进程和转型升级步伐，继续实施项目带动和出口带动战略，进一步提高模具生产的信息化、标准化、自动化技术的应用水平，促使企业管理、技术水平、产品质量、生产效益等方面都有显著进步，为我国模具工业到2020年在产品精度和寿命、高档模具自给率、模具国际贸易在模具总额中的占比、人均劳动生产率等主要指标上，缩小与先进工业化国家的差距，进而为达到国际先进水平提供有利条件。使模具产品基本满足我国汽车、电机电器、IT产品、包装品、建材等国民经济重要产业和医疗器械、高速轨道交通设备、船舶、航空航天等战略性新兴产业发展的需求。

### 2. 发展战略

全面贯彻党的十八大和历届中央全会精神，适应我国经济发展的"新常态"，坚持科学发展观，以结构调整为主线，以技术进步为依托，发展现代制造服务业，进一步完善我国模具工业体系、提高行业整体实力；大力推动创新驱动，推进质量、品牌建设和精益制造，提高企业核心竞争力和国际化程度；落实《中国制造2025》计划，以推进模具智能制造为抓手，以加快新一代信息技术与模具制造业深度融合为主线，积极推进"互联网+"行动计划；引导行业坚持转型升级，从关注产能增加到关注质量、效益的提升，为提高我国装备制造业水平和实现低碳经济发展目标，为我国模具行业到2025年步入世界模具强国奠定坚实的基础。

（1）推进产品结构调整。根据我国制造业如汽车、电机电器、家电、建筑装饰材料、包装品、IT产品等产业技术发展对模具的需求，加快模具品种、规格、技术标准和生产能力调整，积极支持这些产业的转型升级；密切跟踪机器人、3D打印设备、智能网络终端设备、医疗器械产业的发展趋势，加大模具新产品开发和模具产能转移力度，满足模具对战略性新兴产业发展的技术支撑；鼓励以模具制造为核心的产品制造与精密加工的产业链延伸和企业间资源优化重组，逐步形成优势互补、协调发展的产业格局。这不仅是行业发展的新的经济增长点，对整个产业的转型升级也有重要意义。总之，"十三五"期间，模具工业要大力发展用户行业需要的中高档模具产品，提高为国民经济支柱产业、国家重点工程、重点项目及战略性新兴产业配套服务的能力。

（2）积极推动企业走"专、精、特、新"发展道路。在大力支持大型重点骨干企业、以模具为主业上市公司向"大而强"的方向发展，提升它们的研发水平和行业引领能力的同时，要积极引导中小企业向"小而专"和"专而精"方向发展，减少因"同质化"现象严重导致的过度竞争；鼓励发展各种形式的产业联盟，促进行业发展。

（3）努力实现创新驱动发展。积极推进从资源要素驱动向创新驱动发展模式的转变。在以引进消化吸收再创新为主的技术创新模式基础上，提高工艺、设备、模具一体化技术的开发应用的集成创新能力。同时，通过改进"产、学、研、用"科研体制，增强模具设计制造技术的原始创新能力；借鉴三资模具企业经验，结合信息化建设，大力推进现代企业经营管理模式的创新；大力发展面向模具生产的现代制造服务业，加快模具企业从单纯生产型向生产服务型转变；推进"互联网+模具制造"经营模式的探索和发展。加快模具行业的信用体系建设速度。积极参与构建模具行业两化融合贯标体系，推动模具企业全面开展两化融合评估、诊断、对标全面提升模具行业两化融合的成效，为产业全面转型升级提供重要途径。

（4）提高企业国际化程度，稳定模具出口增长。提高产品的技术水平和标准化程度，稳定国际市场份额；增强质量信誉和品牌影响力，扩大模具出口份额；完善海外营销网络和售后服务体系建设，稳定我国模具的出口增长。

（5）继续实施"项目带动"。按照《中国制造2025》计划提出的发展重点和主要任务，结合模具行业的转型升级，以国家重点工程、重点项目、重点发展产品作为切入点，继续实施"项目带动"战略。在国家宏观政策引导下，组织重点骨干企业把模具项目融入到与之配套的产品项目中去，更好地去争取国家和各级地方政府有关部门的项目支持。鼓励模具生产企业按照本企业的发展战略自筹资金开展模具制造技术和模具新产品的研发活动。通过项目立项、项目实施、验收评价等规范性操作，提高模具企业和整个行业的研发能力和科研水平。

（6）加快模具人才培养体系改革和建设。按照"国务院关于加快发展现代职业教育的决定"精神，推进国家、行业、企业三位一体的模具人才培养体系的改革、建设。加快建立以人才需求为导向的现代职业（继续）教育体系，为我国模具的"由大转强"提供高素质的人才资源。

（7）促进模具集聚区的健康发展。探索模具制造业产业集群协同创新的发展新思路，提升现代制造服务业要素融合、体系支撑对模具制造产业的促进作用，加快推进制造产业与科技技术、市场需求、金融资产、人才资源的共生共荣，推动制造聚集区的发展。

## 三、发展目标与重点任务

### （一）发展目标

（1）国内市场国产模具自配率达到90%以上，满足模具用户行业发展对模具产品的需要（2020年国内模具市场预计为2500亿元）。重点发展制造业技术发展和转型升级中需要的中高档模具（在模具总量中的比例达到60%）和新兴产业发展急需的关键模具。

（2）模具出口达到60亿美元，其中中高档模具比例提高到50%以上。

（3）高新技术企业达到500家左右；上市公司达到40家左右；中国模具工业协会评定授牌的"中国重点骨干模具企业"达到200家左右（2015年160家），其销售额占全行业的比例达到25%；中国模具工业协会评定授牌的"模具出口重点企业"达到100家左右（2015年33家）。

（4）建立模具行业企业信息化建设评价体系，提升企业信息化技术应用水平。50%以上的规模以上企业基本实现信息化技术用于模具的研发设计、加工制造和经营管理。85%的重点骨干企业基本实现模具全三维CAD和CAD/CAE/CAM/PDM设计生产技术，全面应用信息化技术的重点骨干企业达到75%。提高模具企业进入到为之服务的产品开发设计中去的能力。

（5）大力发展大型、精密、复杂、多功能复合模具和高速多工位级进模、连续复合精冲模、子午线轮胎活络模具以及微特模具。

（6）积极发展高档模具标准件和模具基础零部件研发生产。主要包括：热流道元件、氮气弹簧、精定位元件、特殊斜楔、钣金数控成型刀模具和智能模具测控元件等。提高我国高档模具标准件制造能力，提升我国模具标准化制造水平。

（7）在适用于模具企业的自主品牌软件的开发与提高方面有明显成效。

（8）大力发展现代制造服务业，进一步优化模具行业结构。支持建立10家左右专业设计公司、技术服务公司、管理咨询公司等知识型制造服务企业，提高知识密集型面向模具制造的服务业在制造服务业中的比重；在模具生产集聚地区，建成5个左右功能较为完备的行业公共服务平台；提升模具行业中小企业精益研发服务平台、模具及其零部件质量控制与检测服务平台、模具行业信息交流和加工协作等平台的运行水平；积极培育以云计算和互联网技术为基础的模具设计制造运营平台。

（9）建立起中国模具行业"企业信用等级"评价体系，5年内完成300~350家模具企业的评价授信。建立起"中国模具工业协会团体标准"体系和工作机构，5年内完成50项标准的制定。

## （二）主要任务

### 1. 建立国内外模具市场变化预警机制

准确分析并发布国内外模具市场变化信息，引导行业投资、技改和结构调整，主动适应中国经济（制造业）发展新常态，平衡模具分行业间的产能和市场匹配。

### 2. 大力推进行业发展的创新驱动

（1）继续完善行业技术创新体系建设，增加自主知识产权的技术和产品比重。我国模具行业已有3个国家级工程研究中心、1个工程技术研究中心和1个国家重点实验室，它们为我国模具行业的发展，尤其是技术进步方面做出了很大贡献，但在水平和数量上，还不能满足行业转型升级发展需要。为促进我国模具行业"由大转强"，在提升国家级模具技术创新机构的研发水平的同时，鼓励有能力的企业建设一批产业模具工程技术中心，与企业建立的技术研究中心一起，在行业共性技术和关键技术开发方面形成具有自主知识产权的成果，并实现成果产业化及推广应用。

（2）重点发展数字化模具加工技术和信息化管理技术。大力推进模具数字化设计制造及企业信息化管理技术的开发应用，支持具有自主知识产权的模具生产和管理的专用软件的开发及升级，包括模具全三维CAD和CAD/CAE/CAM生产技术及高速高精加工、复合加工、精细电加工、标准化自动化加工、大规模定制生产及网络虚拟技术等模具加工新技术和CAPP、ERP、MES、PLM等信息化管理技术。用模具精细化制造和精益生产来保证和提高模具的可靠性和稳定性。积极参与模具制品成型过程在线智能化控制技术的研发。

（3）推进产学研用结合，提升模具企业创新能力。支持企业建立产学研用相结合的科技创新平台，设立博士后科研工作站和大专院校科研实习基地，开展以企业为主体的产学研用相结合的科技创新活动，提升模具企业成为技术创新主体的能力，加快科技成果产业化的速度。

### 3. 继续实施项目带动战略

提高企业作为技术创新主体的能力和企业自主创新能力，努力掌握核心技术和关键技术，发展先进制造技术和装备，提高模具数字化设计制造技术和自动化加工水平。努力为绿色制造、装备轻量化及新材料、新成型工艺应用开发新型模具。推动产业技术创新联盟建设，提升模具在零部件成型制造整体解决方案中的能力和中国模具在国际高端装备制造业中的影响力和话语权。

### 4. 重点发展高技术含量、高附加值的中高档模具产品

重点发展汽车轻量化制造技术所需的（超）高强度钢板冲压模具、纤维增强及多料多色注射模具、轻合金压铸及铸造模具，为D级汽车等中高档轿车的覆盖件模具和模夹一体化产品，为电子信息、IT产业、仪器仪表、医疗器械、智能网络终端配套的精密模具。努力发展航空航天、高速铁路、电子和城市轨道交通、船舶、新能源、机器人、3D打印设备等战略新兴产业所需的新特模具，满足新兴模具用户行业发展需要。大力发展模具标准

件生产，加大精密模具配件的市场开发力度，努力增加品种、提高质量，提高标准件使用覆盖率。

### 5. 培育重点骨干模具企业队伍和行业"龙头"企业

进一步打造国家级乃至世界级的骨干模具企业，鼓励它们创名牌产品，向"大而强"和"专而强"方向发展；支持作为中坚力量的一大批中小企业走"专、精、特"发展道路；鼓励重点骨干企业与主机厂紧密结合，主动参加国家重点装备制造的联合开发，提升企业提供整体解决方案的能力；提高重点骨干模具企业的国际化水平。

### 6. 发展外贸，稳定模具出口增长

模具出口是我国模具行业转型升级、产能转移的一个重要途径。"十三五"期间，要继续开展有针对性的市场对接和国际交流活动，加快出口基地建设，培育重点出口企业，支持完善海外营销网络和售后服务体系建设，提升模具出口企业的国际化水平，稳定模具出口增长。同时，鼓励模具企业或集聚园区到海外投资建厂。

### 7. 加强人才队伍建设

培养和造就一支包括工程技术人员、技术工人和管理人员在内的高素质的员工队伍，是"十三五"期间我国模具行业所面临的一个重要而艰巨的任务。同时，提升企业家素质的任务也迫在眉睫。为此，必须积极开展以提高技能和知识更新为重点的继续教育培训工作，加大对技能人才在岗培训和继续教育力度，努力建设模具技能培训网络和技能鉴定体系，加快培养一大批结构合理、素质优良的技术技能型、复合技能型、知识技能型的模具专门人才，包括高级人才和优秀企业家队伍，逐步形成与模具行业发展相适应的、比例结构与发达国家相近的人才格局。

完善和提高中国模具工业协会人才培训基地建设和水平，完善模具行业特有工种职业技能鉴定和技术人员鉴定体系。5年培训高技能人才25万人次左右。受过专业教育、职业教育和在岗培训的人员占行业职工总数的比例达到90%以上。重点骨干企业高技能人才（具有技师、高级技师能力）占职工总数的比例达到30%以上。

中国模具工业协会积极参与"2016—2020年教育部职业院校教学工作诊断与改进专家委员会"工作，推动模具职业教育，持续提高技术技能人才培养质量，服务《中国制造2025》。

### 8. 继续推进模具集群式生产方式的发展

模具生产集聚区是我国模具工业发展的特色，有利于资源的整合与充分利用，为我国模具的"由小到大"做出了积极贡献。"十三五"期间，要继续推进模具集群式生产方式和模具集聚区的发展，鼓励已成规模的集聚区进一步提高水平，指导在建和规划中的集聚区的建设。支持有条件的聚集区建立健全公共服务平台，发展现代制造服务业，提高区域配套服务能力，为模具产业的转型升级做出示范。

9. 继续鼓励企业以模具制造技术为核心的产业链延伸

10. 继续推进品牌战略实施，加快企业诚信体系建设

11. 建立中国模具工业协会团体标准体系

## 四、促进模具行业"由大转强"的政策建议

为了完成"十三五"发展目标及主要任务，使我国模具工业更加科学健康发展，需要社会各方的大力支持与共同努力，现提出如下建议意见：

（1）在"十二五"实施产业振兴支撑项目、科技专项、重点技改和强基工程的基础上，建议各级政府有关部门加大对模具行业的支持力度，鼓励和支持模具行业基础理论和共性技术的研究与开发，积极引导企业增大研发和技改投入，并大力支持行业研发体系和公共服务平台的建设与发展。

（2）鼓励自主知识产权软件的开发、应用，加大对模具设计、制造、分析软件企业的反垄断力度。

（3）鼓励和支持模具行业进一步开拓国际市场，支持海外营销网络和售后服务体系建设，提高高技术含量和高附加值的模具出口退税率，推进模具出口基地建设和对出口重点企业的支持力度，鼓励技术出口和资本出口。

（4）鼓励模具产业集聚区建设，并引导其不断转型升级。

（5）实施品牌战略，培育名牌，表彰质量诚信企业；鼓励企业向规范化的现代企业迈进，支持上市。

（6）各级政府应给予政策支持，做好模具人才的培养工作和智力引进工作。

（7）充分发挥行业协会等社会组织的作用，明确行业协会的法律地位，支持协会建设，推进行业发展。

# 参考文献

[1] 曾路，孙明．产业技术路线图原理与制定[M]．广州：华南理工大学出版社，2007．

[2] 李兴华．产业技术路线图——广东省科技管理创新实践[M]．广州：广东科技出版社，2008．

[3] 武兵书．中国战略性新兴产业研究与发展[M]．北京：机械工业出版社，2018．

[4] 陈和兴，易耀勇，张宇鹏．广东省焊接产业技术路线图[M]．广州：华南理工大学出版社，2014．

[5] 于淑娟，张本山，李奇伟．甘蔗制糖产业节能减排技术路线图[M]．广州：华南理工大学出版社，2009．

[6] 韩永强，吴晓春．国内外塑料模具钢研究现状与发展趋势[J]．模具工业，2018，44（9）：1-7．

[7] 崔崑．国内外模具用钢发展概况[J]．金属热处理，2007，32（1）：1-11．

[8] 中华人民共和国国家质量监督检验检疫总局，中国国家标准化管理委员会．GB/T1299—2014工模具钢[S]．北京：中国标准出版社，2014．

[9] 国家质量技术监督局．GB/T221—2000钢铁产品牌号表示方法[S]．北京：中国标准出版社，2000．

[10] 国家标准局．GB/T700—1988碳素结构钢[S]．北京：中国标准出版社，1989．

[11] 方钟惠．逐步进入我国模具钢市场的D2钢[J]．特殊钢，1993，14（5）：41-43．

[12] 赵昌盛，朱邦全．我国模具材料的应用发展[J]．模具制造，2004（11）：61-65．

[13] 潘金芝，任瑞铭，咸正风．国内外模具钢发展现状[J]．金属热处理，2008，33（8）：10-15．

[14] 于波．我国模具材料的发展概况及其选用[J]．热处理技术与设备，2009，30（2）：1-4，17．

[15] 王永刚，卢志伟，刘有奇．浅析冷作模具钢的选用及发展概况[J]．化学工程与装备，2009（11）：138-139，110．

[16] 王春华．常用模具材料及其热处理工艺探析[J]．塑料制造，2016（6）：51-53．

[17] 张清辉．模具材料及热处理[M]．北京：电子工业出版社，2002．

[18] 曲才．先进模具材料Invar钢制造技术分析[J]．经济技术协作信息，2016（1）：82．

[19] 洪慎章．现代模具技术的现状及发展趋势[J]．航空制造技术，2006（6）：30-32．

[20] 洪丽华，陈永禄．中国模具工业现状和模具技术发展趋势[J]．机电技术，2007（2）：96-99．

[21] 南长峰. 模具设计与制造技术的发展趋势[J]. 航空制造技术, 2015（9）: 42-45.

[22] 蒋桂芝, 王丽. 我国模具技术的发展现状及其发展趋势[J]. 机电产品开发与创新, 2008, 21（4）: 197-198, 64.

[23] 金建国, 周明华, 邹学军. 参数化设计综述[J]. 机械工程与应用, 2003（7）: 16-18, 86.

[24] 杨丽娜. 模具的模块化设计[J]. 煤矿机械, 2006, 27（10）: 42-43.

[25] 吴立. 模具的模块化设计[J]. 徐州工程学院学报（自然科学版）, 2010, 25（2）: 15-17.

[26] 吴怀超. ProE和AutoCAD联合设计二维工程图的方法研究[J]. 煤炭技术, 2010, 29（8）: 10-11.

[27] 李辉. UG软件在注射模具设计中的应用[J]. 新技术新工艺, 2014（3）: 64-66.

[28] 孙俊. Pro/E软件Pro/MOLDESIGN模块在注射模设计中的应用[J]. 模具工业, 2001（1）: 3-5.

[29] 蒋易立, 文劲松. 塑料注塑模具CAD设计软件对比[J]. 塑料科技, 2010, 38（2）: 78-81.

[30] 吴一峰. SolidWorks/Imold在塑料模具设计中的应用[J]. 科技信息, 2011（28）: 222-223.

[31] 赵美云. 基于CATIA的注塑模具设计[J]. 机械工程与自动化, 2010（6）: 185-186.

[32] 王德林. 浅析模具设计技术应用和发展趋势[J]. 品牌, 2014（12）: 113.

[33] 李大鑫, 张秀棉. 模具技术现状与发展趋势综述[J]. 模具制造, 2005（2）: 1-4.

[34] 李松江. 模具制造技术与发展趋势[J]. 模具制造, 2006（7）: 3-6.

[35] 陶永亮. 模具制造技术新理念[J]. 模具制造, 2012（3）: 1-4.

[36] 袁芳革. 特种加工方法的内容和趋势[J]. 机电工程技术, 2011, 40（7）: 142-143.

[37] 王杰, 樊军, 王永兵, 等. 特种加工技术的新进展[J]. 轻工机械, 2008, 26（4）: 5-7.

[38] 杜希亮. 电火花型腔模具成型技术与模具设计[J]. 时代农机, 2016, 43（4）: 70, 72.

[39] 张莹, 周建忠, 戴亚春. 激光加工技术在模具制造中的应用[J]. 模具工业, 2001（4）: 40-43.

[40] 张文玉. 超声波—电化学抛光技术在模具中的应用[J]. 机床与液压, 2003（4）: 299-300, 339.

[41] 戴一帆, 周林, 解旭辉, 等. 应用离子束进行光学镜面确定性修形的实现[J]. 光学学报, 2008, 28（6）: 1131-1135.

[42] 石宏, 蔡光起, 史家顺. 开放式数控系统的现状与发展[J]. 机械制造, 2005（6）: 18-21.

[43] 周微. 机械手在柔性制造单元中的应用[J]. 数字化用户, 2013（3）: 78.

[44] 汤文灿. 精密注塑模具柔性制造生产智能调度研究[D]. 广州: 华南理工大学, 2015.

[45] 杨沿平, 黄智, 钟志华, 等. 大型薄板冲压模具毛坯快速制造新技术研究[J]. 机械工程学报, 2004, 40（1）: 160-164.

[46] 王颖, 袁艳萍, 陈继民. 3D打印技术在模具制造中的应用[J]. 电加工与模具, 2016（S1）: 14-17.

[47] 祝林. 金属板料三维曲面无模多点成形技术及其应用[J]. 四川职业技术学院学报, 2013, 23（3）: 161-163.

[48] 谭景焕, 刘斌, 吴成龙. 基于Moldflow和3D打印的注塑模具随形冷却水道设计[J]. 塑料工业, 2015, 43（12）: 45-48, 77.

[49] 刘建平. 模具企业推行ERP的难点与对策[J]. 模具制造, 2010（3）: 7-16, 27.

[50] 孙传. 模具检测技术[M]. 杭州: 浙江大学出版社, 2015.

[51] 刘亚丹, 谢煌生, 吴烨. 数模比对在复杂模具曲面检测中的应用研究[J]. 制造技术与机床, 2015（8）: 131-135.

[52] 杨建新, 杨玉洲. 激光跟踪仪在测量工件尺寸及形位误差上的应用[J]. 科技创新与应用, 2015（13）: 85.

[53] 张春富, 张军, 唐文彦, 等. 激光跟踪仪在大尺寸工件几何参数测量中的应用[J]. 工具技术, 2002, 36（5）: 26-28.

[54] 杜娟. 应用三坐标测量机检测刀片模具复杂三维曲面形状精度的方法[J]. 工具技术, 2012, 46（5）: 87-88.

[55] 阮春燕, 毛国红. 计算机视觉在精密模具破损检测系统的应用[J]. 计算机仿真, 2013, 30（8）: 237-240.

[56] 喻红梅, 刘海琼, 周红梅, 等. 模具修复再制造技术研究应用现状[J]. 电焊机, 2014, 44（11）: 150-153.

[57] 马国. 铸造模具钢焊接修复工艺研究[D]. 长春: 吉林大学, 2013.

[58] 李胜, 韩立发, 张小萍, 等. 激光熔覆与氩弧焊熔覆、焊条电弧焊熔覆的比较[J]. 热加工工艺, 2011, 40（15）: 125-126, 129.

[59] 李柯, 胡自化, 潘韧坚. 耐磨堆焊技术在模具表面强化中的应用[J]. 模具制造, 2003（9）: 54-56.

[60] 潘康. 电火花表面处理技术及其在模具中的应用[J]. 山东工业技术, 2015（17）: 23, 251.

[61] 游国强, 陈勇, 张均成, 等. 电火花堆焊技术的研究与应用现状[J]. 材料导报, 2011, 25（11）: 119-123.

[62] 王昌福. 电刷镀技术在模具修复中的应用[J]. 科技信息, 2008（36）: 309-310.

[63] 黄诗铭. 模具表面缺陷等离子喷焊修复研究[D]. 长春: 吉林大学, 2012.

[64] 刘星雨. 热作模具激光仿生熔凝及合金化修复研究[D]. 长春: 吉林大学, 2014.

[65] 丛大龙. 热作模具激光仿生耦合修复研究、生产试验及设备制造[D]. 长春: 吉林大学, 2014.

[66] 刘京. P20模具钢的双层回火激光熔覆修复技术研究[D]. 上海: 上海交通大学, 2013.

[67] 胡仲翔, 杨军伟, 李强. 微区脉冲点焊技术用于模具修复[J]. 中国表面工程, 2002 (1): 21-23, 2.

[68] 全识俊, 张振强, 颜红兵, 等. 模具钢表面热喷熔层的超塑性扩散焊接[J]. 材料开发与应用, 2002, 17 (1): 21-23.

[69] 黄明月, 胡沙, 李建军. 面向服务的模具企业CAD与ERP集成系统研究[J]. 锻压技术, 2010, 35 (4): 107-112.

[70] 万颖, 王忠, 杨婷婷, 等. 模具行业发展现状及发展趋势概述[J]. 山东工业技术, 2017 (7): 216, 241.

[71] 刘斌, 谭景焕. 现代模具设计技术的现状及发展趋势[J]. 塑料工业, 2017, 45 (2): 1-6, 43.

[72] 金骑宏. 模具开发周期缩短与成本优化研究[J]. 精密制造与自动化, 2012 (2): 48-50.

[73] 许伯勇. 浅谈"互联网+塑料模具"模式[J]. 科技与创新, 2017 (21): 1-2.

[74] 杨金镍. 用互联网思维指导模具企业转型升级[J]. 模具制造, 2015 (12): 33.

[75] 徐岩, 李强, 秦岩, 等. 基于云制造的模具协同设计与制造模式探析[J]. 机械设计与制造, 2012 (2): 247-249.

[76] 模具行业积极投入互联网发展[J]. 模具制造, 2015 (3): 44.

[77] 卢玮, 肖潇. 模具行业需求驱动的云制造服务平台[J]. 产业与科技论坛, 2016, 15 (17): 57-58.

[78] 玉大浓. 模具制造过程工艺标准化分析[J]. 轻工科技, 2018, 34 (1): 122-123.

[79] 彭志荣. 注塑模具的标准化及自动化设计[J]. 硅谷, 2013 (8): 119, 89.

[80] 韩在伟, 杨建生. 我国模具标准化工作现状与发展趋势[J]. 中国管理信息化, 2017, 20 (12): 81-82.

[81] 聂林海. "互联网+"时代的电子商务[J]. 中国流通经济, 2015 (6): 53-57.

# 后记

技术路线图的制定是一种需求驱动的技术规划程序，代表了一种科技管理方法和技术集成的战略管理工具，而对其进行深入研究并加以推广应用，在国内尚处于兴起阶段。在广东省科学技术厅的统一规划下，我们以《产业技术路线图原理与制定》一书为指导，历时几年时间，在不断学习、探索、改进和创新中，完成了广东省模具产业技术路线图的制定工作。该技术路线图不仅为广东省模具产业的发展提供了科学的指导，而且为中国模具产业的发展提供了参考依据和部分解决方案。

广东省模具产业技术路线图的制定主要有以下特点：①技术路线图提出以"市场拉动"为动因的新颖理念。②采用上门调研和网络调研途径，广泛收集业内人士的意见与建议。③组织专家以研讨会的形式分别对模具产业的五个板块，分析了市场需求、产业目标、技术壁垒以及研发需求中出现或潜在的不足，同时加以探讨论证。④清晰地阐述了模具产业中各板块在不同时间节点下需要解决的主要问题，同时提出了较为明确的解决方案，最终为我省模具产业的发展提供切实可行的指导方案。

然而，由于广东省模具产业技术路线图的制定尚属首次，缺乏相关技术路线图可借鉴的资料，再加上广东省的模具企业众多，企业规模大小不一，技术水平也参差不齐，给调研工作带来不小的难度，因此，该制定工作必然存有诸多遗漏和不足。为此，在以后的路线图实施过程中，工作组将会继续努力完善，不断提高。

广东省模具产业技术路线图的制定工作，从启动到完成历时几年，这期间有工作的辛酸，有期待的焦虑，更多的是收获的喜悦。广东省模具产业技术路线图是一个立足于政府、产业和企业三方认同的服务型指导工具，在工作启动之前，工作组对《产业技术路线图原理与制定》一书进行了深入的解读和交流，并对广东省已启动的一些技术路线图制定工作进行了学习、借鉴，在此基础上进一步修改、完善技术路线图的制定方案，对所选用的科学方法论进行改进，优化了相关制定步骤。

回首我们的工作历程，每一步无不凝聚了各位专家、所有调研企业专业人士以及工作组的心血和智慧，在技术路线图制定过程中，专家们及时对我们的工作进行指导，并给以极大的支持。这期间，有核心专家尽心尽力、积极参与，有通信专家百忙之中献计献策，有与会专家不辞辛苦来参加研讨会，还有调研企业专业人士不厌其烦地回答工作组提出的各种问题。在此，真诚感谢所有支持和帮助过技术路线图制定工作的各级领导、各位专家和朋友们！

# 后 记

  广东省模具产业技术路线图的制定工作虽然已完成,但今后我们会再接再厉,为广东省模具产业技术路线图的完善和实施工作继续努力,为广东省模具产业的转型升级和腾飞尽我们的绵薄之力。

广东省模具产业技术路线图工作组<br>
2018年12月